普通高等教育“十三五”经济与管理类专业核心课程规划教材

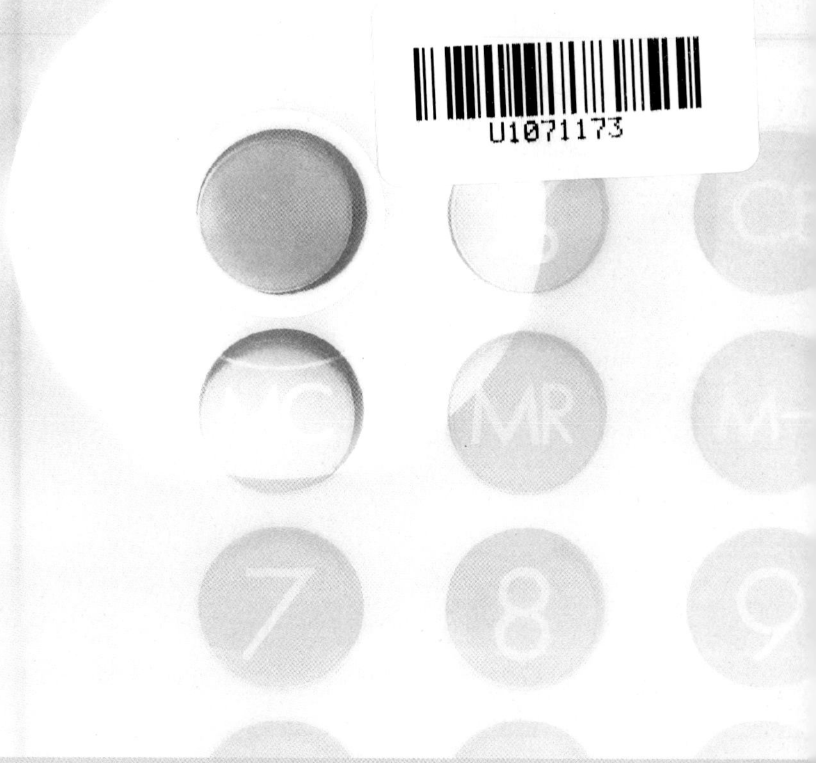

管理信息系统实用教程

陆秋琴 黄光球 编著

西安交通大学出版社
XI'AN JIAOTONG UNIVERSITY PRESS

内容提要

本书系统地介绍了管理信息系统的相关概念和理论，以面向对象开发方法为主线，以一个中型的管理信息系统开发过程为案例，采用统一的面向对象建模语言(UML)和Rational Rose建模工具，详细介绍面向对象开发过程：系统规划、领域调查与分析、需求工程、系统分析、系统设计、系统实施的原理及方法。本书在培养学生综合运用计算机技术、建模技术与数据库技术，开发实用、有效的管理信息系统的基本能力方面将发挥重要作用。

本书可作为高等院校信息管理与信息系统、软件工程及管理类相关专业的管理信息系统教材，也可作为MBA、工程硕士等相关课程的参考书，还可以作为信息系统建设、开发从业者的参考书。

前言

当今我们处于信息时代，信息时代人类的生产、生活时时处处都离不开管理信息系统，因此，为了更好地使用管理信息系统，必须了解管理信息系统的原理和组成。对管理信息系统开发与管理的从业者来说，必须掌握管理信息系统的开发与管理。管理信息系统是一门与经济学、管理学、运筹学、统计学、计算机科学等学科紧密相连综合交叉的新综合性应用学科，也是新的管理理论，是为人们提供上述相关知识的课程。管理信息系统是普通高等院校信息管理与信息系统专业的一门核心课程，也是管理类相关专业的选修课程。本书介绍了管理信息系统领域的相关概念、原理、系统开发思路和方法；采用信息的观点来规划、分析、设计企业和组织的管理信息系统方案和发展模式。

本教材内容反映了信息科学技术的发展，体现了专业课内容更新更快的要求，突出工程型人才培养的特点。本书首先介绍管理信息系统的相关概念和原理、统一建模语言（UML）和 Rational Rose 工具，然后按照面向对象管理信息系统开发流程，介绍面向对象管理信息系统开发每个阶段的任务、如何完成任务、完成任务必须掌握的理论和遵守的原则、采用的开发工具、必须取得的成果等。全书采用一个中等规模的信息系统为实例，贯穿始终，使读者能够体会到一个信息系统开发的完整过程以及开发过程中采用的技术、工具和规范。

本书围绕管理信息系统是什么，如何开发管理信息系统，管理信息系统运行如何管理，管理信息系统新发展是什么等组织教材内容。全书共 10 章，内容分为两大部分：

第一部分是基本概念、基本理论，这部分是管理信息开发与运行管理的基础。包括：第 1 章，信息系统概述；第 2 章，信息系统开发简介；第 3 章，统一建模语言（UML）及 Rational Rose 建模工具的应用。

第二部分是以案例为导向的面向对象的开发方法介绍，这部分是本教材的重点。包括：第 4 章，系统规划；第 5 章，领域调查与分析；第 6 章，面向对象的需求工程；第 7 章，面向对象系统分析；第 8 章，面向对象系统设计；第 9 章，系统实施；第 10 章，系统运行管理与评价。

本教材具有如下特色：

（1）教材本着“应用型”教材的宗旨，理论结合实践应用介绍；在理论介绍的同时突出实践应用，让学生理解抽象理论的工程应用。整个教材以一个信息系统的完整开发案例贯穿，体现开发过程各部分的衔接，让学生在学习的同时，以作业的方式，循序渐进地完成一个信息系统的开发。

(2)考虑和信息管理与信息系统专业其他相关课程的内容衔接，又不失本课程的独立性与完整性，教材内容尽量避免重复；注重学科体系的完整性和开发过程的连贯性。

(3)教材融入了最新的管理理论和方法。管理信息系统开发只有融入新的管理理论与方法才能在管理中得到真正的应用。本教材介绍的信息系统开发过程的原理以及开发过程中采用的技术、工具和规范，都反映信息系统领域的新理论、新方法与新技术。

(4)突出目前最流行的信息系统开发方法——面向对象方法。这样学生在学校学的是最新的信息系统开发的技术知识。

(5)采用面向对象的统一建模语言(UML)。UML是国际标准化协会的通用建模语言。该语言成熟规范，易学易用，在软件行业得到了广泛的应用，对本科生来说学习该语言可为将来的工作打下基础。

(6)介绍UML建模工具Rational Rose 2003的应用。采用该工具建模，可以实现分析模型到设计模型及代码框架的一体化转换，利用该工具可以实现将类图转换成数据库设计的实体关系图(E-R图)，实现代码层模型到数据库从分析、设计到实现的自动转换。

本书是作者从事管理信息系统开发和教学多年工作的总结，希望本书能培养学生综合运用管理信息系统规划、分析、设计与实施的原理和方法，运用计算机技术、建模技术与数据库技术，开发实用、有效的管理信息系统的基本能力；激发学生进行系统开发的创新能力，为今后用来解决管理信息系统问题打下良好的基础。本书可作为高等院校信息管理与信息系统、软件工程及其他管理类专业的管理信息系统课程的教材，也可作为软件开发人员的技术参考书。

本书为西安建筑科技大学2015年度校级重点教材建设项目成果。

本书由陆秋琴和黄光球编著。陆秋琴负责本书的内容和结构设计、案例设计，并负责第1、3、4、5、8章的编写；黄光球负责第2、6、7、9章的编写；聂兴信负责第10章的编写。感谢博士生苏佳为本书所做的工作。在写作过程中参考部分学者和互联网上的资料，这些资料见本书的参考文献，在此对文献作者表示衷心感谢！

由于编者水平有限，时间有限，本书内容可能还有不足之处，欢迎读者指正。

编者

2016.6

目录

第1章 信息系统概述

学习目标

通过本章学习了解信息时代及信息系统的重要性；熟练掌握信息、数据和系统的定义；理解信息系统的概念、类型和结构，掌握信息、管理信息和三个管理层次的特征；了解信息系统的发展过程。

重点难点

信息、管理信息和三个管理层次的特征；信息系统的概念和类型。

1.1 信息时代及信息系统的重要性

21世纪人类社会进入了信息时代，电脑、智能手机、互联网、信息系统等是信息时代重要的工具，人类的学习、工作和生活的方方面面都离不开它们，网上商城、火车购票系统、网上银行系统、ATM系统、教务管理系统、政府门户网站等信息系统比比皆是，电子政务、电子商务、物联网、大数据、互联网＋等信息技术新概念层出不穷。有的组织已经全部实现网上无纸化办公，组织的大部分工作都由相应的信息系统完成，尤其是移动通信网络的发展和智能手机的出现，无纸化办公越来越普及，可以说现代人的生活与信息系统息息相关，离开信息系统现代人将无法生活。信息时代的特征有：

(1)全球经济一体化。由于互联网的出现，人与人之间的通信速度加快，实现了地球村的理想。因此，出现全球性工作群体、全球性制造、全球性采购和供应及全球性技术支持和售后服务运作模式。企业的运营已不再限于围墙以内，必须跨越时间和空间在世界范围内完成供应、制造和销售，跨国公司成了经济全球化的主角。例如，海尔集团、大众汽车公司等全球性的制造企业比比皆是。再例如，苹果手机是美国设计，中国内地制造，中国台湾管理。在这个时代，企业渴望通过信息系统所提供的信息加工、通信功能和管理功能进行快捷的信息交换和辅助决策，以克服地理位置分散、信息共享和协调困难的局面，在全球范围内进行贸易，在世界市场中进行采购，向世界各地的用户提供各种服务。

(2)工业经济向知识和信息经济转变。信息时代电脑、智能手机、互联网、信息系统等是重要的劳动工具，因其使用者是信息和知识劳动者，体力劳动者逐渐减少。劳动工具的改变促进了新兴服务业和新的基于知识和信息密集型的组织的产生，促进了知识在传统产品制造中的应用。基于知识的产品和服务的迅速发展，促使信息技术成为企业关键的、战略性的资产。信息系统对于优化组织内部的信息及知识流动、实现公司的最优化管理和决策是必不可少的，可以说信息系统对于企业的生存和发展至关重要。举个简单的例子，由于触摸屏的出现，在屏幕上即可进行输入,键盘已经逐步由软件中的软键盘替代,因此生产键盘的工业企业逐步减少,而软件开发的企业逐步增加。

(3)企业的组织结构发生变革。传统的企业一直采用高层战略管理、中层战术管理、基层作业处理的金字塔组织结构。其特点是大部分决策来自组织的高层,而作业在基层,中层管理者的作用是根据高层的战略决策指导、监督和控制下属人员的工作。这种结构的管理是集权制的、结构化的。现代信息技术的飞速发展促进了这种管理方式的变革和组织结构的变革。例如,某些企业建立了网站、QQ群、微信工作群,实现了信息共享和实时通信,有时中层管理者原来的工作是上传下达,只起管道作用,他们的工作已经被取代,中层管理人员原有的工作不需要了,通过信息系统实现了扁平化的管理。再例如,以现代通信技术、信息存储技术和机器智能产品为依托,实现传统组织职能及目标而在形式上没有固定地理空间和时间的虚拟组织也是组织结构变革的一种形式。

在信息时代,几乎所有的现代人都是信息系统的应用者,作为应用者应该掌握管理信息系统的概念、原理和组成。信息时代也需要信息系统开发者开发或升级开发越来越多满足人们生活需要的信息系统,信息系统开发者作为行业的从业者,应该掌握管理信息系统的概念、原理、组成、开发和管理方法。

1.2 信息

1.2.1 信息及其分类

在信息时代掌握信息的相关概念尤为重要。数据是对客观事物的性质、形态、数量等特征的记载,可以用符号表示,如数字、字符、文字、声音、图形等。信息是数据经过加工处理后所得到的,对接收者的决策有一定影响的数据。知识是以某种方式把一个或多个信息关联在一起的构成一个体系的信息结构,是客观世界规律性的总结。如图1-1所示是数据、信息和知识的关系图。

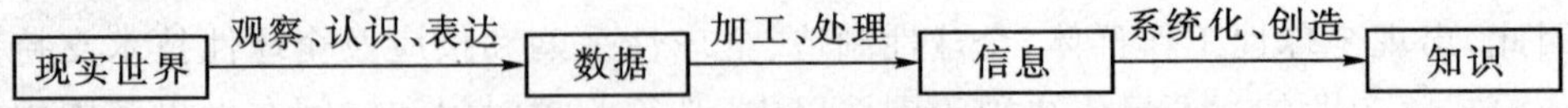

图1-1 数据、信息和知识的关系

以某定制合同管理信息系统为例,该系统记录了每份合同的合同编号、签订日期、客户、客户所在地区、所需产品类型和合同金额等信息。这些合同记录为数据。当对上述合同数据进行分类汇总统计,得到每个地区合同总金额、每种产品合同总金额、每种产品每个地区的总金额等结果,这些分类汇总结果是对数据的加工,是信息,这些信息对决策者的决策产生作用。当对上述合同信息进一步挖掘总结出以下规律:A地区订购我方产品的合同额最多,A地区对我方的产品忠诚度最高,客户需要B产品型号的数量最多,B型号的产品客户最满意,等等,这样的规律称为知识。

数据、信息和知识的关系是:数据是信息的原材料,信息是数据加工的结果,而信息又是知识的原材料。

信息可以按不同角度进行分类。

从主客观关系角度，可以把信息分为客观信息和主观信息。客观信息表现物质系统的特征，是事物运行的状态和方式。主观信息是客观信息在人头脑中的反映。客观信息是主观信息的认识对象和内容，主观信息是客观信息的能动反映。

从系统的角度，可以把信息分为系统外部信息和系统内部信息。系统外部信息是指系统的外界环境产生的信息；系统内部信息是指决定系统自身的组织和结构、调节系统各部分行动的信息。

从自然界发展过程的角度，可把信息分为非生物信息、生物信息和社会信息三种类型。一切非生物的运行状态和方式就是非生物信息；生物的运行状态和方式是生物信息；社会信息是人类社会的运行状态和方式。社会信息又可分为政治信息、经济信息、军事信息、科技信息、文化信息和社会生活信息等。

从信息的逻辑层次，可以把信息分为语法信息、语义信息和语用信息。语法信息是客观事物存在方式和运行状态的直观描述，表现为符号或语言，不涉及信息内容的解释和实际效用。语义信息揭示所描述事物内容的真实含义，确定其含义的表示方法。语用信息不仅要反映事物的存在方式和运行状态，而且要揭示其对人类的价值和效用。

1.2.2 信息的特性

信息具有记载性、事实性、传输性、共享性、加工性、时效性和价值性等特性。

1. 记载性

用来储存信息的物质如文字、图像、声波、电波、光波、磁性介质等被称为信息的载体，信息必须有载体才能存在。人的大脑是最复杂的信息载体。信息载体的性质决定着信息的价值和被利用的程度。

2. 事实性

信息必须反映客观事实，不符合事实的信息毫无价值。

3. 传输性

信息的传输性也被称为传递性或传播性，其含义是信息源可以通过载体把信息传递给接收者。信息的传递是信息在载体中和载体间的运动过程，它会发生信息形式的变化，但不会改变信息内容。信息的传递需要时间，同时也会改变信息的存在空间，是信息的时空运动。由于信息的传递需要时间，因而接收者获取的信息总是滞后于信息源产生的时间。信息传输的载体和传输手段决定了信息传输的速度和效率。信息的传输手段与信息载体的性质和采取的传输技术有关。如古代的信息传输技术很落后，通过烽火台、书简等传递信息，边关的战况信息需要几个月才能到达京城，而现代信息传输技术可以在数秒钟内把一个信息传遍全世界。

4. 共享性

信息可以由一个信息源到达多个信息的接收者，被多个接收者所共享，并且可以因交流使内容倍增。共享是信息的独特性。一个物体只能被一个享用者所占有，但信息可以被多个接收者所享用，而且对信息本身不会有丝毫影响。信息的共享性使信息可以通过多种渠道和传输手段加以扩展，从而让其获得广泛利用。现代通信和计算机技术最大限度地实现了信息的共享。

5. 加工性

加工是指对信息的整理、变换、压缩、分解、综合、排序等处理。可以通过一定的手段对信息进行加工。对信息的加工反映了人们对信息的内容、形式和时效等方面的需要。人们总是通过一定的手段，把信息加工处理成为更符合人们需要的形式和结果。信息的加工性反映了信息的可塑性和增值性，它为人们更加广泛地使用信息提供了依据。通过对信息的加工变换，可以在原信息的基础上得到对人们更有意义和更有价值的信息。

6. 时效性

时效性是指信息的作用和价值与信息产生、传输和提供的时间有关。信息的利用肯定要滞后于信息的产生，但必须有一定的时限，超过了这个限度，信息就失去或削弱了被利用的价值。信息只有被及时传递和有效利用，才能实现其价值。内容越新，传递越快，信息的价值就越大。

7. 价值性

信息的价值由内容、时间和形式三个维度决定。准确、新颖、清晰的信息价值最大，信息的价值越大，能够消除对事物认识的不确定性越多，事物的可能性范围就变小。图 1-2 是信息价值的三个维度。

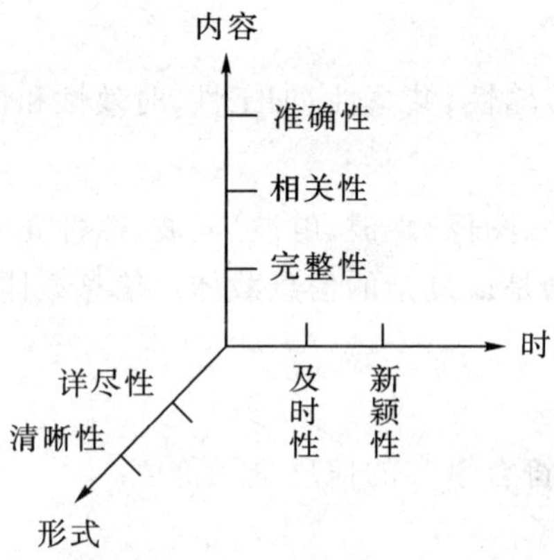

图 1-2　信息的价值三个维度

1.3　管理层次、决策类型和管理信息

管理信息系统是采用信息技术实现组织管理的人机系统，它既源于现行的管理系统，又高于现行系统，因此，它与组织的管理有着密切的联系。组织的管理一般划分为三个层次：战略管理层、战术管理层（也叫管理控制层）和作业管理层（该层可以再分为运行控制层和业务处理层）。相应的管理人员划分为高层管理者、中层管理者和作业层管理者，高层管理者的工作是对产品和服务制定长期战略决策，中层管理者为执行高层管理者的战略决策制订方案和计划，作业层管理者执行中层管理者制订的方案和计划，负责监控组织的日常活动。

管理即决策，因此管理者所做的工作就是决策，管理层次不同，对应地决策也分三种不同的层次类型：结构化决策、半结构化决策、非结构化决策。结构化决策简单、直接，有固定的规律可遵循，处理的是大量重复的、例行的问题，每次处理问题的过程或者说决策过程是规范的，并且很少变化。非结构化决策面对的是新的、非结构化的、复杂的、没有固定规律可遵循的问题。半结构化决策介于上述两类决策之间，可适当建立模型，但无法确定最优方案。再如，到商店购买某商品，根据所购买的商品价格付款是结构化决策。找一份工作是非结构化决策。例如，某公司有A、B两种原材料，A、B材料的成本分别为X、Y，A、B两种原材料可生产两种产品C、D，两种产品的单位售价随市场变化，生产每单位两种产品需要的人工费分别也随市场变化，问该公司应该如何组织生产才能获得最大利润？要解决这个问题，可以建立一些模型去解决，但由于模型中的售价和人工费随市场波动，所以无法确定最优方案，因此，该问题就属于半结构化决策问题。

管理信息是组织在管理活动过程中产生的，经过加工处理后，对组织的决策产生影响的各种信息的总称。管理信息是管理活动的基础和核心，它有利于系统目标的设立，是组织控制管理活动的重要手段，是联系各个管理环节的纽带，可对系统目标实现过程进行有效的控制，是提高管理效益的关键，可对组织资源作出合理安排。管理信息的形式多种多样，如报告、报表、表格、单据等。管理信息在组织内部的流动顺序为向下流动、向上流动和水平流动，首先，战略管理层制定战略决策，战略决策从上向下传达和落实，执行过程中各个职能部门互相沟通、交换信息，信息水平流动，执行结果向上流动传递给上层决策者。如图1-3所示是管理信息在组织内部的流动。

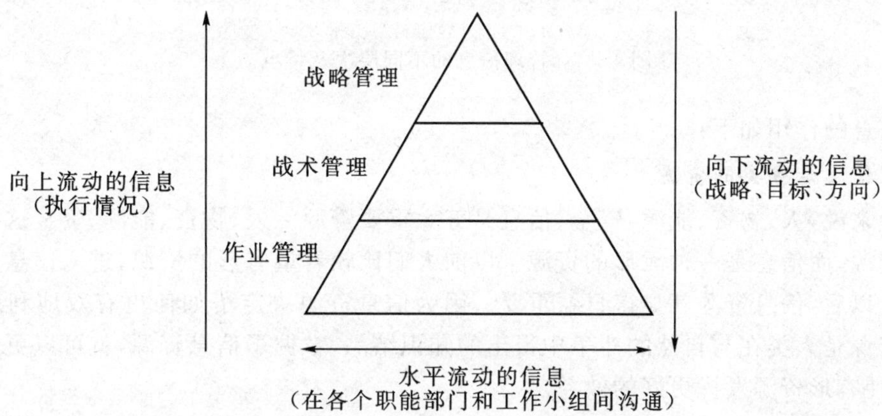

图1-3 管理信息在组织内部的流动

管理信息除具有信息的特征外，还具有自身的特征：

(1)目的性：与特定组织目标和管理过程相关联。

(2)时间性：管理信息具有时间性，其价值随时间变化。

(3)有效性：反映客观事物的状态及其变化规律，并为管理所用。

(4)不完全性：认识无穷尽，需求有目的。在信息爆炸时代，信息很多，我们不可能掌握所有信息，但可以有针对性地收集与决策相关的信息。

(5)层次性：不同层次的管理信息具有不同的特点。

管理信息是分等级的。由于不同等级的管理者职责不同、决策不同、使用的信息也不同，管理信息一般分为战略层信息、战术层信息和作业层信息。在不同层次，信息的内容、来源、精度、加工方法、使用频率、保密程度等方面都不相同。如图 1-4 所示是管理信息的不同层次及特点。战略管理需要的信息来源大部分是外部信息，例如，某企业的厂长决定是否生产某种产品，他首先需要了解外部市场对产品的需求、竞争企业的定价等信息。战略管理者因为需要作长远的战略决策，因此需要决策信息的寿命长。战略管理者因为需要作宏观的战略决策，因此需要决策信息的精度低。战略管理者一般作的决策都是创新性的决策，因此其对信息的加工是没有固定规律可以遵循的。战略管理者一般作的决策都是决定企业生死存亡的关键决策，因此对信息的保密要求高。而作业管理者的决策性质与战略管理者的决策性质相反，因此信息的来源、寿命、精度、加工方法和保密要求与战略管理者相反。战术管理者决策需要的信息的特点介于两者之间。

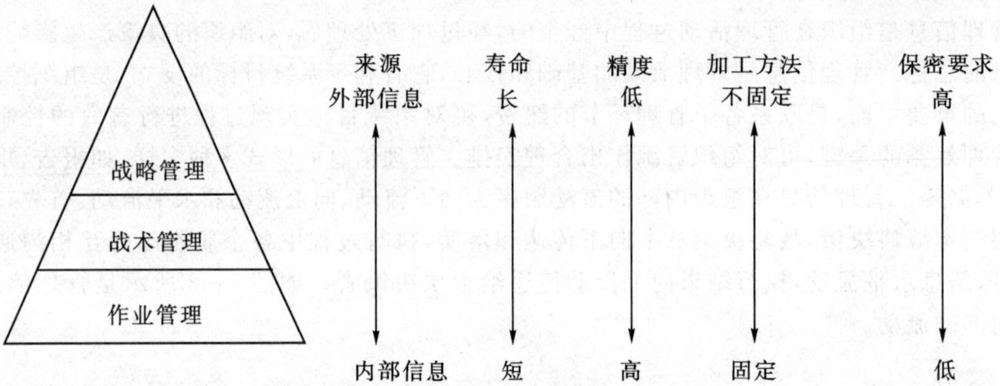

图 1-4　管理信息的不同层次及特点

管理信息的作用如下：

1. 管理信息是重要的资源

对企业来说，人、物资、能源、资金、信息是五大重要资源。人、物资、能源、资金这些都是可见的有形资源，而信息是一种无形的资源。以前人们比较看重有形的资源，进入信息社会和知识经济时代以后，信息资源就显得日益重要。因为信息资源决定了如何更有效地利用有形资源。信息资源是人类在与自然的斗争中得出的知识结晶，掌握了信息资源，就可以更好地利用有形资源，使有形资源发挥更好的效益。

2. 管理信息是决策的基础

通过对客观外部情况、对企业外部情况、对企业内部情况的了解才能作出正确的判断和决策。所以，决策和信息有着非常密切的联系。过去一些凭经验或者拍脑袋的那种决策经常会造成决策的失误，越来越明确的信息是决策成功的基础。

3. 管理信息是实施管理控制的依据

在管理控制中，以信息来控制整个生产过程、服务过程的运作，也靠信息的反馈来不断地修正已有的计划，依靠信息来实施管理控制。有很多事情不能很好地控制，其根源是没有很好地掌握全面的信息。

4. 管理信息是联系组织内外的纽带

企业跟外界的联系、企业内部各职能部门之间的联系是通过信息互相沟通的，而要沟通各部门的联系，使整个企业能够协调地工作就要依靠信息。所以，信息是组织内外沟通的一个纽带，没有信息就不可能很好地沟通内外的联系和步调一致地协同工作。

1.4 系统

1.4.1 系统的概念

系统是由相互联系、相互影响的若干部分结合为具有特定目标和特定功能，并处于一定环境之中的有机整体。

系统有一定的趋态和目的，即系统的目标。例如，教育系统的目标是培养人才，计算机系统的目标是从事信息处理。为了实现系统的目标，系统应该具有一定的能力和效用，这就是系统的功能。系统功能由系统目标所确定。系统由多个部分所构成，不存在只有单个要素的系统。

系统从一定角度来描述事物的整体性，人们通过这个概念来整体地把握事物，以及事物的构成及关系。例如，可以从两个不同角度把国家和省都看成为复杂的社会系统：站在国家的角度，可把省看成国家系统的构成部分；而从各省的角度观测时，一个省则是一个复杂的系统，此时，国家变成了省系统的环境。

1.4.2 系统的特性

系统具有整体性、关联性、层次性和适应性四种特性。

1. 整体性

系统的整体性是指为了实现系统目标，需要系统中的各个部分相互协调相互配合构成有机整体。整体性是系统的重要特性，有了整体性，系统的总体功能不是各部分功能的简单叠加，而是各部分功能的有机结合才形成整体系统的功能，具有比各部分功能简单叠加更大的功能，即达到 $1+1>2$ 的效果。系统整体性反映了系统的目标。为了实现系统的目标，系统必须作为一个有机的整体。由系统的各个部分构成一个整体，各部分之间相互协调，共同完成系统的目标。

整体具有部分所没有的性质。例如，高校由很多部门组成，高校各个部门之间相互配合、相互协作才完成高校培养人才的目标，若把各个部门分开，哪一部分都不能独立地完成培养人才的任务。

系统的各个部分具有确定的关系，这就是系统的结构。相同的系统元素按照不同的结构组织，就会表现出不同的系统整体性。因此，对一个系统的优化，常常需要对系统的结构进行调整，以使系统具有最优的整体性能。例如，为了适应社会主义市场经济的发展，我国政府机构进行改革，减员增效，实际上就是通过优化政府机构的组成，提高系统的整体性能。

2. 关联性

系统的关联性是指构成系统的各个部分之间相互联系、相互依存以构成整体系统。在系统中肯定不存在不与其他部分发生任何关系的要素。例如，计算机是一个系统，计算机的主板、CPU 和内存条相互联系相互影响，才能完成计算机的功能。

关联性是系统整体性的保证。正因为系统中各构成要素之间存在着密切的关联关系，才形成了系统的整体。如果系统中的各个构成要素之间不存在任何关系，就像一盘散沙，也就构不成整体系统，系统的整体性也就无从表现。

3. 层次性

系统的层次性是指系统的一种共性结构模式，具体的表现是可以把系统的结构划分成一种纵向的层次关系。一个系统分解成多个相对简单的子系统，对每一个子系统又可以进行分解，这样按照抽象程度，系统就表现出由抽象到具体的分层结构。例如，一个学校系统是由教学管理、科研管理、人事管理、财务管理等子系统构成的，而教学管理子系统又由教务管理、教材管理、实验室管理等更小的子系统构成。

系统层次性反映了人们观察和看待系统的角度。从宏观角度观察一个系统时，这个系统是由几个子系统构成的整体；如果我们从子系统的角度观察，它又是由几个更小的子系统所构成的。例如，一个高校是一个复杂的系统，由各个学院和部门等构成；而学院又由多个专业组成；每个专业由很多班组成；每个班由多个学生组成。

4. 适应性

任何一个系统都存在于确定的环境之中，与环境存在着密切的联系。环境支撑着系统的存在及系统的运转，系统与环境构成一个和谐的整体。事物都处在变化和运动之中，环境也在发生着变化。系统要满足环境的要求，随着环境的变化，系统也必须跟着变化，以适应环境的改变。这就是系统的适应性。

系统适应性是保证系统整体性的需要。因为系统所存在的环境是变化的，系统为了实现既定目标，必须不断进行调整，以适应环境的变化。在系统内部，系统适应性主要表现在系统要素的变化、要素作用的变化和要素之间相互关系的变化。

1.4.3 系统的分类

系统可以从复杂程度、自然特性和认识的抽象程度等不同的角度作出分类。

1. 按照系统的复杂程度划分

在现实世界中，有简单的、中等的、复杂的和超复杂的系统。按照系统的复杂程度，可以把系统划分为三类九等，如图 1－5 所示。

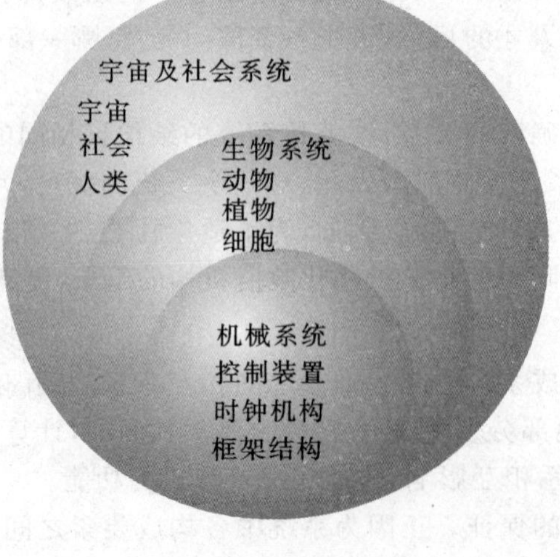

图 1－5 按复杂性对系统的分类

2. 按系统自然特性划分

按照自然特性，可以把系统分为自然系统和人造系统两类。自然系统包括人类、太阳系以及地球的生态系统等。人造系统则是为了满足人的需要，由人所创建的系统。人造系统是为人类服务的。例如，电视机、计算机、手机等机器设备是人造系统，政府机关、学校、工厂等单位或部门也是人造系统。

3. 按人们认识系统的抽象程度划分

按照人们认识系统的抽象程度，可以把系统划分为概念系统、逻辑系统和物理系统三类。

(1)概念系统。

概念系统是人们根据系统的目标和以往的知识，初步构造出来的系统雏形，是人们认识和描述系统的一种抽象模型。概念系统并不是实际系统，它能够表述系统的主要特征和大致轮廓，但对系统反映比较粗糙，很不完善，甚至缺乏必要的细节。概念系统是人们认识事物的一种重要的思维方式，它是系统在人们头脑中的概要反映。例如，在我们头脑中的人、社会、国家等系统，一般只是一种宏观的、模糊的概念，很少有人能够对头脑中的概念系统有全面、完整的认识和把握。

(2)逻辑系统。

逻辑系统是在概念系统的基础上，通过论证并从原理上证明是合理可行的系统。逻辑系统考虑了系统目标合理性、结构合理性、功能合理性和实现合理性。逻辑系统仍然不等同于实际系统。但在现有的技术、设备、资金和人力条件下，一定能够实现系统所规定的要求。因此，逻辑系统是摆脱了具体实现细节的合理系统。在信息系统开发中，对系统进行分析和设计之后得出的信息系统的分析和设计模型就是逻辑系统。另外，经过论证之后设计出来的建筑工程图纸和工程的有关说明也是逻辑系统。

(3)物理系统。

物理系统是具体存在的系统，也叫客观系统。现实存在的所有系统都是物理系统。物理系统是逻辑系统实现的结果。

4. 按系统和外界的关系划分

按照系统与外界的关系，可以把系统分为封闭系统和开放系统两类。

(1)封闭系统。

封闭系统是指与外界环境无物质、能量和信息的交换，与外界的变化没有直接联系的系统，亦即外界环境的变化不会影响系统内部的运行。例如，电冰箱，在保证供电情况下，外界温度的变化就不会影响冰箱内部温度，因为冰箱本身具有对温度的调节功能。从理论上讲，实际中并不存在绝对的封闭系统。因为任何事物总是存在于确定的环境之中的，外界环境对系统内部总是会产生不同程度的影响。但从系统的目标要求上看，外界环境不会对封闭系统内部的运行产生不必要的影响，或者外界的干扰因素可以忽略不计。

(2)开放系统。

开放系统是指与外界环境有物质、能量和信息的交换，与外界的变化存在密切联系并形成不可分割关系的系统。对于开放系统来说，环境的变化将会影响系统，系统需要适应环境的变化。现实中的社会系统、信息系统等均属于开放系统。

1.4.4 信息系统及其发展

信息系统(information system,IS)也称广义的管理信息系统,它是一个含义非常广泛的概念。信息系统有以下种类:电子数据处理系统(electronic data processing system,EDPS)、事务处理系统(transaction processing system,TPS)、管理信息系统(management information system,MIS)、决策支持系统(decision support system, DSS)、专家系统(expert system,ES)、办公自动化系统(office automation,OA)、地理信息系统(geography information system,GIS)、POS系统(point of sales)等。狭义的管理信息系统仅指管理信息系统本身。本书所讲的管理信息系统指的是广义的管理信息系统。它是基于计算机技术、网络互联技术、现代通信技术和各种软件技术,集各种理论和方法于一体,根据组织内部环境,如管理中的计划、组织、控制、协调和决策等和组织的机构、工作流程、组织的文化和组织的外部环境及挑战,如,客户、供应商、政府、替代产品等开发出来的提供信息服务和组织解决方案的,如产品和服务差别化、市场定位差别化、好的客户服务质量等的人机系统。信息系统提供的解决方案可以应对企业外部环境的各种挑战。信息系统的概念图如图1-6所示。信息系统概念图就是人们以系统的观点、从信息的角度所观测的客观系统,即信息系统是指以对信息进行收集、整理、转换、存储、传输、加工和利用为主要目的和特征的客观系统。它们以信息活动为主要特征,并能够对信息进行复杂的加工处理。

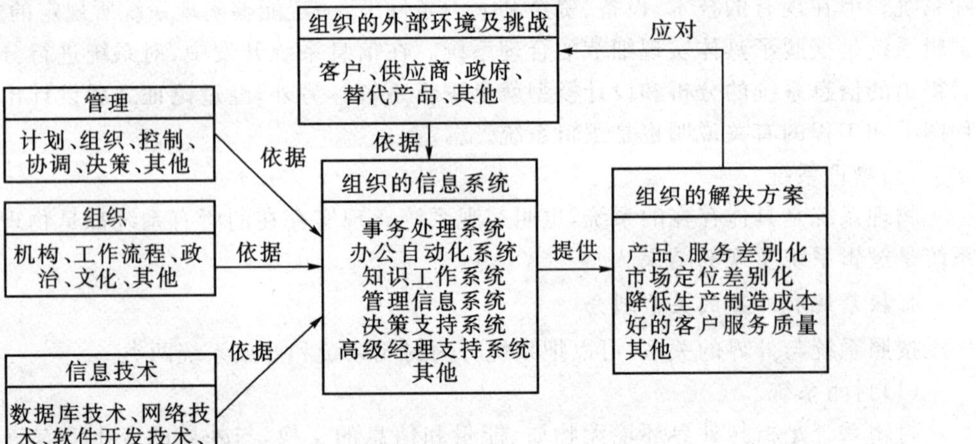

图1-6 信息系统的概念图

信息系统经历了由单机到网络,由低级到高级,由电子数据处理到管理信息系统,再到决策支持系统,由数据处理到智能处理的过程。这个发展过程大致经历了以下几个阶段:

1. 电子数据处理系统

电子数据处理系统在1953—1960年出现,是早期的管理信息系统。早期的电子数据处理系统只进行自动数据处理,称为ADP,如1954年美国通用电气公司的工资核算系统。后期发展成综合数据处理系统,称为IDP,如财务核算,包括账务、工资、成本、材料、报表等。其主要功能是进行业务处理,系统输入的资料是交易、事件,处理的内容是排序、列表、合并、更新,输出的信息是详细的报表，使用者是操作人员。该系统使日常业务如记录、汇总、综合和分类等处理实现自动化，其主要目的是提高事务处理的效率。如饭堂售饭系统、超市收银系统、工资系统等都是电子数据处理系统。经过电子数据处理系统处理的信息具有详尽、具体、结构严谨、精确和数据量大的特点。电子数据处理系统一般不做任何预测、规划、调节和控制等管理活动。从管理层次角度看，EDPS是处于企业组织管理层次中最底层的、最基础的信息系统，为底层的管理事务信息处理和辅助服务工作，因而面对的是高度结构化的问题，即处理步骤比较固定，是支持企业作业层日常操作的系统。EDPS的典型成功案例是美国航空公司的SABRE机票预订系统。

2. 事务处理系统

事务处理系统在20世纪60—70年代出现，主要应用在企业的作业层，为作业层操作和运营管理人员服务。事务型管理信息系统以事业单位为主，其工作是处理日常事务。例如：医保管理信息系统，酒店管理信息系统，教务管理信息系统。由于事务不同，这些信息系统的逻辑模型不尽相同，但基本处理对象是事务信息。这些管理信息系统要求实时性强，数据处理能力强，而数学模型的使用较少。

TPS存在于企业的各个职能部门，它是进行日常业务处理、记录、汇总、综合、分类，并为组织的操作层次服务的基本商务系统，因此是企业联系客户的纽带，也是其他信息系统的基础。就一个生产企业而言，其作业层主要有生产、销售、采购、库存、运输、财务、人事等日常事务，相应的TPS可称为生产信息子系统、销售信息子系统、采购信息子系统、库存信息子系统、运输信息子系统、财务信息子系统和人事信息子系统。一般的TPS基本上都包含有数据的输入、处理和输出三大功能，主要完成数据的收集、输入、数据库的管理、查询、基本运算、日常报表的输出等操作。

3. 管理信息系统

由于事务处理系统不能实现数据共享，导致整个组织的数据冗余和不一致。20世纪70年代初随着数据库技术、网络技术的发展和科学管理方法的推广，计算机在管理上的应用日益广泛，管理信息系统逐渐成熟起来。管理信息系统最大的特点是高度集中，它能将组织中的数据和信息集中起来，进行快速处理，统一使用。有一个中心数据库和计算机网络系统是MIS的重要标志。管理信息系统的另一个特点是利用定量化的科学管理方法，通过预测、计划优化、管理、调节和控制等手段来支持决策。管理信息系统主要应用在管理层，为中层管理人员提供对职能的综合管理服务。

4. 决策支持系统

20世纪70年代以后由于管理信息系统在应用中缺乏对企业组织机构和不同层次管理人员决策行为的深入研究，忽视了人在管理决策过程中不可替代的作用。因而在辅助企业高层管理决策时，面对一些复杂的决策问题，管理信息系统往往无能为力，未能达到预定的效果。20世纪70年代初人们提出了决策支持系统的概念。决策支持系统不同于传统的管理信息系统。早期的MIS主要为管理者提供预定的报告，而DSS则是在人和计算机交互的过程中帮助决策者探索可能的方案，为管理者提供决策所需的信息。决策支持系统主要应用在管理层，为各个层次的管理活动提供决策支持报务。

EDPS、TPS、MIS和DSS各自代表了信息系统发展过程中的某一阶段，但至今它们仍各自不断地发展着，而且是相互交叉的关系。EDPS、TPS是面向业务的信息系统；MIS是面向管理的信息系统；DSS则是面向决策的信息系统。DSS在组织中可能是一个独立的系统，也可能作为MIS的一个高层子系统而存在。

管理信息系统是一个不断发展的概念。20世纪90年代以来，出现新的概念有办公自动化系统、计算机集成制造系统、组织间信息系统、人工智能、电子商务、知识工作系统、供应链管理系统、虚拟企业、电子政务、电子教务、电子医务、主管支持系统和其他基于知识的信息系统等，目前管理信息系统正在向管理思想现代化、开发平台标准化、系统应用网络化、数据资源海量化、应用系统集成化等方向发展。

办公自动化系统是一种辅助办公人员工作的，以办公高效化和智能化实现办公无纸化为目的的一种计算机信息系统。它的最大特点是具有综合性的处理功能，如文字处理功能、数据处理功能、图像处理功能、声音处理功能和网络通信功能。它把各种最新的现代化办公设备与信息处理技术全面结合，实现文字处理、电子邮件、电子会议、日程安排等，为办公室工作人员提供组织内部和外部之间口头和书面交流的方便。它主要应用在知识层，为数据工作者提高办公效率。办公管理信息系统的特点是办公自动化，其特点和其他管理信息系统有较大不同。办公管理信息系统往往和计算机、局域网的应用、打印机等诸多办公技术联系在一起。

计算机集成制造系统通过计算机硬件、软件，并综合运用现代管理技术、制造技术、信息技术、自动化技术、系统工程技术，将企业生产全过程中有关人、技术、经营管理三要素及其信息与物流有机集成并优化运行的复杂系统。其特点是强调系统观点，强调人、经营、技术和物流、信息流、资金流的集成，突出管理和技术的结合。它支持企业从市场预测、产品设计、加工制造、库存供应、质量保证、经营管理和售后服务的全部生产及经营活动。它是工厂中MIS、DSS、OA等计算机信息系统和计算机辅助设计(computer aided design，CAD)、计算机辅助制造(computer aided manufacturing，CAM)、计算机辅助工艺过程设计(computer aided process planning，CAPP)等的有机集成。

组织间信息系统是实现电子商务、供应链管理等商业运作模式的基础，也是虚拟组织概念产生的基础。组织间信息系统是跨越组织范畴，并使所有参与者受益的共享性信息系统。组织间信息系统是企业与外界环境的其他组织，如上下游厂商、相关企业，甚至是竞争者，一起合作，为获取竞争优势所共同发展的信息系统。

人工智能是运用计算机以各种方式模仿人类各种行为，使信息技术进一步扩展应用到企业的决策中。专家系统、神经网络、遗传算法、智能代理都是人工智能。专家系统是一个智能计算机程序系统，其内部含有大量的某个领域专家的知识与经验，它能够利用人类专家的知识和解决问题的方法来处理该领域问题。也就是说，专家系统是一个具有大量的专门知识与经验的程序系统，它应用人工智能技术和计算机技术，根据某领域一个或多个专家提供的知识和经验，进行推理和判断，模拟人类专家的决策过程，以便解决那些需要人类专家处理的复杂问题，简而言之，专家系统是一种模拟人类专家解决领域问题的计算机程序系统。

人工神经网络也简称为神经网络，是一种模仿动物神经网络行为特征，进行分布式并行信息处理的数学模型。这种网络依靠系统的复杂程度，通过调整内部大量节点之间相互连接的关系，从而达到处理信息的目的。

电子商务通常是指在全球各地广泛的商业贸易活动中，在因特网开放的网络环境下，基于浏览器/服务器应用方式，买卖双方不谋面地进行各种商贸活动，实现消费者的网上购物、商户之间的网上交易和在线电子支付以及各种商务活动、交易活动、金融活动和相关的综合服务活动的一种新型的商业运营模式。

供应链管理系统基于协同供应链管理的思想，配合供应链中各实体的业务需求，使操作流程和信息系统紧密配合，做到各环节无缝链接，形成物流、信息流、单证流、商流和资金流五流合一的领先模式，实现整体供应链可视化、管理信息化、整体利益最大化、管理成本最小化，从而提高总体水平。

虚拟企业是当市场出现新机遇时，具有不同资源与优势的企业为了共同开拓市场，共同对付其他的竞争者而组织的、建立在信息网络基础上的共享技术与信息，分担费用，联合开发的、互利的企业联盟体。虚拟企业的出现常常是参与联盟的企业追求一种完全靠自身能力达不到的超常目标，即这种目标要高于企业运用自身资源可以达到的限度。因此企业自发的要求突破自身的组织界限，必须与其他对此目标有共识的企业实现全方位的战略联盟，共建虚拟企业，才有可能实现这一目标。

电子政务是运用计算机、网络和通信等现代信息技术手段，实现政府组织结构和工作流程的优化重组，超越时间、空间和部门分隔的限制，建成一个精简、高效、廉洁、公平的政府运作模式，以便全方位地向社会提供优质、规范、透明、符合国际水准的管理与服务。例如，行政机关办公型管理信息系统，对国家各级行政机关办公管理的自动化，对提高办公质量和效率，改进服务水平都具有重要意义。

电子教务是基于现代化的教务管理理念和信息化管理技术，将学生学籍管理、教学计划管理、开课计划管理、排课管理、网上选课、实践教学管理、成绩管理、考务管理、教学考评、教材管理等紧密地联系起来，实现教务信息管理的一体化，促进教务管理工作日益规范化、制度化、科学化、智能化，大大减少教务管理的人工操作，有效促进高校教务管理水平和效率的提高的系统。

电子医务是把所有的医疗机构、医务工作者和病患都通过医院内部网络和医疗内部网络来进行交流，与终端系统联系并处理相关事务的平台。这种新的网络加信息技术的模式将互联网的标准化、简单化和易接触性与医务工作的核心过程相融合。它的优越性之处在于互动性、集中处理和让人们通过更快速方式来进行医务活动。

高层主管支持系统(executive support system，EIS)主要应用在战略层，为高层主管提供非结构化的战略决策支持。它是综合了各种信息报告系统和决策支持系统的特色而构成的一种专为组织中高层领导使用的信息系统。它提供经过过滤处理的关键性信息，如组织运动状态的监控信息、竞争对手活动的信息、与公司的关键成功因素相关信息等，使相关领导能够及时发现问题，并作出相应的决策。

知识工作系统为创造知识的知识工作者在工作时需要带有图形、分析、资料管理和通信功能的、称之为工作站的高档桌面计算机系统。它从企业内部和外部不同的来源和角度收集信息，利用这些工具进行千百次的问题计算和更改，直到设计人员对具体设计方案满意为止。设计人员和绘图专家也需要使用带有三维图形软件的工作站来全面地观察某产品的模型。例如，CAD 系统的应用有：产品设计(绘制机械工程图)；造型设计(外观设计、仿真实验)；工艺设计(编制加工工艺流程)；加工中心的建模、仿真和分析；注塑模型设计和分析；注塑模型加工过程仿真；注塑过程仿真等。

同样，对于从事法律咨询的事务所，律师在为客户提出建议策略之前，也可以在桌面上浏览成千上万的法律案例。当经济从对商品制造的依赖性转向对服务、知识和信息提供的依赖,各个公司的生产率和整个经济的生产率越来越依靠知识工作系统。这是知识工作系统已成为近十年来发展速度最快的应用的原因之一。

因此,建立和使用知识工作系统的主要目的是:

(1)面向组织和个人,提供共享和交流的知识和信息资源的网络系统环境。

(2)支持组织内部、外部同行的通信和协同工作。

(3)管理和组织知识和信息资源,如图形处理、分析模型、文档管理等,使组织的知识和信息资源得到高效利用。

(4)提供较强的科学计算能力和分析工具。

管理信息系统在组织不同管理层次的应用如表 1-1 所示。

表 1-1 管理信息系统的应用

层次	使用的系统	支持的工作举例
战略层	EIS	制订五年的利润计划、销售计划、经营计划
战术层	MIS,DSS	销售区域分析、生产安排、年度预算、人员安置分析
知识层	OA,KWS(知识工作系统)	用图形工作站完成产品设计,用文字处理系统完成文档和报告
作业层	EDPS,TPS	订单输入,订单查询,订单跟踪

管理信息系统各分支发展过程中,共同的基础是数据处理,但又各不相同,彼此之间相互交叉,互相渗透,主要的原因在于他们从不同的角度或者侧重点出发,解决不同层次不同角度信息处理中的问题,为决策提供支持。因此,在开发管理信息系统时必须清楚所要开发的管理信息系统是什么类型的管理信息系统,为哪个管理层次的管理者使用,解决的业务问题是什么。

1.5 管理信息系统

1.5.1 管理信息系统概述

1. 管理信息系统的定义

20 世纪,随着全球经济的蓬勃发展,众多经济学家纷纷提出了新的管理理论。20 世纪 50 年代,西蒙提出管理依赖于信息和决策的思想。同时期的维纳发表了控制论,他认为管理是一个过程。1958 年,盖尔写道:“管理将以较低的成本得到及时准确的信息,做到较好的控制。”这个时期,计算机开始用于会计工作,出现数据处理一词。

1970 年,瓦尔特·肯尼万(Walter T. Kennevan)给刚刚出现的管理信息系统一词下了一个定义:“以口头或书面的形式,在合适的时间向经理、职员以及外界人员提供过去的、现在的、预测未来的有关企业内部及其环境的信息,以帮助他们进行决策。”在这个定义里强调了用信息支持决策,但并没有强调应用模型,没有提到计算机的应用。

1985 年,管理信息系统的创始人,明尼苏达大学的管理学教授戈登·戴维斯(Gordon B.

Davis)给出了管理信息系统一个较完整的定义,即"管理信息系统是一个利用计算机软硬件资源,手工作业,分析、计划、控制和决策模型以及数据库的人—机系统。它能提供信息支持企业或组织的运行管理和决策。"这个定义全面地说明了管理信息系统的目标、功能和组成,而且反映了管理信息系统在当时达到的水平。

我国薛华成教授给出的定义是:管理信息系统是一个以人为主导,利用计算机硬件、软件、网络通信设备以及其他办公设备,进行信息的收集、传输、加工、储存、更新和维护,以企业战略竞优、提高效益和效率为目的,支持企业高层决策、中层控制、基层运作的集成化的人—机系统。

管理信息系统的定义还有很多。总之,管理信息系统是用系统思想建立起来的,以电子计算机为基本信息处理手段,以现代通信设备为基本传输工具,且能为管理决策提供信息服务的人—机系统。管理信息系统基本观点有如下三点:

(1)集成化:系统内部各种资源设备统一规划,以确保资源的最大利用率,系统各部分协调一致和高效低成本地完成组织日常信息处理业务。

(2)人—机系统:在系统中真正起到执行管理命令,对组织的人、财、物、资源以及资金流、物流进行管理的主体是人,计算机始终只是一种管理工具。

(3)分析、计划、预测、控制功能:强调管理方法的应用和对信息的进一步深加工,即利用信息分析组织的生产经营状况,利用各种模型对组织的生产经营活动的各个环节进行分析预测,控制各种可能影响实现组织目标的因素,以科学的方法,最优地分配各种资源(设备、任务、人、资金、原料等),合理地组织生产(计划、调度、监督等)。

2.管理信息系统的要素

管理信息系统的三要素是系统的观点和系统工程的方法、定量化管理(数学)分析的方法和信息处理及计算机应用技术。需要特别注意的是,只要有管理活动存在的组织,客观上就存在一个可行的管理信息系统。这种管理信息系统与本书所讲的管理信息系统的差别在于不全部具有上述三要素。

3.管理信息系统的组成

管理信息系统从功能角度看,由数据处理系统部分、分析部分和决策部分组成。

①数据处理系统部分:主要完成数据的采集、输入、数据库的管理、查询、基本运算、日常报表输出等。

②分析部分:在数据处理基础上,对数据进行深加工,如利用各种管理模型和定量定性分析方法、程序化方法、运筹学方法等,对组织的生产经营情况进行分析。

③决策部分:MIS的决策模型多限于以解决结构化的管理决策问题为主,其结果是要为高层管理者提供一个最佳的决策方案。

管理信息系统从物质与人员角度看,组成要素为:

①系统平台,包括硬件和软件。硬件包括计算机、必要的通信设备等;软件包括系统软件、实用软件和应用软件等。

②软件运行的基础为数据资源,数据资源是实现信息技术辅助企业管理的基础。

③MIS设计和运行的保证是相关人员,如企业最高层领导、CEO、CIO、中层管理人员、业务主管、业务人员、系统分析人员、系统设计人员、维护人员等,以及企业管理制度与规范,管理思想与理论。

4.管理信息系统的特征

管理信息系统中人是系统的主体,计算机是工具,因此,管理信息系统是一种人—机系统。管理信息系统的开发、运行与管理需要多种人才和多学科的知识,管理信息系统的开发、运行与管理需要有软件和硬件的支持,因此,管理信息系统是多种人才、多学科知识、软硬件结合的一种综合系统。管理信息系统需要随着信息技术的发展、社会环境的变化和管理方法与手段的变化而变化,因此,它是一种动态系统。管理信息系统是辅助企业实现企业战略目标的信息系统。企业实现战略目标的关键在于管理,而管理的关键是决策,决策的正确与否取决于决策过程所采取的方法和技术手段,管理信息系统是一种运用现代管理方法和技术手段为管理决策服务的系统。

管理信息系统是一个人、机结合的辅助管理系统。其主要以解决结构化的管理问题为主,主要考虑完成理性的信息处理业务,是组织的信息交换中心。它以高速度、低成本地完成数据处理为主要前提,追求的是系统处理问题的效益。它的设计思想是要实现一个相对稳定、协调的工作环境。

在信息处理模型和处理过程相对确定的情况下,数据是驱动系统工作的动力。设计系统时,强调处理方法的科学性、客观性,努力使系统设计符合实际情况,力求使系统的求解过程和解达到最优化。

5.管理信息系统的任务

(1)严格基础数据管理,严格计量工具、程序和手段,理顺信息渠道。

(2)信息处理过程的标准化,统一数据和报告等的格式,建立集中统一的数据库(分布式数据库系统下为逻辑上的集中统一)。高效率低成本地完成日常信息处理业务,优化分配各种资源(物资、人力、资金、设备等)。

(3)充分利用已有的信息资源,用各种管理方法或模型(特别是定量化的方法,如数学模型、经验模型、程序化模型和运筹学模型等)对信息进行加工处理,分析组织的生产经营状况和环境条件,支持管理和决策工作,确保组织目标的实现。

6.管理信息系统的功能

(1)数据处理:数据的收集、输入、传输、存储、加工处理和输出。

(2)事务处理:将管理人员从繁重的重复性的事务处理中解脱出来,有更多的精力思考管理问题,从事创造性劳动。

(3)预测功能:运用数学、统计或模拟等方法,根据过去的数据预测未来的情况。

(4)计划功能:合理安排各职能部门的计划,并按照不同的管理层提供相应的计划报告。

(5)控制功能:对计划的执行情况进行监测、检查,比较执行情况与计划的差异,并分析其原因,辅助管理人员及时用各种方法加以控制。

(6)辅助决策功能:运用数学模型,及时推导出有关问题的最优解,辅助各级管理人员进行决策。

7.管理信息系统的应用

(1)国家经济信息系统。国家经济信息系统是一个总称,包括国家各综合部门(如国家发改委、国家安全生产监督管理总局、国家统计局等)在内的国家级信息系统。

在国家经济信息系统下,纵向联系各省市、各地区、各县直至重点企业的经济信息系统,从横向上国家经济信息系统联系诸如外贸、能源、交通等各级信息系统。各级信息系统形成一个纵横交叉的独立的信息系统。其主要功能是处理经济信息，包括收集、存储、加工、传送、转换等，为国家经济部门、各级决策部门提供统计、预测等信息，同时也为各级经济部门以至个体经营者提供经济信息。

(2)企业管理信息系统。企业管理信息系统的主要对象是管理信息，一般面向工厂、企业，如制造企业、商业企业、建筑企业等。

通常以企业管理信息系统作为代表描述管理信息系统，因为这是最复杂的管理信息系统，它具备对工厂生产监控、预测和决策支持的功能，大型规模企业管理信息系统的功能很多，人、财、物、产、供、销以及质量、技术应有尽有。其技术要求很复杂，如用到各种数学模型等。

信息系统功能用于支持管理主要体现在以下几个方面：

①代表着企业的一个主要职能领域。对于想要成功的企业来说，它同会计、财务、运营管理、营销及人力资源管理等职能同等重要。

②对企业的有效运营、员工的工作效率与士气以及对客户服务和客户满意度有重要贡献。

③为管理人员和商务人士的有效决策提供必要的信息和支持。

④是企业开发具有竞争力的产品和服务，从而在全球市场竞争中获取战略优势的一个关键要素。

⑤为数百万人提供了动态的、高收入的和具有挑战性的就业机会。

⑥是现代联网企业资源、基础设施和能力的一个关键要素。

1.5.2 管理信息系统面临的挑战

1. 管理信息系统面临的社会挑战

随着人类社会信息化的不断推进，信息技术和管理信息系统的发展极大地促进了生产、经营，促进了管理，提高了效率和质量，但同时也向我们提出了许多带有根本性的问题。

(1)如何深刻地认识管理信息系统不仅是一个技术系统，而且同时又是一社会系统。图1-7是管理信息系统的社会技术要素。现在人们日益深刻地认识到，信息技术应用与应用环境是不可分离的。管理信息系统不仅是技术系统，而且是社会系统。推进信息系统的变革犹如推进社会变革。信息系统技术的复杂性、需用资源的密集性和用户需求的多样性仅是问题的一个方面，而更重要的则涉及管理思想、管理制度、管理方法、权力结构和人们习惯的变化。

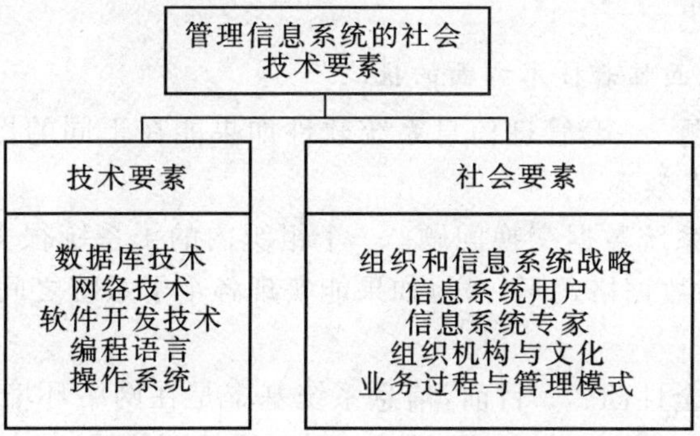

图1-7 管理信息系统的社会技术要素

在相当长的一段时间里，人们把信息系统看做是计算机技术在某个组织的应用，认为信息系统开发是一个技术过程，视开发项目为“交钥匙工程”。采用这种方式开发系统，往往造成双方误解，到“交钥匙”时，用户提出“你开发的系统不是我所要的系统”，延误开发时间，浪费资源，或者因维护困难而使系统短命。

信息系统建设的实践，使人们越来越重视社会人文因素对信息系统建设的影响。信息系统是人机交互系统，其开发、维护都离不开人的参与。信息系统开发过程本质上是一个社会过程。

信息系统建设不可避免地要改变某些业务流程乃至组织机构，这将影响某些部门和人员的工作方式、权力关系，引起部门之间、人员之间的利益冲突。

信息系统不只是单纯的计算机系统，而是辅助企业管理的人机系统。人是信息管理的主体。

(2)如何提高科学管理水平，为信息系统的实用创造有利的条件。从开发的角度来说，管理信息系统用计算机处理信息，企业有科学的管理水平，才方便信息系统开发人员将业务处理过程用计算机实现，如果没有科学的管理水平，管理毫无规律可循，计算机编程没法实现。从管理信息系统应用角度来说，如果管理信息系统采用科学的管理技术和方法开发，管理信息系统输出的结果是科学的，只有有科学管理水平，才能真正将管理信息系统的输出结果用到实处，真正发挥管理信息系统的作用。例如，某些企业开发了管理信息系统，但由于管理水平跟不上，管理信息系统变成了摆设。

(3)如何用信息技术来促进组织管理。信息技术发展非常迅速，数据挖掘、大数据、互联网+、物联网、云计算等新技术概念层出不穷，这说明组织必须与时俱进，及时采用新信息技术来促进组织的管理，这样才能提高企业的效率和效益。例如，移动上网技术出现，某地下矿山企业采用移动上网技术，实现在井上远程实时的生产调度及安全管理，实现移动办公，企业的事务处理快捷方便，提高了企业的经济效益。腾讯 QQ、微信等软件出现后，很多企业用这些软件建立微信平台及 QQ 群、微信群，通过这些实时通信软件完成组织中信息的快速交流及工作指令的下发，提高企业的事务处理效率。

(4)如何提高员工的文化水平，培养新一代的工作人员，使之适应新技术应用和企业转型的挑战。随着互联网出现，网上销售、网上服务等新技术应用出现，这些技术对传统的商业模式有一定的挑战，组织要提高新一代员工的文化水平，以适应新技术的转换。

(5)政府部门如何促进信息系统的应用和发展。政府各部门应大力促进信息系统的应用与发展，实现全面信息化。

2. 管理信息系统也面临着技术方面的挑战

(1)跨平台运行问题。一套管理信息系统软件如果能在不同的操作系统平台上方便地运行，就可以大大提高开发效率。

(2)支持多种应用系统数据交换问题。一个组织内的子系统很多，应用软件很多，各个子系统和应用软件产生的数据格式不一样，如果能实现各个子系统之间快捷的数据交换，系统的实用性会大大增强。

(3)高可靠性和安全性问题。目前，信息系统基本是在网络环境下运行的，网络可靠性和安全性问题必须考虑，否则信息保密性可能被破坏，系统可能陷入瘫痪。

(4)具有可扩展的业务框架和标准的对外接口问题。具有可扩展的业务框架和标准的对外接口才能够适应管理思想的发展、用户需求的变化和多样性，便于二次开发，系统的寿命才长。

1.5.3 信息系统的结构

1. 概念结构

信息系统的主要功能为信息的收集、信息的处理、信息的输出和信息的存储，它由信息源、信息处理器、信息用户、信息存储器、信息管理者和传输通道组成，其中，信息收集来源于组织的内外部环境和作业管理系统，信息的输出主要为管理决策服务，管理决策者也可以通过对话功能与系统进行双向信息交换，在信息处理过程中信息管理部门可以对信息收集、信息处理、信息输出进行管理。在信息系统中，信息管理者起着主导作用。信息系统的概念结构如图 1-8 所示。从信息系统的概念结构可以看出，管理信息系统是社会技术系统。

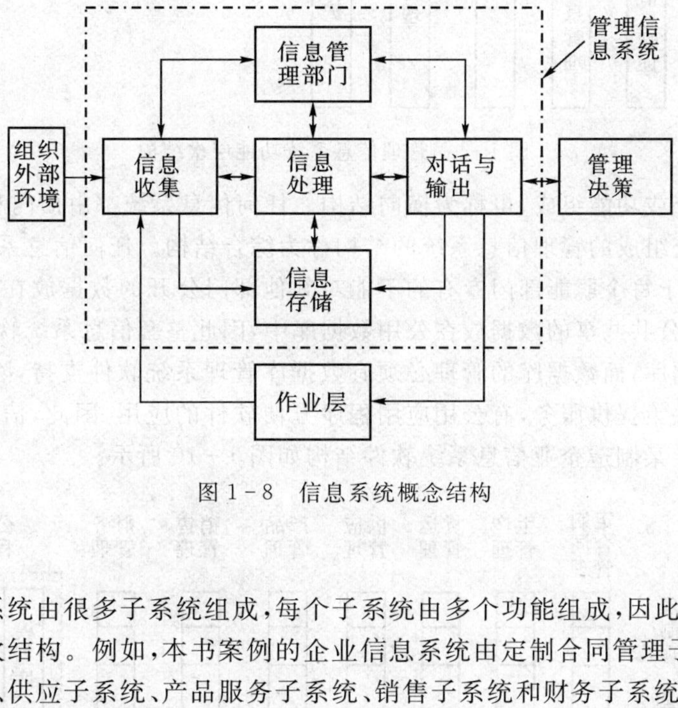

图 1-8 信息系统概念结构

2. 功能结构

大型的信息系统由很多子系统组成，每个子系统由多个功能组成，因此系统、子系统、功能之间构成功能层次结构。例如，本书案例的企业信息系统由定制合同管理子系统、生产制造子系统、货运子系统、供应子系统、产品服务子系统、销售子系统和财务子系统组成，如图 1-9 所示。而合同管理子系统由合同基本信息管理、合同执行信息管理、数据查询、报表输出管理和基础数据维护等功能组成。信息系统的功能层次结构给我们提供了信息系统各部分功能及相互关系，为开发信息系统的菜单提供依据，也为使用信息系统提供依据。

3. 软件结构

一套信息系统有很多的子系统，每个子系统为组织的某一个管理职能服务。例如，本书案例定制合同管理子系统为合同管理中心服务，因此，信息系统从纵向看由多个职能子系统组成，也叫信息系统的纵向结构。组织的每个管理职能又分为多个管理层次，例如，合同管理中心的最高层领导为厂级领导班子成员，他主要进行合同的战略管理。合同管理中心下设有多个处级干部，他们主要进行合同的战术管理。合同管理中心下设有多个科室，每个科室有科长和科员，他们主要进行运行控制和业务处理。所以，每个子系统又可以按管理层次从横向看由

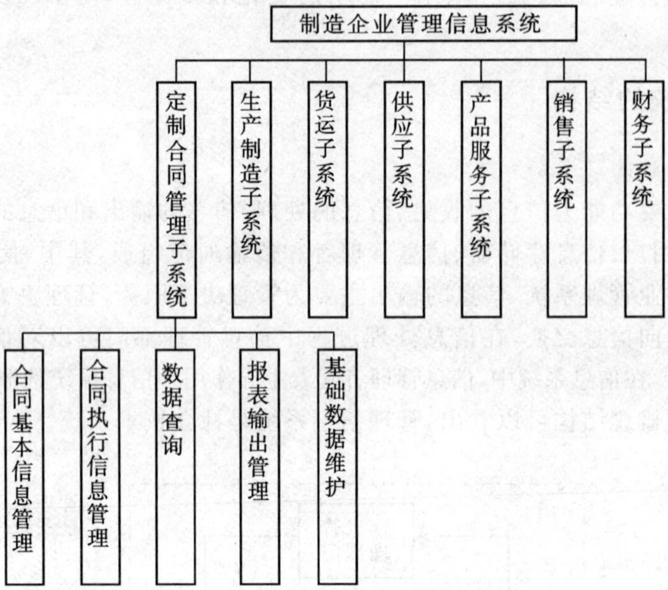

图 1－9　管理信息系统功能层次结构

多个更小的子系统或功能组成，也称为横向结构。任何信息系统都由横向和纵向子系统组成，因此由横纵子系统组成的管理信息系统的结构称为综合结构。任何信息系统都必须由数据库来存储信息，而由于每个职能部门专有的不能对其他部门公开的数据放在自身专用的数据库中，所有职能部门公共共享的数据放在公用数据库中，因此整套信息系统软件有多个专用数据库和一个公用数据库，而数据库的管理必须有数据库管理系统软件支持，除此以外，软件还需有模型库为管理决策提供服务，有公用应用程序方便软件的应用，因此，信息系统的软件结构由上述部分组成。某制造企业信息系统软件结构如图 1－10 所示。

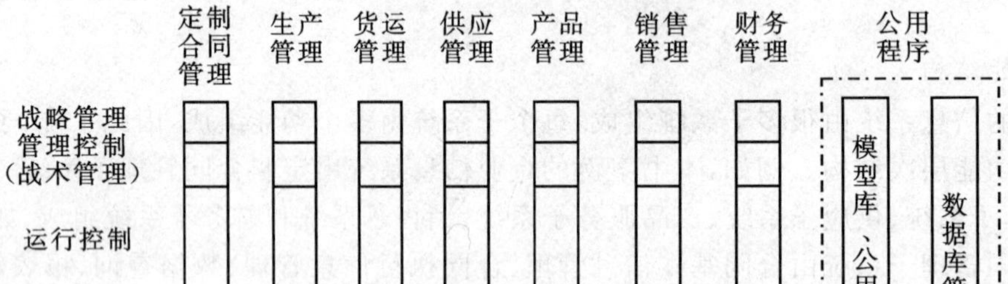

图 1－10　某制造企业信息系统软件结构

4. **信息系统的金字塔结构**

企业内部的信息系统和企业外部经营环境的信息系统有着密切的信息传递关系，因此，可以把他们看成一个整体。而企业内部信息系统有战略管理、战术管理、运行控制和业务处理

(这两层合称作业管理)四个层次,层次越高所作的决策越少,需要的信息资源越少,因此它们像金字塔的上部形状,而企业外部环境信息系统像金字塔的基石,因此,企业内外部信息系统的综合称为信息系统的金字塔结构。在开发一个信息系统或使用一个信息系统时,我们可以从金字塔结构了解信息系统和外部环境系统的联系。如图 1-11 所示是某制造企业管理信息系统的金字塔结构图,该制造企业内部信息系统与外部配套厂家、原材料供应商、客户、运输公司的信息系统有相互联系,这种联系让企业与外部环境很方便地实现物流、信息流和资金流的交换,提高外部交易的效率,因此,可以把企业内外部信息系统看成一个整体。

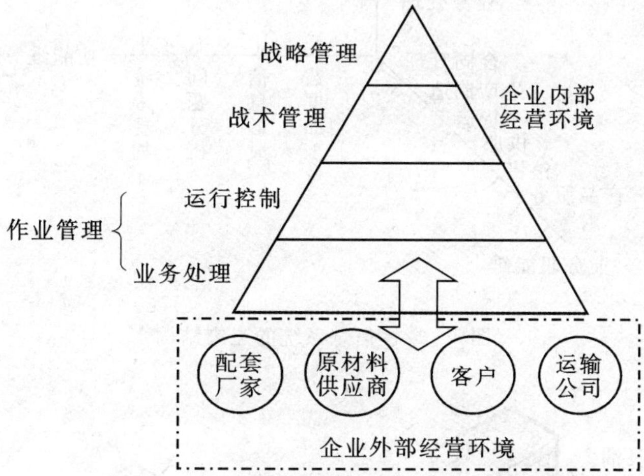

图 1-11 某制造企业管理信息系统的金字塔结构

5. 信息系统的三维结构

信息系统有三个维度,即业务职能维、管理层次维和功能维。业务职能维指从管理信息系统辅助完成的业务职能角度观察管理信息系统,例如,制造企业的战术管理信息系统辅助完成以下工作:合同管理、生产制造、货运、供应、销售、产品服务、财务。管理层次维指管理信息系统所支持的管理层次,包括:战略管理、战术管理、运行控制、业务处理。功能维指的是信息系统完成的功能,包括:数据加工、信息形成、问题分析、统筹规划。图 1-12 是信息系统的三维结构图。所以当我们开发一个信息系统的某部分功能时,我们要想一想,这部分功能主要完成的任务是什么?是数据加工、信息形成、问题分析还是统筹规划?这部分功能给哪个层次的管理者使用?这部分功能支持哪个组织的什么工作?从三个维度进行考虑,会使开发的信息系统更符合用户的需求,才能保证系统开发的成功。

6. 信息系统的硬件结构

信息系统的硬件结构影响信息系统开发的方方面面。软件系统一般分为三个层次,即界面层、业务层和数据库层,按这三个层次不同的存放方式及特点可以把硬件结构划分为:集中式、B/S 结构、C/S 结构、微机网络结构。

集中式结构如图 1-13 所示,系统有一个中央服务器(主机)和多个终端,中央服务器存放界面层、业务层和数据库层,终端无处理功能。这种模式最简单的就是单机模式。这种模式的优点是简单、投资少,软件更新方便。缺点是中央服务器是整个系统处理的中心,中央服务器是系统的瓶颈,如果中央服务器瘫痪,整个系统就会崩溃,另外这种结构的运行速度受终端用户个数的影响，若接入的终端用户多，速度会很慢。

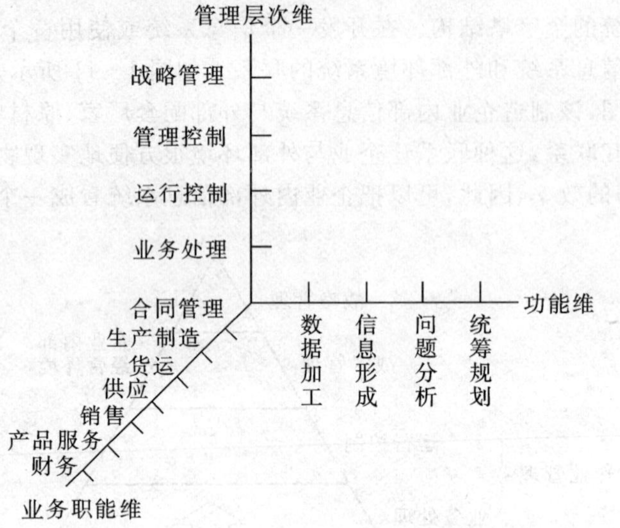

图 1-12　信息系统的三维结构

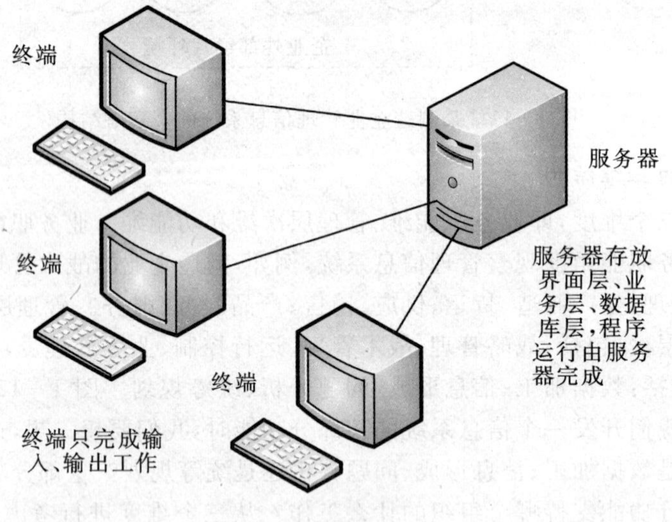

图 1-13　集中式结构

客户机(client)/服务器结构(server)，简称 C/S 结构。在 C/S 结构中，界面层是与程序对应的专用的客户端软件。根据程序的情况，业务层可以直接安装在客户机中，也可以安装在应用程序服务器。客户机发送执行程序的请求，程序开始执行，程序执行过程若需要数据则向数据库服务器发送请求，数据库服务器查询数据，把查询结果送回应用程序服务器，应用程序服务器继续执行程序，执行结果返回客户机。在 C/S 模式中，客户机与应用程序服务器可以通过 HTTP 进行连接或通过企业内部网(Intranet)或虚拟专用网(VPN)连接，应用程序服务器和数据库服务器之间通过企业内部网或虚拟专用网连接。数据库服务器采用高性能的计算机、工作站或小型机，并安装大型数据库。由于客户端用户安装的操作系统不一样，因此，C/S 结构的软件需要针对不同的操作系统开发不同版本的软件。图 1－14 和图 1－15 是 C/S 模式。

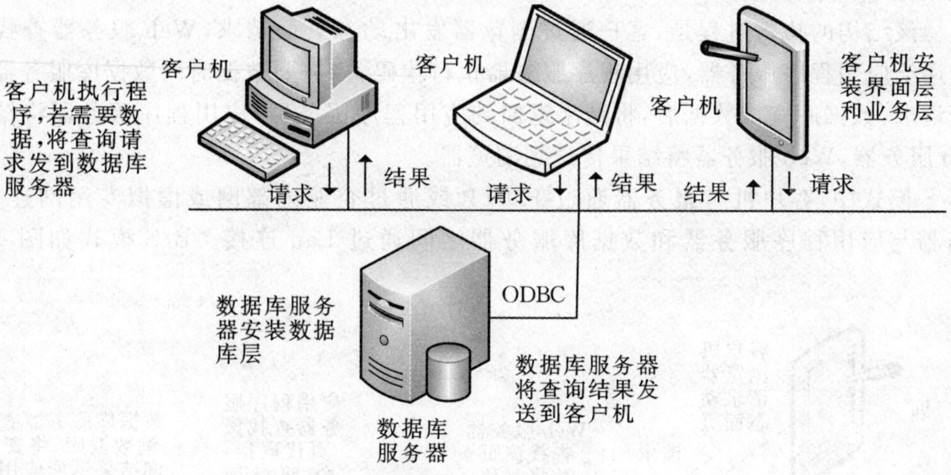

图 1－14 简单的 C/S 模式

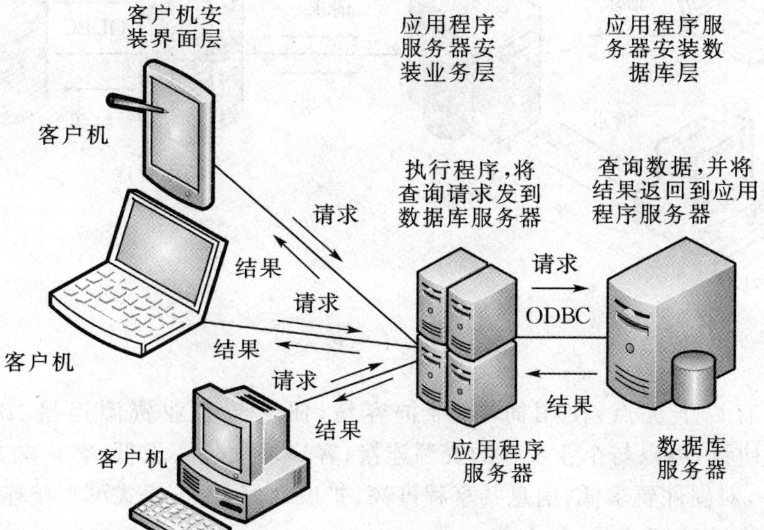

图 1－15 复杂的 C/S 模式

C/S 模式有以下几方面的优点：通过 C/S 功能合理分布，均衡负荷，从而在不断增加系统资源的情况下提高系统的整体性能；系统开放性好，在应用需求扩展或改变时，系统功能容易进行相应的扩充或改变，从而实现系统的规模优化；系统可重用性好，系统维护工作量大为减少，资源可利用性大大提高，使系统整体应用成本降低。

C/S 模式有以下几方面的缺点：开发成本较高，C/S 模式对客户端的软硬件要求较高；移植困难，采用不同工具开发的应用程序，一般不兼容；不同客户机可采用不同的界面，不利于维护；不同的客户机都安装了相应的应用程序，升级维护困难。

浏览器(browser)/服务器结构(server)，简称 B/S 结构。B/S 结构界面层就是浏览器，界面层安装在客户机上,Web 服务器安装网页程序,主要为查找网页服务,应用程序服务器安装业务层程序,数据库层安装在数据库服务器上。界面层为浏览器并有 Web 服务器是该结构的最大特点。该结构的执行过程是,客户通过浏览器发出动态页面请求,Web 服务器查找该页并将其传递给应用程序服务器,应用程序服务器执行代码,当需要数据时向数据库服务器发出查询数据请求,数据库查询数据后,将结果返回到应用程序服务器,应用程序服务器将结果传递给 Web 服务器,Web 服务器将结果传送到浏览器。

在 B/S 模式中,客户机与服务器通过 HTTP 或通过企业内部网或虚拟专用网连接,而 Web 服务器与应用程序服务器和数据库服务器之间通过 Lan 连接。B/S 模式如图 1-16 所示。

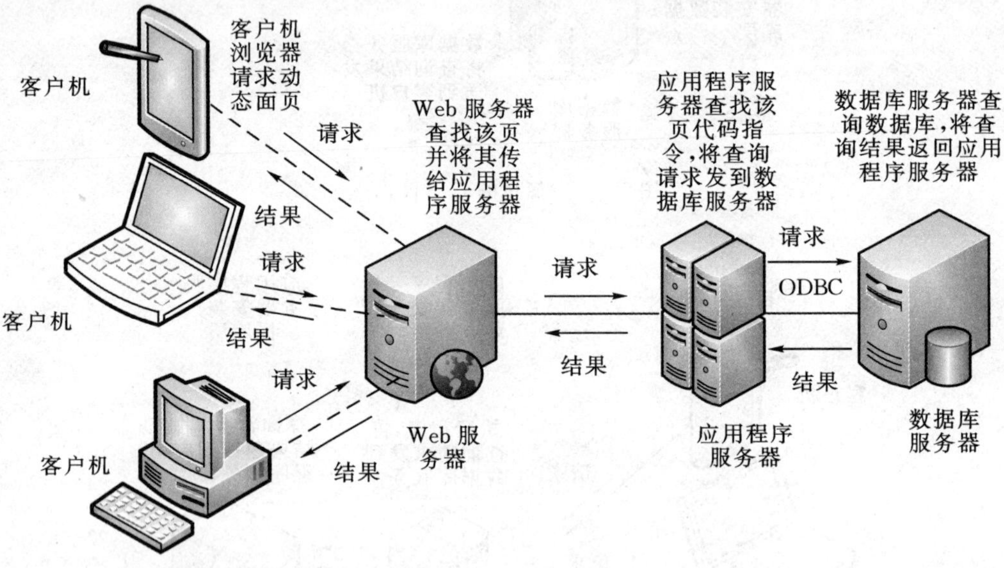

图 1-16　B/S 模式

B/S 模式具有以下优点:使用简单;维护容易;便于与企业资源连接,B/S 模式采用 TCP/IP、HTTP 协议,可以与企业现存的资源连接;客户端硬件要求低,客户端只需安装一种 Web 浏览器软件,对硬件要求低;信息共享程度高;扩展性好,B/S 模式可直接连入 Internet。

微机网络结构这种模式是,每台客户机安装一套软件,每台客户机可以单独运行程序,这种结构数据不共享,当某台机器需要另外一台机器的数据时通过网络访问另外一台机器实现。微机网络的链接可以有星形网、总线网和环形网等多种形式。如图 1-17 所示是总线形式的微机网络结构。

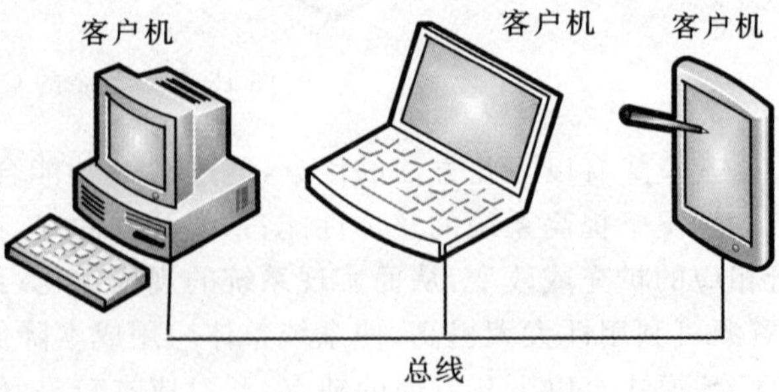

图 1-17　微机网络结构

本章小结

本章介绍信息、数据和系统的定义；信息的特性、管理信息、三个管理层次和决策的类型；信息系统的概念和类型，信息系统的发展过程。

信息是对数据进行加工后得到的对决策者行为有影响的数据。信息有多种特性。管理可以分为战略管理层、战术管理层和作业管理层三个层次。决策分为结构化决策、半结构化决策和非结构化决策三种类型。管理信息是管理工作中所需要的信息，管理信息也分为战略信息、战术信息和作业信息三个层次，每个层次各有其特点。信息系统是对信息进行加工处理的系统。管理信息系统有多种结构：概念结构、功能结构、软件结构、硬件结构、三维结构等。信息系统发展过程中三个大的标志是电子数据处理系统或事务处理系统、管理信息系统和决策支持系统。电子数据处理系统或事务处理系统主要处理结构化决策问题，为基层的业务处理服务。管理信息系统处理结构化和半结构化决策问题，为战术管理层的决策服务。决策支持系统主要处理半结构化和非结构化决策问题，为战术管理层和战略管理层的决策提供支持。这三种系统各自代表信息系统发展的不同阶段，但是它们没有替代关系，至今仍然并存并各自发展，并且有交叉的关系。信息系统目前正在朝网络化的方向发展。随着智能手机和移动互联网的广泛应用，管理信息系统的应用更加广泛。

习题

一、填空题

1. 管理系统按层次可分为战略管理、______和______等三个层次。

2. 信息是经过______后的数据，它对接收者的行为能产生影响，它对接收者的______具有价值。

3. 信息系统不仅是一个复杂性的技术系统，而且是一个______系统。

4. 信息系统是一个由人和计算机等组成的，能进行______收集、传递、存储、加工、维护和使用的系统。

5. 信息系统的功能有数据处理、______、预测功能、计划功能、______和辅助决策功能。

6. 作业级的信息大部分来自内部，信息的精度______，使用频率______，使用寿命短。

7. 在企业管理中，信息系统能辅助各种管理职能，如利用信息系统进行预测，可支持管理中的______职能。

8. 决策按其性质分为结构化决策、______、非结构化决策。

二、选择题

1. 信息系统的层次结构中，信息处理量最大和决策问题的结构化程序最低的层次分别是(　　)。

A. 作业层和战术层　　B. 战术层和战略层　　C. 作业层和战略层　　D. 都是战略层

2. 对决策支持系统的正确描述之一是(　　)。

A. 能代替人进行决策的一类信息系统

B. 主要支持半结构化和非结构化的决策问题

C. 系统内有数据库和模型库，且采用数据驱动

D. 只能支持高层领导决策

3. 从管理决策问题的性质来看，在运行控制层上的决策大多数属于(　　)的问题。

A. 结构化　　B. 半结构化　　C. 非机构化　　D. 以上都有

4. 管理信息按决策层次可分为三类：战略信息、战术信息和(　　)。

A. 流动信息　　B. 固定信息　　C. 报表信息　　D. 业务信息

5. 信息系统的结构，指的是(　　)。

A. 信息系统的组成　　B. 信息系统的物理结构

C. 信息系统的组成及其各组成部分之间的关系　　D. 信息系统中各部分的关系

6. 信息系统是一些功能子系统的联合，为不同管理层次服务。例如，在销售市场子系统中，进行销售和摊销的日常调度，按区域、按产品、按顾客的销售数量进行定期分析等，属于(　　)。

A. 业务处理　　B. 运行控制　　C. 管理控制　　D. 战略计划

三、简答题

1. 信息系统的计算模式有 C/S 模式和 B/S 模式。

(1)请画出 C/S 模式和 B/S 模式的结构图。

(2)请说明 C/S 模式和 B/S 模式各自的特点。

2. 商场销售终端系统 POS 系统工作流程为：售货员用扫描仪输入商品的条形码，系统根据条形码从商品数据库查询商品的价格，显示商品的信息，售货员输入商品数量(系统默认购买的商品数量为 1，如果是 1 件商品，不用输入数量)，系统统计客户所购买商品的金额。售货员重复上述过程，直到一个客户所购的商品全部输入，当客户所有商品输入结束后，系统显示总金额。售货员输入客户预付的金额，系统显示找回客户的金额。收款结束后，系统打印客户的购物清单，将该客户购买的商品信息存储到销售数据库，修改库存数据库。请回答：

(1)POS 系统属于什么类型的信息系统？

(2)POS 系统这种类型信息系统的特点是什么？

3. 信息系统有哪些类型？它们的特点是什么？

4. 一个电话公司每天会产生大量的电话账单，这些账单上的数据是信息吗？

5. 现代信息技术对当今信息系统的功能有什么贡献？

6. 在信息系统中，是什么活动把原始数据转变成可用的信息？

7. 对命题"富裕的管家(地区)必定信息富裕"谈谈你的见解。

8. 按照本章中介绍的组织中的信息系统，对以下信息系统进行分类：连锁超市的收款系统、企业的库存进出货管理系统、学校的学生履历管理系统、企业的预算系统、网上交易系统。

9. 将一台微机看做是一个系统，画出图示，说明这个系统中各子系统之间的关系。

10. 事务处理一般用于组织的哪些业务？请举例说明。

11. 数据和信息的区别是什么？联系实际说明信息的维度(主要特征)。

12. 事务处理系统、管理信息系统、决策支持系统、高层主管支持系统有什么区别？

13. 为什么说信息是管理的基础？

14. 什么是结构化决策？什么是非结构化决策？列举工作、学习、生活中的决策活动。

四、应用题

1. 描述你常使用的信息系统(例如：学校教务系统、ATM 系统、网上购物系统等)的硬件结构、软件和功能结构。

2. 请说明以下信息系统是什么类型的信息系统？为什么？

学校网站、学校的教务系统、ATM系统、学生信息管理系统、学生宿舍管理信息系统、物业管理信息系统、财务管理信息系统。

3. 在互联网上了解信息技术新发展的相关概念、原理及应用，例如：云计算、大数据、互联网+、物联网等。

4. 在互联网上了解信息系统的新发展，如：电子商务、电子政务、虚构企业、计算机集成制造、电子教务等。

第2章 信息系统开发简介

学习目标

通过本章学习信息系统开发条件，开发信息系统的策略，开发方式和开发过程的组织管理及常用的信息系统开发方法。

重点难点

常用的信息系统开发方法。

2.1 信息系统开发概述

2.1.1 开发条件

信息系统开发涉及的因素众多，系统开发成功与否由以下要素决定：

(1)系统目标要合理。系统目标如果过大，与人力、物力和财力的投入不相符，很难把系统做好；如果目标过小，浪费资金；如果目标过高，与现有的技术水平不相符，系统很难实现；如果目标过低，系统缺乏先进性，它的应用就会受信息技术新发展的影响而被淘汰。因此，系统目标是否合理直接影响系统开发的成功与否，目标的确定应坚持先进性和实用性相结合的原则。

(2)参加开发工作的人员组织。管理信息系统涉及多种管理科学、数学与运筹学和信息技术等多种学科人才，搞单干是不可能完成信息系统的开发任务，这就需要根据具体系统的具体情况，合理组织系统开发所必需的各方面人才，共同完成任务。

(3)从总体上对系统开发进行规划。信息系统的开发涉及面广，工作复杂，需要遵循系统工程的开发步骤。在项目开始的初期要从宏观上规划本组织的信息系统未来发展战略、系统的组成，这样才能保证组织中信息系统各部分功能的相互协调，各部分功能的接口正确。做到全局数据共享，保证数据从一处出，保证数据的正确性和一致性。

一个组织要开发信息系统必须检查组织是否具备以下基本的必要条件：

(1)有科学的管理基础。组织中所应用的管理理论与方法与组织的实际结合；组织有合理的管理体制和科学的管理方法、完善的规章制度、管理工作标准化、稳定的作业秩序、完整准确的原始数据。只有这样才便于用信息系统管理企业相关事务。

(2)领导的重视和员工的积极参与。信息系统的目标对系统开发成功与否有重要的决定作用，领导最熟悉最清楚自己企业面临的问题，最能合理地确定系统目标。另外，信息系统开发属于智力型高新技术产品开发，在开发过程若资金链断裂，会造成人才流失，项目中断，项目中断后若再继续请新的开发人员来开发，项目前期已做的工作很多就作废，很多工作需要新来的人员从头再去做，这样就会浪费大量的人力、物力和财力。领导拥有实现目标的人、财、物的调配权，能够决定投资，因此领导必须参与，才能保证人、财、物到位。信息系统开发好以后，能在实际管理工作中应用才算是真正的成功。然而，信息系统的应用也会涉及组织中部门的调整、人员的重新安排，可能会涉及某些人的利益，因此在应用过程中会有一些阻力。领导有调整机构、调配人员的能力，也有确定应用程度等能力，这样信息系统才能得到真正的应用。在信息系统开发的各个阶段都需要员工的积极参与和配合，尤其在需求分析、系统分析和系统实施阶段更是如此。在需求分析阶段，员工需要向分析人员提供信息系统功能和性能。在系统分析阶段，员工需要向分析人员提供相关的业务流程和业务处理过程的各种资料和表格。在系统实施阶段，员工需要学习掌握新系统，只有员工积极使用新系统，系统才能真正发挥作用。因此，员工是信息系统建设不可缺少的力量，他们的文化水平、业务水平、工作习惯、对新系统的积极性直接影响信息系统效果。

(3)有一支高水平的专业技术队伍。信息系统开发属于智力型高新技术产品开发，需要有各个学科高水平的技术人员参与才能完成开发任务。

(4)有较雄厚的物质基础。系统开发与维护需要设备和设施建设费用、开发费用和运行维护费用等，这些费用一般都比较大。

2.1.2 开发策略

根据系统需求的特点和开发工作的难易程度或者风险的大小，可采取下列开发策略：

(1)直接开发策略。当系统规模不大，信息和处理过程结构化程度高，用户和开发者有较丰富的经验时，若用户对信息系统的需求是正确的、完全的和固定的，现有的业务处理过程和管理方法是科学的，根据用户要求和现有状况，直接编程，过渡到新系统。

(2)按流程开发策略。系统开发人员在调查后即可确定用户需求处理过程，而且以后变化不大。系统的开发工作可以按照某一种开发方法的流程，按部就班工作，直至完成任务。这种策略对开发者和用户要求高，在系统开发前对实际问题的状况要完全清楚。

(3)迭代开发策略。若用户需求具有一定的复杂性和难度，一时不能完全确定，需要进行反复分析、设计、修改，随时反馈信息，发现问题，及时修正开发过程。这种开发策略对开发者和用户要求低，但耗时长，费用高，系统开发的结构不太好，容易产生代码的冗余和不兼容。

(4)实验开发策略。若用户需求确定性不高，一时无法制订具体的开发计划，只能反复试验。这种开发策略需要有一定的软件支持环境，在大型系统开发时反复实验费时费力，因此应用上具有明显的局限性。

(5)实际开发过程中，开发的过程策略可分为：

①自上而下：从整体上协调和规划，由全局到局部，由长远到近期，从探索合理的信息流出发来设计系统。

②自下而上：从现行系统的业务状况出发，先实现各项业务的具体功能，逐步由底层到高层，直至最后形成整个系统。

2.1.3 开发方式

1. 用户自行开发

用户具有开发系统的基本必要条件，且技术力量比较雄厚，可以采取自行开发的方式。这种开发方式的优点是，开发人员熟悉业务处理过程，沟通交流容易，但是开发人员应专心从事开发工作，不受原来从事工作的影响，也应克服组织中各方面的干扰因素。自行开发的好处是可以得到适合本单位的满意的系统，通过系统开发培养自己的力量。缺点是往往开发周期较长。自行开发需要强有力的领导，有足够的技术力量，需要进行一定的咨询。

2.委托开发

用户将信息系统建设的规划、目标等方面的要求明确提出，可以采取招标等方式委托软件公司，通过签订合同的方式来完成开发任务。这种开发方式的不足是，风险较大，对于开发单位需要进行深入调查，所签订的开发合同的条款需要细致、明确。委托开发从用户角度讲最省事，但必须配备精通业务的人员参加，经常检查、协调。这种方式开发费用较高，系统维护比较困难。

3.合作开发

合作开发是由用户和开发单位共同完成系统开发任务。其优点在于双方取长补短，用户在此过程中培养了一支队伍。在双方开发过程中用户应充分明确自身的职责。合作开发对于培养自己的技术力量最为有利；系统维护也比较方便。合作开发的条件是双方要精诚合作，用户有一定的系统分析和设计力量。这种方式最适合我国目前的情况。

4.从市场上购买适合组织需要的软件

这种开发方式的优点是购买的软件技术资料齐备、维护可靠，但是市场上的软件往往具有通用性，对于组织的特殊情况难以充分考虑，需要进行二次开发，这往往会有一定的技术难度，没有有关产品供应商的协助是难以进行的。购买现成的软件包当然最省事，但要买到完全适合本单位的、满意的软件也不容易。所以，有人说可以买到现成的计算机系统，但不能买到现成的信息系统。购买现成软件包需要有较强的鉴别能力。

5.咨询开发

咨询开发是以组织自己的力量为主，外请专家进行咨询的方式。主要是请系统分析员进行咨询指导，如帮助系统的总体规划和系统分析等，而系统的实施由组织自己进行。这种方式是对用户自行开发的一种补充。表2-1为五种开发方式的比较。

表2-1 系统开发方式的比较

特点＼方式	自行开发	委托开发	合作开发	购买现成软件包	咨询开发
对分析、设计力量的要求	非常需要	不太需要	逐步培养	少量培养	非常需要
编程力量的需求	非常需要	不需要	需要	少量需要	非常需要
系统维护	容易	较困难	较容易	困难	容易
开发费用	少	多	较多	较少	多

2.1.4 开发单位的选择

对于除了自行开发以外的其他几种开发方式，都存在选择开发单位的问题。对于选择开发单位一般应从以下几个方面进行考虑和衡量：开发单位应具有计算机专门知识，熟悉开发工具；具有相关项目开发成功的实际开发经验；熟悉用户的业务情况或开发过类似的信息系统项目;与用户单位具有较近的地理位置,便于及时对系统进行维护。

2.1.5 信息系统开发主体问题

信息系统开发是指根据组织的问题和机会而建立一个信息系统的全部活动,信息系统开发的目的是建立有助于企业或组织管理效率提高的信息系统。系统开发的好坏直接影响到整个组织的成败。要使系统开发成功,就必须首先研究系统开发中所涉及的各个不同的主体及其在系统开发中的作用。

从广义上看信息系统开发所涉及的主体有两个,其一是用户或需求主体,其二是系统开发人员或供给主体。信息系统开发过程中涉及用户、系统管理者、系统分析员、技术专家、程序员等不同的主体。用户是信息系统的需求主体。系统开发人员或供给主体是系统管理者、系统分析人员、技术专家、程序员。信息系统开发是项复杂的系统工程,是需求主体和供给主体相互作用共同开发的过程。需求方或用户对系统的开发提出了需求,而供给主体则对这些需求进行整理、规范,并在与需求方的协商中将需求转换为系统设计方案。

然而,在相当长的一段时间里,人们把信息系统看做是计算机在某个组织中的应用,是需求方提出需求,由供给方单方面完成的一种技术项目或出售的一种"产品"。用户认为系统开发是技术人员的事;开发人员认为用户应当陈述清楚他们的需求,由此开发信息系统,除此之外用户不要过多干预开发过程。这样,人们就把信息系统的开发视为一种简单的工程或项目,甚至认为是一种"交钥匙工程"。如果按照这种认识来开发信息系统,真到了"交钥匙"时,可能会出现用户认为开发人员所提供的系统不完全满足自己的需要,甚至断定不是自己所需要的系统。国内在这方面的教训是很多的,许多系统开发不成功,就是由此原因造成的。因此,我们强调系统开发过程应是所涉及的各个主体相互合作、相互了解的过程,也是各主体相互适应的过程。

2.1.6 信息系统开发对组织的影响

信息系统的开发会对一个组织产生多种影响:其一是业务或作业自动化;其二是流程优化;其三是业务重组。

1.信息系统的开发可以使业务或作业自动化

自动化是指利用计算机来提高完成某项业务的效率。这是信息技术所引起的组织变化的最普通的形式。如机票预订系统、火车订票系统、会计电算化系统等。以会计工作为例,采用会计电算化系统进行业务处理时,用电算化系统填制记账凭证后,登记账簿工作由计算机自动实现。手工进行会计业务处理时,将记账凭证登记到总账、明细账和辅助账的工作由多人同时进行,电算化会计登账工作由计算机一次性将记账凭证登记到总账、明细账和辅助账。

2.信息系统开发过程是流程优化的过程

信息系统的开发,意味着组织或企业获取信息、处理信息的工具将更为先进,信息数量及质量将极大提高。因此信息系统的开发,应根据信息系统的处理特点来对原来的管理流程进行调整与优化,这个优化过程可称为流程优化。流程优化是将标准的业务操作程序作进一步的精简和改进,消除明显的瓶颈,使自动化的效率更高。

3.信息系统开发过程是组织业务重组的过程

信息系统的开发过程是一个提供一种新信息工具的过程,同时由于新信息工具的先进性的要求,必须对原有的业务进行重组,包括工作岗位、技能、管理以及组织结构等多方面的变动,所以设计一个新的信息系统的同时,也在进行着企业或组织的重组。

2.1.7 信息系统开发的任务及原则

信息系统是人机系统,系统开发就是要开发一套在计算机硬件、通信设备和系统软件支持下适合于本企业管理工作需要的应用软件。系统完成数据收集、加工、传输、存储和输出处理、提供管理所需信息,完成一定管理职能。根据企业战略目标、规模、性质等具体情况,运用系统工程方法,按系统发展规律建立起计算机化的信息系统。信息系统开发的原则如下:

1. 目的性原则

信息系统是人工系统,人工系统必有目的,没有目的就没有必要花费人力、物力、财力去建立这样一个系统。信息系统开发的目的就是及时、准确地收集企业的数据,并加工成信息,保证信息的畅通,为企业各项决策、经营、计划、控制活动提供依据,使组织或企业各机构和生产环节活动联结为一个统一的整体。所以,在信息系统开发的准备阶段就应明确开发的目的,确立面向用户的观点。一般而言,目的的达到都要借助具体的目标。因此在信息系统开发的设计阶段就要把信息系统的目的转化为具体的目标,如各种功能模块等。而各种功能模块是否必要则要看其能否有助于系统整体目标的实现。这就是说,在信息系统的开发过程中,要从实际出发,不可生搬硬套。

2. 整体性原则

信息系统开发的整体性原则强调信息系统是一个整体,在开发设计时采用先确定逻辑模型,再设计物理模型的思路。在没有计算机及计算机网络的传统的手工信息处理时期,由于处理手段的限制,采用各职能部门分别收集和保存信息、分散处理信息的形式,不能实现资源共享,信息难以畅通,不能形成一个完整的系统。现在,在使用计算机的信息系统中,由于要对组织结构、业务流程、作业方式进行优化,许多信息资源可以达到共享,因此,在进行系统设计和开发时就要采用系统的思路,进行整体化开发。目前人们普遍认为应采用整体设计、分步开发实施的策略。

3. 相关性原则

信息系统是对实体组织系统一种映射,实体组织系统是由若干具有内在联系的子系统构成的,因此信息系统也是由若干具有内在联系的子系统组成的。在设计与开发信息系统时就要充分考虑各子系统的这种内在联系,不但要使各子系统具有独立的功能,还要使各子系统之间在法定的条件下具有良好畅通的接口。这样组成的信息系统的各子系统就有其独立功能,同时又相互联系、相互作用,通过信息流把各子系统的功能联系起来。如果其中一个子系统发生了变化,其他子系统也要作相应的调整。

4. 系统的可扩展性与易维护性原则

信息系统必然与外界发生信息交换,要适应外界环境的变化。能够经常与外界环境保持最佳适应状态的系统,才是理想的系统,不能适应环境变化的系统是没有生命力的。在现今信息时代,各种企业或组织都面临着激烈的竞争,业务也在发生激变,加之计算机科学以惊人的速度发展,因此,在开发信息系统时必须使之具有开放性、扩展性、维护性。只有这样,才能适应不断变化的环境,成为具有生命力的系统。

5. 工程化、标准化的系统开发管理原则

早期信息系统的开发走过很长一段弯路，就是由于在开发系统过程中管理随意性太强所造成的。因此信息系统开发的组织管理必须采用工程化和标准化的原则，所有的文档和工作成果要按标准存档。这样做的优点：一是在系统开发时便于人们的沟通，成文的东西不容易产生"二义性"；二是系统的开发，阶段性成果明显，可以在此基础上继续前进，目的明确；三是未来系统的修改、维护和扩充，因有案可查而变得比较容易。

2.2 信息系统开发方法简介

2.2.1 结构化方法

1. 基本思想

结构化系统开发方法（structured system analysis and design，SSA&D）又称结构化生命周期法，是系统分析员、软件工程师、程序员以及最终用户，按照用户至上的原则，自顶向下分析与设计和自底向上逐步实施，建立管理信息系统的一个过程，是组织、管理和控制信息系统开发过程的一种基本框架。图 2－1 是结构化系统开发方法的流程。

（1）系统规划阶段。该阶段的范围是整个业务系统。系统规划阶段的任务是：对企业的环境、目标及现行系统的状况进行初步调查，根据企业目标和发展战略，确定信息系统的发展战略；对建设新系统的需求作出分析和预测；考虑建设新系统所受的各种约束，研究建设新系统的必要性和可行性；根据需要与可能，给出拟建系统的备选方案；对这些方案进行可行性分析，写出可行性分析报告；从整个业务的角度出发确定系统的结构和开发的优先级并进行可行性分析。

（2）系统分析阶段。系统分析是收集和整理用户需求，并建立问题域模型的过程。系统分析阶段的任务是根据系统规划书确定的范围，对现行系统进行详细调查，描述现行系统的业务流程，指出现行系统的局限性和不足之处，确定新系统的基本目标和逻辑功能要求，即提出新系统的逻辑模型。系统分析阶段的工作成果体现在系统说明书，这是系统建设的必备文件。它既是给用户看的，也是下一阶段的工作依据。因此，系统说明书既要通俗，又要准确。用户通过系统说明书可以了解未来系统的功能，判断是不是其所要求的系统。系统说明书一旦讨论通过，就是系统设计的依据，也是将来验收系统的依据。

（3）系统设计阶段。该阶段的任务是根据系统说明书中规定的功能要求，考虑实际条件，具体设计实现逻辑模型的技术方案，也即设计新系统的逻辑模型。这个阶段又称为逻辑设计阶段。系统设计的目的是设计一个以计算机为基础的技术解决方案以满足用户的业务需求。这个阶段又可分为总体设计和详细设计两个阶段。总体设计的主要任务是构造软件的总体结构；详细设计包括人机界面设计、数据库设计、程序流程图设计。系统设计是把分析阶段得到的需求转变成为符合成本和质量要求的抽象的系统实现方案。这个阶段的技术文档是"系统设计说明书"。

（4）系统实施阶段。系统实施的目的是组装信息系统技术部件，并最终使信息系统投入运行。这一阶段的任务包括计算机等设备的购置、安装和调试，编写程序、测试、调试，人员培训，数据文件转换，系统调试与转换等，这个阶段的特点是几个互相联系、互相制约的任务同时展开，必须精心安排、合理组织。系统实施是按实施计划分阶段完成的，每个阶段应写出实施进度报告。

(5)系统运行与维护阶段。该阶段的目的是对系统进行维护，使之能正常地运作。

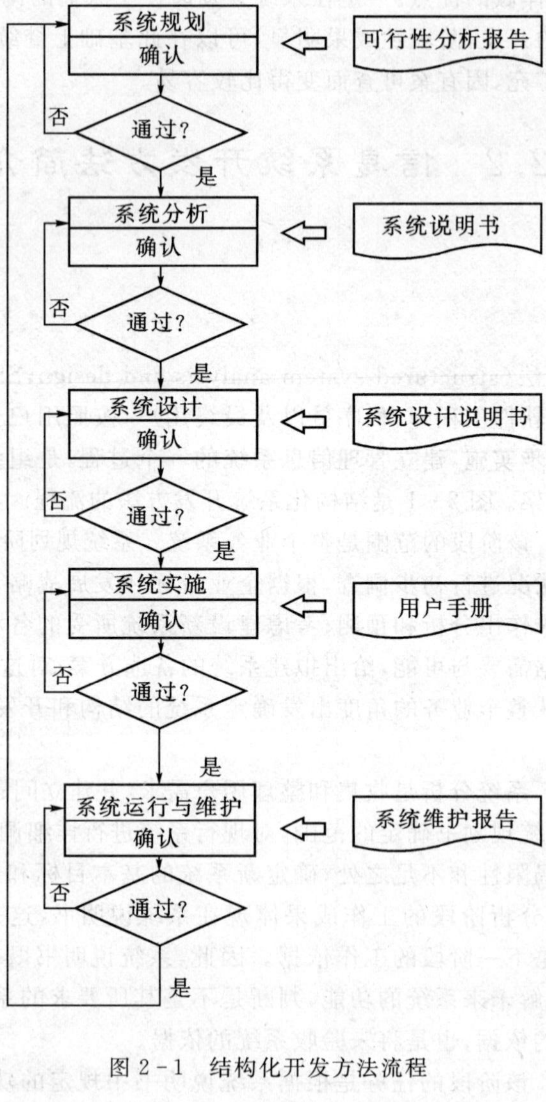

图 2-1 结构化开发方法流程

结构化系统开发基本框架由管理策略和开发策略两个部分组成，如图 2-2 所示。

管理策略部分强调系统开发的规划、进程安排、评估、监控和反馈。

开发策略部分包括：

①任务分解结构(work breakdown structure，WBS)。其包括系统规划、系统分析、系统设计、系统实施和系统支持。

②开发模式确定。即系统开发所遵循的基本模式，如瀑布模型(water fall)、阶梯模型(stair step)、螺旋模型(spiral)、迭代模型(iterative)等。

③开发经验。计算机信息系统的开发是一个实践性非常强的过程，因此，开发经验是非常

宝贵的一种系统开发资源，如何充分地利用开发人员丰富的开发经验也应该是系统开发生命周期研究的内容之一。

④开发标准。系统开发标准通常包括活动、职责、文档、质量检验四个方面的标准。

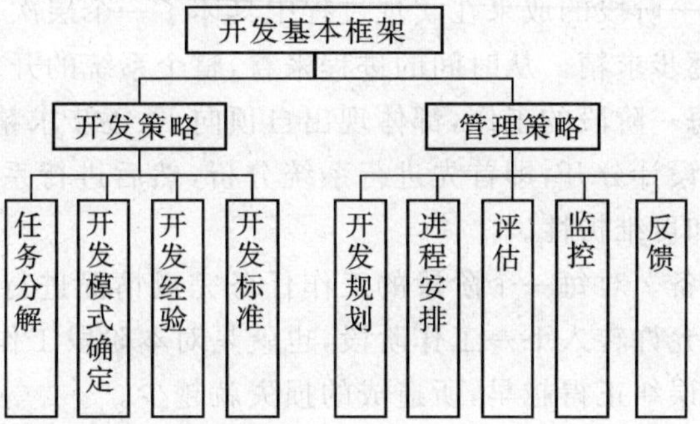

图 2-2　结构化开发基本框架

2. **开发原则**

(1)用户的积极参与。用户积极参与信息系统开发的全过程，是信息系统开发能否成功的一个关键的、绝对必要的因素。

(2)严格按划分的阶段和活动进行系统开发。如图 2-3 所示是结构化方法的阶段。运用系统处理方法，将系统开发的全过程采取“分而治之”的策略，将整个系统的开发过程分为一系列“阶段(phases)”，然后再将阶段分为一系列的“活动(activities)”，将活动划分为更小的、更易于管理和控制的“作业(task)”。

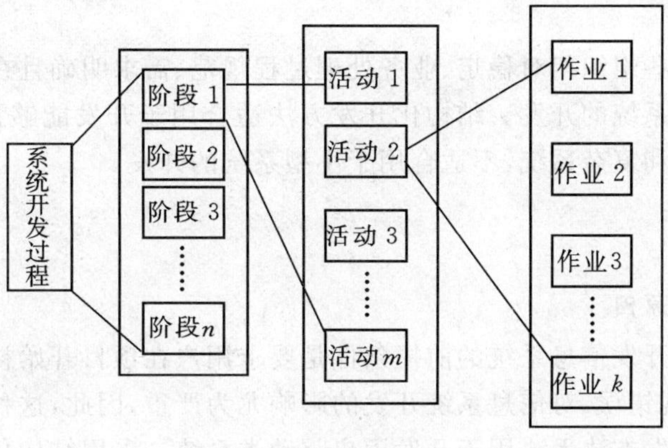

图 2-3　结构化方法的阶段

(3)设立检查点(check point)。在系统开发的每一个阶段均设立检查点，来评估所开发系统的可行性，避免由于系统开发的失败造成更大的损失。

(4)文档的标准化。文档标准化是进行良好通信的基础，是提高软件可重用性的有效手段。

3. **结构化开发方法的优缺点**

(1)优点。

①阶段的顺序性和依赖性。前一个阶段的完成是后一个阶段工作的前提和依据,而后一阶段的完成往往又使前一阶段的成果在实现过程中具体了一个层次。

②从抽象到具体,逐步求精。从时间的进程来看,整个系统的开发过程是一个从抽象到具体的逐层实现的过程,每一阶段的工作,都体现出自顶向下、逐步求精的结构化技术特点。

③逻辑设计与物理设计分开,即首先进行系统分析,然后进行系统设计,从而大大提高了系统的正确性、可靠性和可维护性。

④质量保证措施完备。对每一个阶段的工作任务完成情况进行审查,对于出现的错误或问题,及时加以解决,不允许转入下一工作阶段,也就是对本阶段工作成果进行评定,使错误较难传递到下一阶段。错误纠正得越早,所造成的损失就越少。

(2)缺点。

①它是一种预先定义需求的方法,基本前提是必须能够在早期就冻结用户的需求,只适应于可在早期阶段就完全确定用户需求的项目。然而在实际中要做到这一点往往是不现实的,用户很难准确地陈述其需求。

②缺乏灵活性。必须严格按照开发阶段线性开发。

③开发阶段间存在鸿沟。未能很好地解决系统分析到系统设计之间的过渡,即如何使物理模型如实反映出逻辑模型的要求,通俗地说,就是如何将分析模型转换成设计和实施模型,没有规则可遵循。

④开发工具落后。没有支持该开发方法的开发工具。

⑤该方法文档的编写工作量极大,随着开发工作的进行,这些文档需要及时更新。

4. **适用范围**

该方法适用于一些组织相对稳定、业务处理过程规范、需求明确且在一定时期内不会发生大的变化的大型复杂系统的开发。结构化开发方法适合用于开发能够预先定义需求、结构化程度较高的大型系统和复杂系统,不适合用于小型系统的开发。

2.2.2 原型法

1. **原型法产生的原因**

运用结构化方法开发信息系统的前提条件是要求用户在项目开始初期就非常明确地陈述其需求,需求陈述出现错误,对信息系统开发的影响尤为严重,因此,这种方法不允许出现需求模糊。结构化系统开发方法无法用于开发用户驱动类系统。采用结构化方法开发管理信息系统,有时会跟不上用户需求的变化。事实上这种要求又难以做到。人们设想,有一种方法,能够迅速发现需求错误。当图形用户界面(graphic user interface, GUI)出现后,自 20 世纪 80 年代中期以来,原型法逐步被接受,并成为一种流行的信息系统开发方法。

2. **基本思想**

原型法(prototyping method)是在系统开发初期,凭借系统开发人员对用户需求的了解和系统主要功能的要求,在强有力的软件环境支持下,迅速构造出系统的初始原型。信息系统原型,就是一个可以实际运行、可以反复修改、可以不断完善的信息系统。将原型交用户,与用户一起不断对原型进行修改、完善,直到满足用户需求。

3. **开发过程**

(1)可行性研究。对系统开发的意义、费用、时间作出初步的计算,确定系统开发的必要性和可行性。

(2)确定系统的基本要求。系统开发人员向用户了解用户对信息系统的基本需求,即应该具有的一些基本功能,人机界面的基本形式等。

(3)建造系统初始原型。在对系统有了基本了解的基础上,系统开发人员应争取尽快地建造一个具有这些基本功能的系统。

(4)用户和开发者使用原型,评价原型。用户和开发人员一起对刚完成的或经过若干次修改后的系统原型进行评价,提出完善意见。

(5)修改系统原型。开发人员根据用户的意见对原型系统进行修改、扩充和完善。开发人员在对原型系统进行修改后,又与用户一起就完成的原型系统进行评审,如果不满足要求,则要进行下一轮循环,如此反复地进行修改、评审,直到用户满意。

(6)结束。如果经用户评审,原型系统符合要求,则可根据开发原型系统的目的,或者作为最终的信息系统投入正常运行,或者是把该系统作为初步设计的基础。

用户与开发者在试用原型过程中加强沟通与反馈,通过反复评价和改进原型,减少误解,弥补遗漏,适应变化,最终提高软件质量。构造原型、运行原型、分析评价原型、修改原型,以上几个阶段反复进行。如图 2-4 所示。

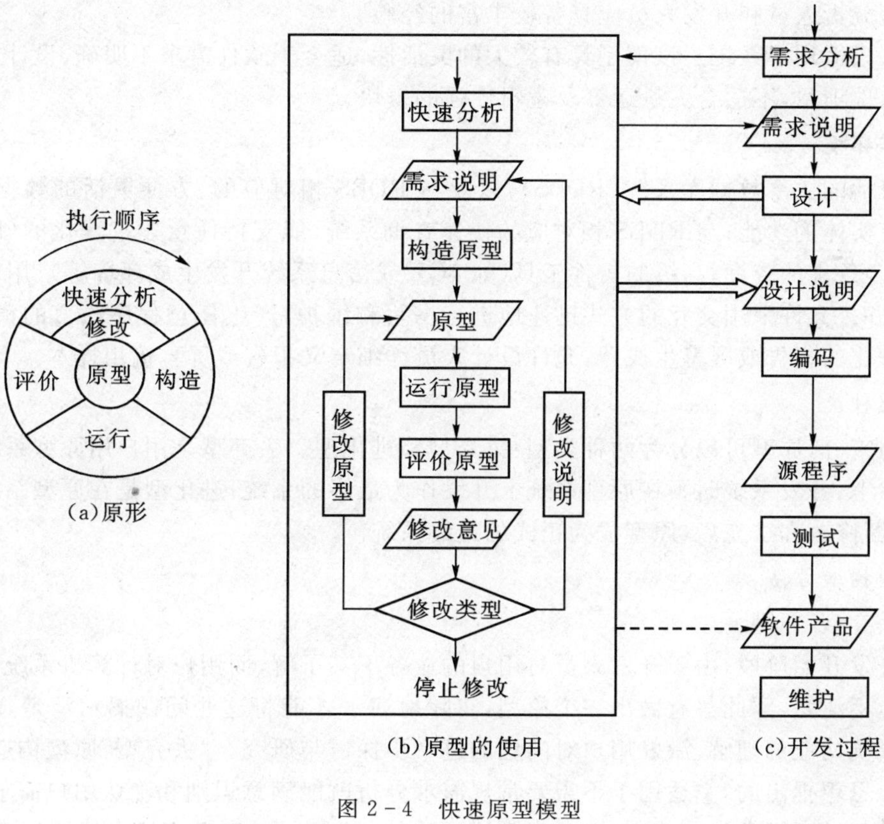

图 2-4 快速原型模型

4. 原型法的优缺点

原型法具有以下优点：对系统需求的认识取得突破，确保用户的要求得到较好的满足。与用户交流直观，能调动用户参与的积极性，改进了用户和系统开发人员的交流方式。原型法减少了用户培训时间，简化了管理，开发成本降低，应变能力强，开发的系统更加贴近实际，提高了用户的满意程度。原型法能及早暴露系统实施后潜在的一些问题，降低了系统开发风险，一定程度上减少了开发费用，开发效率高。

原型法的主要缺点有：开发工具要求高，管理水平要求高，系统的交互方式必须简单明了，解决复杂系统和大系统问题很困难。缺乏丰富而强有力的软件工具和开发环境。缺乏有效的管理机制，还未建立起自己的开发标准。对设计人员水平及开发环境要求较高。在多次重复改变原型的过程中，程序员会感到厌倦。系统的易变性对测试有一定影响，难于做到彻底测试，更新文档较为困难。原型法需要有自动化工具加以支持；由于用户的大量参与，也会产生一些新的问题，如原型的评估标准是否完全合理；原型的开发者在修改过程中，容易偏离原型的目的。

5. 原型法应用的条件

①系统需求在系统开发以前不能准确地加以陈述和说明，用户需求变化较快。

②有快速的系统建造工具。

③需要实际的、可供用户参与的系统模型。

④要求用户素质高，能善于表达需求目标，并能够积极地参与系统的开发。

⑤系统分析人员和开发人员应具备较丰富的经验。

原型法只适用小系统。该模型具有较大的灵活性，适合于软件需求不明确、设计方案有一定风险的软件项目，不适合大量运算及逻辑性强的模块。

6. 支撑环境

方便灵活的关系数据库系统（RDBS），以及与 RDBS 相对应的、方便灵活的数据字典，具有存储所有实体的功能；与 RDBS 相对应的快速查询系统，能支持任意非过程化的（即交互定义方式）组合条件的查询；高级的软件工具（如 4GL 或信息系统开发生成环境等），用以支持结构化程序，并且允许采用交互的方式迅速地进行书写和维护，产生任意程序语言的模块（即原型），非过程化的报告或屏幕生成器，允许设计人员详细定义报告或屏幕输出样本。

7. 原型种类

按性质来分，原型可以分为两种类型：丢弃型和进化型。丢弃型是用户用原型系统作为系统开发的参考，开发系统时不在原型系统上开发作为最终的系统；进化型是在原型系统的基础上，经过不断修改和扩充后，原型成为正式的最终系统。

8. 原型构造方法

(1)“丢弃型”原型。

系统开发开始阶段，由于开发人员对用户的业务不甚了解，而用户对计算机系统能帮助他们做什么也不清楚，因此只有做出一个原型，实际地演示才能将这些问题揭示清楚，才能促进用户对新系统功能的理解，激发用户对问题的进一步探讨与研究。“丢弃型”原型构造方法，正是基于以上思想提出的，它适用于不需要常规需求分析就能满意识别和确认用户需求的情况。

“丢弃型”原型需求相对确定，着重于系统描述的不断强化，使系统越来越逼近真实，从本质上讲，这种方法已成为最终系统的强化工具。

“丢弃型”原型构造方法——人机交互界面仿真原型。

这种原型不一定有真正的数据，只是对输入作一些验证，它常以屏幕对话或菜单等形式向用户提供人机交互界面的预期感受，这种仿真结果使用户看到与真实系统相似的原型。

①轮廓仿真原型。这种仿真原型在一些基本的系统功能基础上用缩小功能范围的方法建立最终系统的总体结构，用户可以使用这个轮廓模型去全面完成他们的工作。

②局部功能仿真模型。这种原型用于测试最终系统某些功能或特性，例如测试某一功能模块是否能够实现预期的功能、达到预期的效果、所选择的一种算法在给定的应用中是否有满意解等。

③全局功能仿真模型。这种原型是在最终系统全部功能的基础上建立的。在构造这种原型时，考虑的是实现和修改过程的方便性而不是最终系统所需的效率，而且这种原型也不具备必需的出错显示功能。

(2)进化原型构造方法。

进化原型构造方法是先按照基本需求开发出一个系统，交用户使用，然后再根据需求的变化随时进行修改以增加功能。交互式系统的环境连续变化往往使新的需求不断出现，因此，初始原型就成为进化系统的核心，原型在整个开发中被不断替代，最终变成运行系统。进化原型构造方法有两种开发形式：

①递增式系统开发。这种开发形式是在系统的组织机构及模块外部功能不发生变化的相对稳定的前提下，首先建立起一个总框架，包括各功能模块，但这些模块只有结构、演示数据及有关实现何种功能、分为几部分的说明，而没有具体的实现，在以后的开发过程中，逐个完善这些模块。递增开发过程分为两阶段：总体设计阶段和功能模块的实现阶段。

②进化式系统开发。设计—实现—评价—补充、修改—评价……这是进化式系统开发形式的周期，系统进化的结果可以说是各阶段评价的版本系列。系统开发人员以及用户要求能够随时对系统进行修改，因此必须有严格的组织与计划，用户还需不断学习，以适应系统的变化。

2.2.3 面向对象方法(object oriented)

1.面向对象方法的产生

传统的开发方法存在以下问题：只是单纯地反映管理功能的结构状况，或者只是侧重反映事物的信息特征和信息流程；业务系统领域与计算机领域不一致，导致分析和设计工作比较难以入手；系统分析的结果不能直接转换成系统设计；功能模型和数据模型分别设计；分析和设计模型没有反映信息系统行为特征；代码开发的重用性低等。面向对象方法正是为解决上述问题而产生的方法。面向对象的概念起源于 1967 年，挪威计算机中心学者奥里(Ole-Jone Dahl)设计的仿真语言 Simula 67。该语言首次提出了对象、封装、数据抽象化及类的概念和继承机制，并且以互动的方式来表达真实情况中的对象与并行问题，体现了用对象模拟客观世界中实体的特点。从 20 世纪 80 年代中期以来，面向对象程序设计语言逐步走向成熟，一大批比较实用的面向对象程序设计语言先后涌现，如 C＋＋、objective-c、object pascal、Eiffel、Actor 等。在 20 世纪 80 年代末到 90 年代初，面向对象方法已从面向对象的编程语言逐步扩展到软件生命周期的前期阶段，并进入到计算机科学的各个分支领域，也就是说人们不再局限于在编程阶段应用面向对象方法，而是形成了从系统分析、系统设计到编程、测试与维护都在采用面向对象的方法。面向对象方法把数据和过程包装成为对象，以对象为基础对系统进行分析与设计，为认识事物提供了一种全新的思路和方法，它是一种综合性的开发方法。

2. 基本概念

(1)对象。

对象是客观世界中的任何事物或人们头脑中的各种概念在计算机程序世界里的抽象表示，是面向对象程序设计的基本元素。客观世界由各种"对象"组成，任何客观事物都是对象，对象是在原事物基础上抽象的结果。对象可由相对比较简单的对象以某种方式组成，任何复杂的事物都可以通过对象的某种组合结构构成。

对象由属性和操作组成。属性反映了对象的信息特征，如特点、值、状态等。例如，个人信息包括：个人编号、证件类别、性别、年龄、电子信箱地址、邮编、联系传真、联系电话、个人名称、证件号码、民族、政治面貌、生日、个人住址、单位编号等。而操作则是用来定义改变属性状态的各种行为，例如，增加个人信息，删除个人信息，查询个人信息等。

对象之间的联系主要是通过互相传递消息来实现的，而传递的方式是通过消息模式和方法所定义的操作过程来完成的，消息可以是传送一个参数，也可以是使这个对象开始某个操作。

对象可按其属性进行归类。类有一定的结构，类可以有超类，超类下可以有子类。抽象的、较大的类所具有的性质，自然地成为其子类的性质，这就是继承性，类之间的层次结构是靠继承关系维系的。

对象都有一些静态属性和有关的操作。对象作为一个整体，对外不必公开这些属性与操作，是一个被严格模块化了的实体，称之为封装性。这种封装了的对象满足软件工程的一切要求，而且可以直接被面向对象的程序设计语言所接受。

程序设计包括数据结构和算法(功能)两个方面，即信息的静态结构和对它的处理。对象这个概念把这两个方面结合起来，使程序设计的思想方法更接近人们的思维方式。面向对象的程序设计为人们提供了更有力的认识框架。这一认识框架迅速地扩展到程序设计范围之外，相继出现了面向对象的数据库管理系统、面向对象的系统分析、面向对象的系统设计，逐步合流形成一套完整的方法。

(2)类。

具有相同或相似性质对象的抽象就是类。因此，对象的抽象是类，类的具体化就是对象，也可以说类的一个实际例子叫对象。

(3)消息和方法。

对象之间进行通信的一种构造叫做消息。在对象的操作中，当一个消息发送给某个对象时，消息包含接收对象去执行某种操作的信息。接收消息的对象经过解释，然后给予响应。这种通信机制称为消息传递。发送一条消息至少要包含：①说明接收消息的对象名；②发送给该对象的消息名(即对象名.方法名)；③一般还要对参数加以说明，参数可以是只有认识消息的对象所知道的变量名，或者是所有对象都知道的全局变量名。

消息具有如下性质：①一个对象可接受多个形式的消息；②相同形式的消息可以送给多个对象；③一个对象可以立即响应消息，也可以不立即响应。

消息有以下三类：①返回对象内部属性的消息；②改变对象内部属性的消息；③改变系统

状态的消息，或产生特定结果的消息。

方法是操作的实现过程。

图 2-5 是类与对象的关系。

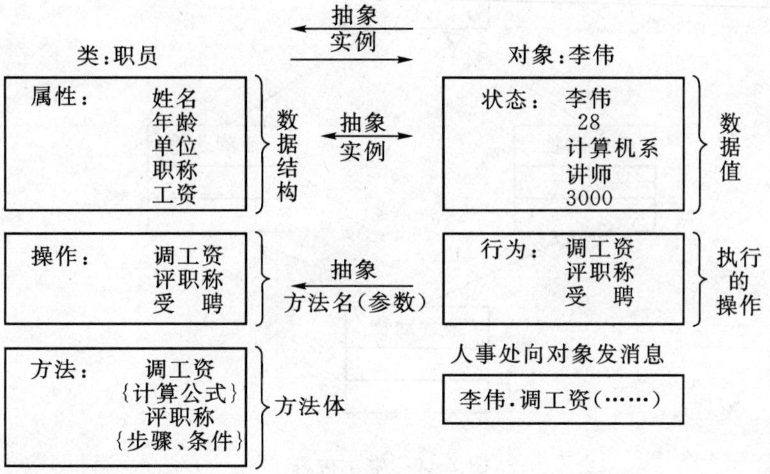

图 2-5 类与对象的关系

(4)封装性。

封装性是指所有软件部件内部都有明确的范围以及清楚的外部边界。每个软件部件都有友好的界面接口，软件部件的内部实现与外部可访问性分离。面向对象的类是封装良好的模块，类定义将其说明(用户可见的外部接口)与实现(用户不可见的内部实现)显式地分开，其内部实现按其具体定义的作用域提供保护。封装性是保证软件部件具有优良的模块性的基础。

(5)继承性。

继承性是父类和子类之间共享数据结构和方法的机制，这是类之间的一种关系，如图 2-6 所示。在定义和实现一个类的时候，可以在一个已经存在的类的基础之上来进行，把这个已经存在的类所定义的内容作为自己的内容，并加入若干新的内容。继承性是面向对象程序设计语言不同于其他语言的最主要的特点，是其他语言所没有的。

按子类继承父类的数量，继承分为单重继承和多重继承。在类层次中，子类只继承一个父类的数据结构和方法，则称为单重继承，如图 2-6 中，食肉动物继承动物的特性，只有一个父类，是单重继承。在类层次中，子类继承了多个父类的数据结构和方法，则称为多重继承，如图 2-6 中，杂食动物具有食肉动物和食草动物的特性，有两个父类，是多重继承。按照子类继承父类信息的情况，继承分为完全继承、修改继承、覆盖继承。完全继承把父类的所有属性和方法都继承到子类。修改继承把父类的所有属性和方法都继承到子类，但对继承的部分有的地方进行了修改。覆盖继承把父类的所有属性和方法都继承到子类，但继承以后重新定义方法。

(6)多态性。

多态性是指相同的操作或函数、过程作用于多种类型的对象上并获得不同结果。不同的对象，收到同一消息产生完全不同的结果，这种现象称为多态性。

多态性允许每个对象以适合自身的方式去响应共同的消息，这样就增强了操作的透明性、

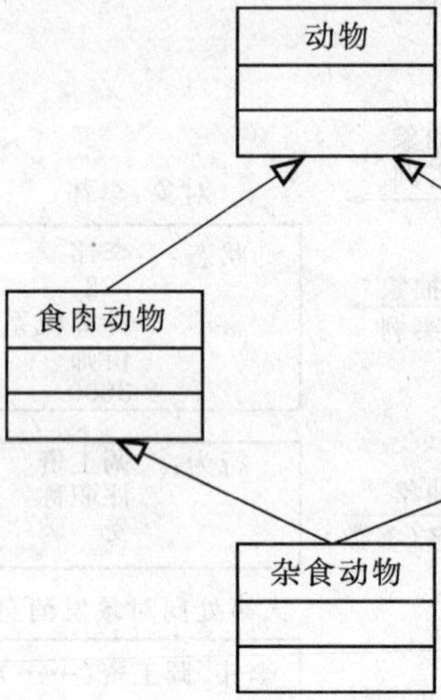

图 2-6　继承关系

可理解性和可维护性，用户不必为相同的功能操作作用于不同类型的对象而费心去识别。多态性增强了软件的灵活性和重用性，允许用更为明确、易懂的方式去建立通用软件。多态性与继承性相结合使软件具有更广泛的重用性和可扩充性。多态性的种类有参数多态性、重载多态性、运行多态性、继承多态性等。其中，运行多态性在C++语言中通过虚函数实现，重载多态性在C++中通过模板类实现。

3. 面向对象方法的基本思想

客观世界是由各种各样的对象组成的，每种对象都有各自的内部状态和运动规律，不同对象之间的相互作用和联系就构成了各种不同的系统。现实世界由人、事、物组成，人、事、物之间通过消息传递完成任务。软件是对现实世界的模拟，现实世界的人、事、物称为对象，由对象组成软件，对象之间通过消息的传递实现软件的功能，如图 2-7 所示是面向对象的思想源于对现实的模拟。由此，可以得出，开发软件就是开发对象，然后组装对象，把对象之间的消息联系设计好，软件就做好了。例如，智能手机有很多按钮对象和窗口对象，按钮对象有微信按钮、打电话按钮和发短信按钮等，窗口对象有电话号码输入窗口、短信输入窗口、文本输入窗口等，各个按钮对象和窗口对象之间互相传递消息实现手机的功能。例如，用户点击打电话按钮，系统向电话号码输入窗口发送消息，打开了电话号码输入窗口，用户在该窗口输入电话号码，点击拨号按钮，向交换机发送消息等实现打电话功能。但是要开发一套软件需要开发很多对象，工作量太大，而具有共同属性和操作的对象可以抽象为类。例如，手机的很多按钮都是相似的对象，我们可以抽象为按钮类，这样一套软件系统的类比对象少多了，开发软件系统时只要开发类即可，这样就可以减少开发工作量。类开发好以后再把类变成对象，组装成软件。如图 2-8所示是面向对象开发的思想。

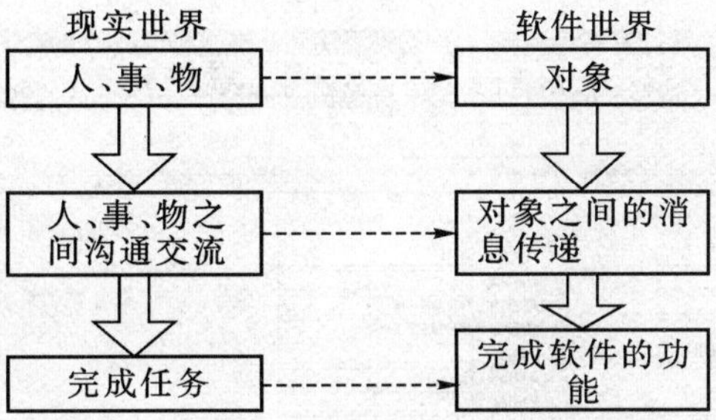

图 2-7 面向对象的思想源于对现实的模拟

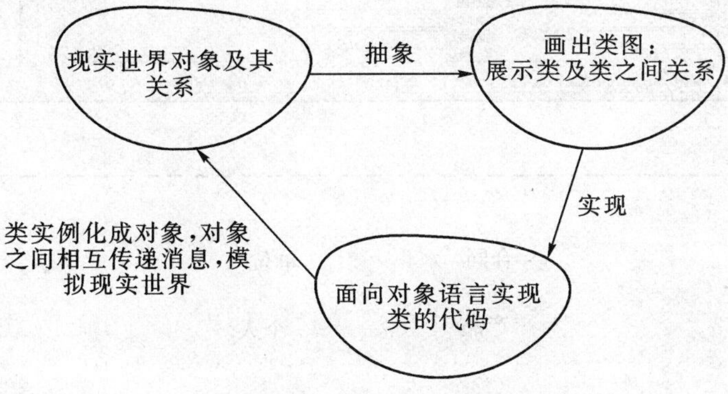

图 2-8 面向对象开发的思想

4. 面向对象方法的开发过程

信息系统开发过程由时间维和信息系统的构成维组成，时间维表示按时间的先后做的工作，构成维表示信息系统的组成部分，时间维与构成维交叉点表示在某个时间段做的信息系统的那部分工作。信息系统构成可以采用包括表示层、应用逻辑层和数据库层的三维体系结构，如图 2-9 所示是某定制合同管理信息系统的三维体系结构。其中，表示层为菜单、图形用户界面和窗口。应用逻辑层包括问题域(业务)类和服务类，该层也是编程工作的重点。数据库层主要实现数据的存储。信息系统开发只要把这三个层次开发好以后连接起来，进行测试以后，软件就可以运行。

面向对象的开发采用面向对象的编程语言实现系统，面向对象的编程语言编写程序主要编写类的代码，因此，面向对象开发中分析、设计、编程和测试的核心工作都围绕类来展开。面向对象的实体类与数据库的表有一定的对应关系，可以互相转换。因此，只要把系统中的类及其关系分析清楚，开发就可以顺利进行，为此信息系统开发的重点在于要明确以下问题：

①系统要达到的目标、功能和性能是什么(即菜单有哪些、界面要求是什么)？

②完成这些功能有哪些类需要开发，类之间的关系是什么，这些类的属性与方法是什么(即界面类、问题域的类、服务类及其关系)？

③如何实现类(即根据要采用的面向对象编程语言对类进行细化)？界面应该怎样布置？

④如何由实体类转换成数据库的表，完成数据库设计？

上述问题解决以后就可以进行程序编写，建立数据库，程序和数据库编写完以后对软件进

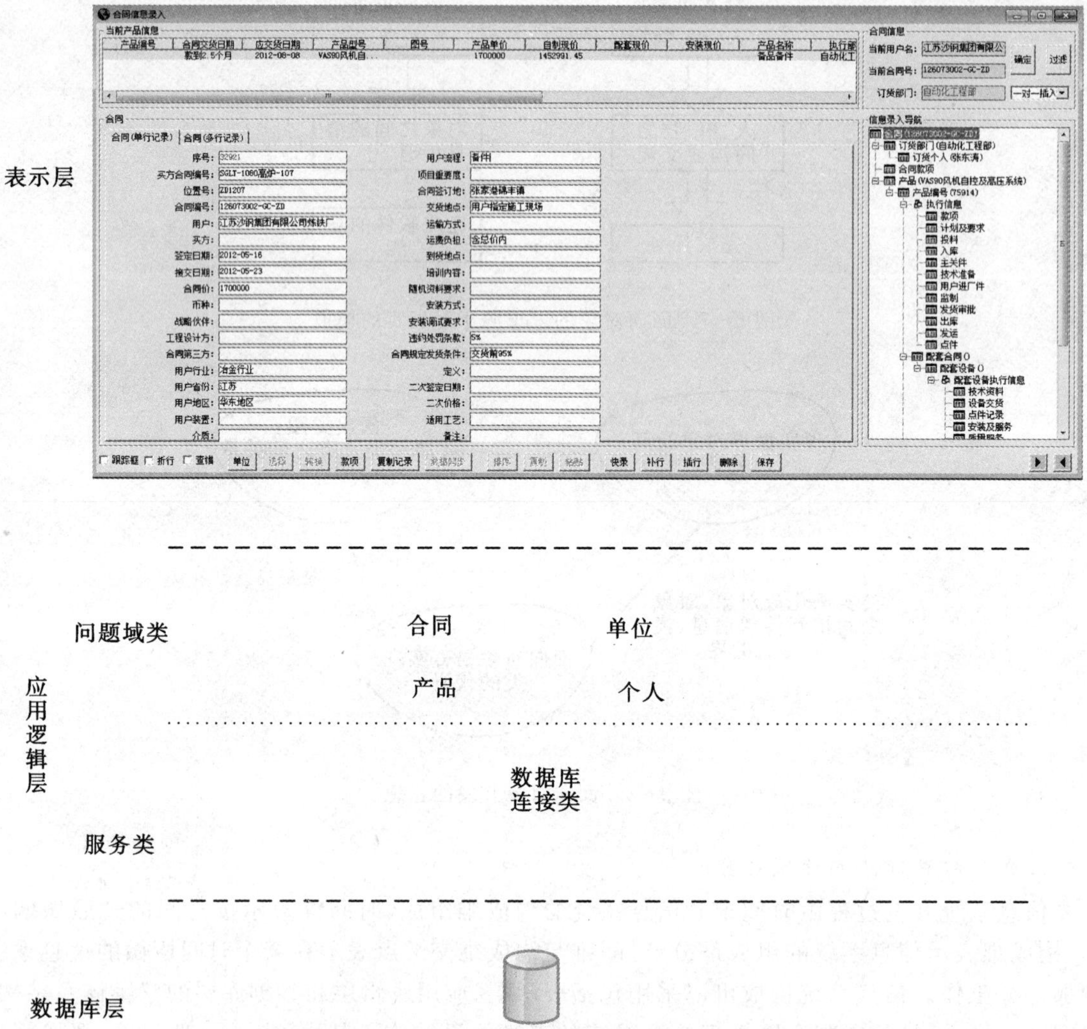

图 2-9　信息系统三维体系结构

行测试，测试通过可投入使用。也就是说面向对象开发的步骤如下：

①面向对象的需求工程：从问题空间中客观存在的事物和走访用户出发，获得一组要求。这一步工作回答上述问题第①个问题。

②面向对象的系统分析：用统一建模符号（如各种文字说明、图形、表格等）构造对象模型，以对象作为系统的基本构成单位，事物的静态特征用对象的属性表示，事物的动态特征用对象的服务表示，对象的属性和服务结合为一体，成为一个独立的实体，对外屏蔽其内部的细节。识别与问题有关的类、类与类之间的联系以及解决方案有关的类（如界面），把具有相同属性和相同服务的对象归为一类，类是这些对象抽象描述，每个对象是它的类的一个实例；通过不同程度的抽象，可以得到较一般的类（也叫超类和父类）和较特殊的类，特殊类（也叫子类）继承一般类的属性与服务；对象之间、类之间通过消息进行通信以实现它们的动态联系，通过关联表达它们之间的静态关系。这一步工作建立的类图称为分析类图，回答第②个问题。

③面向对象的系统设计。对分析类及其联系进行调整，使之如实地表达问题空间中事物之间实际存在的各种关系，这个工作是建立设计类图，设计软件界面。按照一定的规则将类图转换成数据模型，这一步的工作回答第③、④个问题。

④面向对象的编码。采用面向对象语言对类及联系进行编码，用数据库系统建立数据库。

⑤面向对象的测试。面向对象的测试以类作为基本的测试单位，主要检查类定义之内的属性和服务，以及对外接口。

5. 本书介绍的面向对象信息系统开发流程

本书主要介绍采用面向对象开发方法进行信息系统开发，由于信息系统开发时间长，投资大，影响企业的方方面面，因此，在开发之前必须进行系统规划，而由于系统开发涉及组织业务的方方面面，因此，在开发之前要对组织的业务进行调查与分析，在需求工程之前要进行系统规划和业务调查与分析。然后进行面向对象的需求工程、面向对象的系统分析、面向对象的系统设计、面向对象的编码、面向对象的测试。

6. 面向对象开发方法评价

面向对象开发方法直接反映了人们对客观世界的认知模式。人类认识客观世界有两个基本过程：一个是从特殊到一般的归纳过程，另一个是从一般到特殊的演绎过程。面向对象开发方法从应用设计到解决问题的方案更加抽象化而且具有极强的对应性；在设计中容易与用户沟通；把数据和操作封装到对象之中；设计中产生各式各样的部件，然后由部件组成框架，以至于整个程序；应用程序具有较好的重用性、易改进、易维护和易扩充。

与结构化系统开发方法、原型法相比面向对象方法也有自己的优点。如前所述，结构化系统开发方法、原型法这两种方法均存在自身的缺陷，结构化系统开发方法开发周期长，缺乏弹性，开发中功能与数据分离的软件设计结构，与人的客观世界环境不相一致，导致了对现实世界认识与软件实现之间的鸿沟，而原型法在开发大型系统中又存在本身的缺陷，使得这两种方法在使用中都存在自身的局限。与这两种方法相比，面向对象方法具有以下优点：

(1)把功能及数据看做是服务与属性的高度统一，适合人类思维的特点，便于对问题空间的理解和系统的开发，提高了软件的开发质量和文件的质量。

(2)实现从面向对象分析、设计、编码的无缝连接。例如，采用 Rational Rose、Power Designer 等面向对象分析设计工具可以将分析和设计产生的类图转换成面向对象的程序代码框架。

(3)实现分析设计模型到数据模型的转换。例如，类图中的一个实体类就是数据库的一个二维表，类的属性就是数据库表的字段，不再单独设计数据库模型。

(4)对需求的变化具有较强的适应性，面向对象开发方法采用迭代式开发，若有新的需求或某需求有变化，只要求对该需求进行分析、设计、编码和测试即可，满足了客观世界迅速变化对软件弹性的要求。

(5)较好地处理了软件的规模和复杂性增加带来的问题，适应了客观世界发展和问题空间不断复杂化的需要。

(6)通过直接模仿应用领域的实体得到抽象与对象，通过对象间的协作完成任务，使规格说明、系统设计更好理解。

(7)界面更少，提高了模块化和信息隐藏程度，符合客观世界的发展趋势。

(8)该方法是流行的开发方法，适用面很广。

2.3 信息系统开发的组织与管理

2.3.1 信息系统开发准备工作

信息系统开发前最主要的准备工作之一是建立信息系统开发的组织机构。一般而言,信息系统开发的组织机构包括两个方面,其一是领导小组,其二是系统开发工作小组。建立信息系统开发组织机构是保证其开发成功的关键因素,在必要时应以企业或组织的正规文件进行发布,确保信息系统开发组织运行的权威性。

1. 信息系统开发领导小组

系统开发领导小组的任务,是制定信息系统规划,在开发过程中,根据客观发展情况进行决策,协调各方面的关系,控制开发进度。小组成员应包括一名企业领导、系统开发项目负责人、有经验的系统分析师,以及用户各主要部门的业务负责人。领导小组不负责开发的具体技术工作,其组成成员中有的可能并不具备计算机应用的知识和经验。领导小组的职责范围如下:

(1)提出建立新系统的规划和总策略。

(2)保证满足企业不同部门对新系统的需求。

(3)对开发工作进行监督与控制。对项目的目标、预算、进度、工作质量进行监督与控制;检查每个阶段和步骤的工作报告;组织阶段验收;提出继续开发或暂停开发的建议。

(4)协调系统开发中有关的各项工作。

(5)向上级组织报告系统开发工作的进展情况。

(6)委任新的组织机构的主要工作人员,规定他们的职责范围。

值得强调指出的是,在系统开发领导小组中,最好有一名最高领导负责。国内外的经验证明,企业主要领导的重视和亲自参与,是成功建立管理信息系统的首要条件。一方面,管理信息系统是为管理服务的,其目标必须与组织战略目标一致,只有最高领导最了解企业的目标和信息需求,因此,组织中的高层领导必须是系统开发领导小组的领导成员,并且要在把握大方向时切实地投入时间和精力;另一方面,建立管理信息系统是一项复杂的系统工程,工期长,投资大,涉及面广,它的建立和应用可能涉及某些业务流程、规章制度,甚至组织机构的调整和改变,这些涉及全局性的问题,只有最高领导亲自过问才能解决。

2. 系统开发工作小组

系统开发工作小组由系统分析员或系统工程师来负责。其具体任务是根据系统目标和系统开发领导小组的指导开展具体工作。这些工作包括开发方法的选择;各类调查的设计和实施;调查结果的分析;撰写可行性研究报告;系统的逻辑设计;系统的物理设计;系统的具体编程和实施;制订新旧系统的交接方案;监控新系统的运行;如果需要,协助组织进行新的组织机构变革和新的管理规章制度的制定。这个小组的成员主要是由负责开发的一方组成,即若干系统分析和设计人员。组织中应该有一个通晓全局的管理者参加小组,负责具体的联络和沟通。小组的生命周期应该是从系统的设想提出之日起直至系统正式交付运行止。小组的成员及职责如下:

(1)项目主管。项目主管是实际系统开发的业务领导者与组织者,他主持整个系统开发,确定工作目标以及确定实现目标的具体方案。项目主管需要具备管理和技术两方面的工作能力。管理需要项目主管有很强的管理能力和与人进行交流的能力。主管技术方面的工作才能,包括对计算机科学技术的掌握和应用,有能力制订系统开发时有关问题的技术解决方案与技术路线。

(2)系统分析员。系统分析员的主要任务是研究用户对信息系统的需求,进行可行性研究;进行系统分析与设计;负责对新系统的安装、测试和技术文件的编写。系统分析员不仅应当具备计算机硬件、软件的知识,懂得企业管理的业务,还应了解现代化管理方法以及各种经济数学模型在企业管理中的应用,并且应当具有理论联系实际、灵活运用上述知识的能力。

系统分析员也要善于处理人际关系,能与各类人员建立良好的合作关系;能够正确理解各级管理人员提出的需求,灵活运用现代管理方法,将这些需求经过分析和逻辑抽象转换为计算机系统的设计方案,成为编写程序的依据。

(3)程序设计员。程序设计员的主要任务是按照系统分析员提出的设计方案编写程序,调试程序,修改程序,直到新系统投入运行。在系统交付使用以后,企业的程序设计员还要担负系统的运行维护工作,负责程序的改进任务。程序设计员应该有较强的逻辑思维能力,掌握计算机软件的基本知识,熟练掌握数据库及程序设计语言。

(4)组织的管理人员。在前期他们要把自己的需求非常准确和全面地提供给系统分析员;在与计算机工作人员进行沟通时,要把业务流程和系统功能阐述得很透彻。在后期系统雏形出来之后,能够根据系统的功能,对系统进行客观的评价,找出系统改进方向。因此,参与系统开发的管理人员必须是业务骨干,了解自己的部门或自己工作的关键点和难点是什么,更重要的是能够对未来信息系统的构成和添加哪些新功能有自己的看法。

由于新系统的采用,势必造成原来管理方法和思路的改变。企业管理人员应当按照新系统的要求,对组织基础管理工作进行整顿,提供新系统运行所需的各种数据,积极参与新系统开发所需要的培训,尽快适应新系统的工作思路和流程。

除技术人员外,开发的各个阶段需要有业务人员的参加配合。开发的前期需要用户配合系统分析人员做好系统分析工作;后期需要用户承担切换、测试工作。为了使用户配合好开发工作,需要对用户进行培训,提出对他们的培训要求。

2.3.2 系统开发的管理

系统开发是一项涉及众多因素、耗资大、时间长、风险大的工程,必须进行项目管理。项目管理是一项系统工程。它要负责协调各类开发人员和各级用户之间关系,以保证开发过程有条不紊地进行。项目管理包括以下内容:

(1)计划管理。主要工作内容为制订总体计划,确定系统开发范围,估算开发所需资源,划分系统开发阶段,分步实施,同时明确系统开发重点。制订阶段计划,分解阶段任务,估算阶段工作量,规划阶段工作进度;对工程计划执行情况进行检查,找出无法按计划完成的原因并且提出相应建议,以对计划作出相应调整。

(2)技术管理。主要工作内容为标准化管理,确定所依据的标准,确定自定义标准范围;确定安全管理,制定安全保密制度,排除不安全因素,进行安全保密教育。

(3)质量管理。主要工作内容为贯彻系统开发过程质量管理原则;确定系统质量管理指标体系;保证系统的可用性、系统的正确性、系统的适用性、可维护性以及文档完整性;系统开发周期内的质量管理,分阶段确认工程质量指标,实行质量责任制;对各项任务进行质量检查,分阶段进行质量评审,分析影响阶段质量的原因。

(4)资源管理。主要工作内容为人员管理,包括制订各类专业人员需求计划,对人员进行合理组织和使用,进行人员培训;软件资源管理,包括明确软件所需和软件来源,合理使用软件,重视软件的日常维护;硬件资源管理,包括熟悉系统运行环境和硬件系统配置,制定硬件安全使用制度,重视硬件维护保养,加强对辅助设备的管理;资金管理,包括严格执行投资概算(包括硬件软件投资、系统开发费用、运行和维护费用),做到资金使用平衡,定期编制资金使用报表。

2.4 本书案例背景介绍

某大型设备制造公司主要生产大型成套设备,一套大型成套设备在该公司称为产品,产品由主关件和用户进场件组成。由于成套设备价格昂贵,设备体积巨大,而且每个客户需要的产品型号与尺寸及安装服务都不一样,因此该公司采用定制式生产方式。成套设备在生产设备前签订成套设备定制合同,一份合同有且仅有一个甲方(客户),一个客户定制一个到多套产品,一份合同有一到多套产品,同一份合同中若有多套产品的话,每一套产品、安装及服务也不一定相同。产品生产出来后需要先入库存放。当一份合同中的所有小产品都生产完以后,产品出库,所有产品都发运到客户要求的安装地点。由于小产品很多,小产品体积重量大,每个小产品的运输方式、运输路线、到达时间可能不一样。因此,在安装地点要进行点件业务,即清点到达的产品型号、数量及质量。点件后,若合同所需要的各种产品全部到达,质量满足要求,则开始进行产品的安装。产品安装服务都由本公司完成。定制合同签订以后公司生产部门按合同在规定交货期内进行生产,配套单位按配套合同在规定的交货期生产并提供相应的产品。安装部门和服务部门按合同在规定的安装和服务时间进行安装与提供服务。因此,整个公司所有部门都围绕合同展开工作,若某个环节达不到合同规定的要求,就会带来经济损失,并影响企业的信誉。因此,合同执行情况影响整个企业的经济效益,从而影响企业生存与发展。而一个定制合同几乎涉及公司所有部门,如材料采购、生产和安装及服务等多个部门,涉及的人员很多,合同管理工作复杂。因此,公司专门设立合同管理中心对合同进行管理。在开发系统之前,合同管理中心的工作主要由各个部门的工作人员根据自己的职责,用办公自动化软件填写各种各样的文档、报告。存在如下问题:第一,分工不明确,责任不清楚;第二,由于缺乏对管辖范围的明确界定,人员的安排没能到位,使得许多应该做的工作都被搁置;第三,各种各样的文档、报告,不同的工作人员的格式各不相同,导致文档、报告一致性差,可读性差;第四,大量的文档、报告由不同的工作人员自己保管,查找不方便;第五,合同管理架构不完善,合同管理中心、配套单位、生产单位、设备安装及服务单位等部门的权利关系需要进一步明确。手工信息管理存在工作量大、服务质量差、工作效率低、耗费人员多,合同的客户、产品的配套单位、服务等信息不能及时提供等问题。为了彻底改善合同信息管理的落后局面,特提出开发合同管理信息系统。合同管理信息系统的建设,对提高公司服务质量、提高工作效率、加快信息反馈、增强竞争实力具有重大意义。

根据用户需要的产品及公司的生产能力,公司采用三种方式生产产品:①整个产品全部由公司自制;②整个产品全部由配套厂家生产;③部分产品由公司自制,部分产品由配套厂家生产。整个产品全部由公司自制的过程是:企业先与客户签订制造产品合同。由于产品由多个小产品(为方便起见,大小产品通称产品)组成,合同签订后,企业分析合同内容,决定哪些产品本企业可以自行生产,哪些产品需要外包。若客户所有产品全部自行生产,则安排生产计划和款项拨付计划,进行技术准备,然后开始生产。生产过程要进行监制。产品生产完成后入库存放,当某客户所需产品的所有小产品都生产完成后,开始发运产品到客户所需要的安装地点,在安装地点完成点件(即清点产品)工作后开始安装产品。若客户产品的部分产品需要外包,则通过招标签订外包合同,由其他单位生产。外包产品的生产过程与自行生产过程一样。由于篇幅关系,本书正文部分介绍以第一种方式生产情况下的合同管理,即不含配套合同及执行管理部分。第二、三种方式都需要签订配套合同,配套合同及执行管理部分在作业部分由学生自行完成。

本章小结

本章介绍管理信息系统开发条件,开发管理信息系统的策略,开发方式和常用的信息系统开发方法。

管理信息系统是技术系统也是社会系统,因此管理信息系统的开发是复杂的系统工程。为保证开发成功,组织必须满足以下条件:科学的管理基础、领导的重视和员工的积极参与、有高水平的专业技术队伍和雄厚的物质基础。信息系统的开发策略有:直接开发策略、按流程开发策略、迭代开发策略、实验开发策略、自上而下和自下而上策略。信息系统开发方式有:用户自行开发、委托开发、合作开发、从市场上购买适合组织需要的软件、咨询开发。常用的信息系统开发方法有结构化方法、原型法和面向对象开发方法。

结构化系统开发方法是系统分析员、软件工程师、程序员以及最终用户,按照用户至上的原则,自顶向下分析与设计和自底向上逐步实施,建立管理信息系统的一个过程,是组织、管理和控制信息系统开发过程的一种基本框架。该方法将信息系统开发过程划分成系统规划阶段、系统分析阶段、系统设计阶段、系统实施阶段、系统运行与维护等阶段。每个阶段需要有阶段标志性成果,每个阶段成果必须通过评审才能进行下一阶段的工作。各个开发阶段之间不能跳跃,是一种线性的步步为营的开发方法。这种开发方法适合大型的需求很稳定的信息系统的开发。

原型法是在系统开发初期,凭借系统开发人员对用户需求的了解和系统主要功能的要求,在强有力的软件环境支持下,迅速构造出系统的初始原型。信息系统原型,就是一个可以实际运行、可以反复修改、可以不断完善的信息系统。将原型交用户,与用户一起不断对原型进行修改、完善,直到满足用户需求。原型法适用于用户驱动需求的小型信息系统的开发。

面向对象开发方法认为软件是对象的集合,对象之间通过消息的传递实现软件的功能。对象是可以归类的,通过对类进行分析、设计和编码,然后把类实例化变成对象,设置好对象的消息传递,就可以组装成软件。面向对象方法由于其思想源于对现实世界的模拟,因此很容易被人们接受。该方法是目前最流行的开发方法。该方法的把开发过程分为需求分析、系统分析、系统设计和系统实施等阶段。本书重点讲述面向对象开发方法。

习题

一、填空题

1. 开发管理信息系统的具体方法有______、______、______。

2. 结构化系统开发方法可分为系统规划、系统分析、______、______和______五个阶段。

3. 模块化是一种重要的设计思想，它是把一个信息系统设计成若干______，目的是把一个系统分解为一些规模较小的、功能较简的、便于建立和修改的模块。

4. 目前企业开发信息系统，有________________等五种开发方式供选择。

5. 对象的抽象是______，类的实例化是______。

6. 继承是______自动共享父类属性和______的机制。

二、选择题

1. 以下关于面向对象方法的叙述中，正确的是(　　)。

A. 问题空间与解决问题的方法空间不一致　B. 继承是组装结构的重要特性

C. 类是对象的抽象　D. 数据和功能相割裂

2. 建设管理信息系统的正确策略是(　　)。

A."自上而下"地进行应用开发

B."自下而上"地进行规划

C."自下而上"地进行应用开发

D."自上而下"地总体规划，"自下而上"地应用开发

3. 下面选项中，不属于原型法的特点的是(　　)。

A. 开发周期大大缩短　B. 降低了系统开发中的风险

C. 文档和调试可能不充分　D. 加强了开发过程中的用户参与程度

4. 封装性和继承性是(　　)。

A. 生命周期法的特点　B. 原型法的重要特点

C. 预测方法的特点　D. 面向对象开发方法的特点

5. 下列叙述不属于面向对象特征的是(　　)。

A. 模块化　B. 继承性　C. 抽象性　D. 多态性

三、简答题

1. 信息系统有哪些开发方法？各种开发方法的优缺点是什么？

2. 面向对象开发方法通过哪些方法实现代码的重用(即程序共享)？

3. 简述面向对象开发方法的开发过程。

4. MIS 的开发策略有哪几种？实践中怎么应用？

5. 在 MIS 开发中，为什么说用户参与十分重要？

6. 试述结构化系统开发的生命周期。各阶段的主要任务是什么？

7. 原型法的基本思想是什么？

8. MIS 的五种开发方式各自有什么优缺点？

9. 为什么说信息系统开发过程是业务重组的过程？

10. 试述信息系统开发的任务。

11. 信息系统开发的原则是什么？

第3章 统一建模语言(UML)及Rational Rose建模工具的应用

学习目标

通过本章学习掌握统一建模语言(UML)及Rational Rose建模工具的应用。重点掌握UML各种模型图:用例图、类图、序列图、协作图、活动图、状态图、构件图和配置图的概念、作用、组成元素和元素之间关系以及用Rational Rose绘制模型的方法。掌握UML各种模型图的相互关系。

重点难点

UML各种模型图的概念、作用、组成元素和元素之间的关系;UML各种模型图的相互关系。

3.1 任务导入——信息系统开发中模型的作用

信息系统开发要编写很多的代码,代码之间的关系错综复杂,为了使开发工作顺利进行,开发者在编写代码之前需要明确系统所要解决的问题,例如:用户需求问题,功能与功能之间的关系问题,软件的质量和性能问题,软件的结构组成问题等,通过这些问题的研究,构建软件模型。软件模型以图形的方式形象直观地展示系统所要解决的问题,通过模型建立形成软件的架构,理清代码之间的关系。在系统开发生命周期中,构建软件模型非常关键,需要从多角度来建立模型才能全面、准确地分析和设计软件系统。开发过程需要构建的模型有业务模型、需求模型、分析模型、设计模型、实施模型、测试模型、部署模型等。

在复杂的信息系统开发过程中,参与信息系统开发有关的人员很多,开发人员对系统的理解不一致,会导致开发的失败,因此开发者之间的交流沟通非常重要,消除有关人员的沟通障碍是软件开发成功的关键。模型能比较形象直观地表达将要开发的系统概况,因此模型是开发者之间沟通的桥梁,利用模型能消除技术人员与非技术人员(用户)之间、使用不同技术的开发人员之间、不同功能使用者之间等参与开发的人员之间的很多交流障碍。各种软件模型的作用如下:

(1)业务模型可实现开发人员对用户业务的理解,实现开发方与用户的沟通。

(2)需求模型可实现开发人员对用户需求的理解,实现开发人员与非技术人员(用户)、不同功能使用者之间的沟通。

(3)分析模型和设计模型把描述系统功能需求的自然语言形式转化为软件程序的逻辑形式,实现不同技术开发人员的沟通。

(4)实施、测试和部署模型为不同领域的技术人员在软件和硬件的实施、测试和部署中提供有效的交流平台。

(5)软件模型是最有效的软件文档保存形式,软件模型在开发团队人员的培训、学习和知识的传递和传播等方面起着非常重要的作用。

3.2 统一建模语言(UML)概述

3.2.1 UML 的定义

统一建模语言(unified modeling language,UML)是软件界统一的建模语言。它是面向对象分析与设计的一种标准表示,由一系列标准的图形符号组成,用于描述软件系统分析、设计和实施中的各种模型。它不是一种可视化的程序设计语言,而是一种可视化的建模语言。它不是工具或知识库的规格说明,而是一种建模语言规格说明,是一种表示的标准。它不是过程也不是方法,但允许任何一种过程和方法使用它。它是第三代用来为面向对象开发系统的产品进行说明的可视化和编制文档的方法。UML 的优越性如下:

(1)UML 是可视化图形化语言,图形语言便于交流,易于使用,表达能力强,可进行可视化建模。

(2)UML 不是一种可视化的编程语言,它与具体的实现无关,但用 UML 描述的模型可与各种编程语言直接关联,可应用于任何语言平台和工具平台。

(3)UML 可应用于任何软件开发过程。但最好运用于以用例驱动的、以体系结构为中心、迭代和增量的过程。

(4)UML 简单并且可扩展,具有扩展和专业化机制,扩展时无须对核心概念进行修改。

(5)为面向对象的设计与开发中涌现出的高级概念,例如协作框架模式和构件提供支持,强调在软件开发中对架构框架模式和构件的重用。

(6) UML 与最好的软件工程实践经验集成。集成了迭代式软件开发、需求管理、基于构件的架构应用、软件质量保证和软件变更控制等最佳的软件开发实践。

(7) UML 可升级,具有广阔的适用性和可用性。

3.2.2 常用的 UML 模型

在软件的生命周期中,软件有两种存在形式:静止状态和运行状态。UML 提供的建模图可分为结构和行为两大类型。两大类模型从三个方面来考虑建立软件模型:静止状态下的结构;运行状态下的结构;运行状态下的行为(或功能)。

1. 视图(view)

视图是从某个视角描述系统的结构或静态特征以及行为或动态特征的。一种视图由很多的图组成。在 UML 中主要包括的视图有静态视图、用例视图、交互视图、状态机视图、活动视图、部署视图、实现视图和模型管理视图。

静态视图是从静态的视角描述系统中业务领域的实体和实现相关的概念及其关系的结构图。静态视图包括类图、对象图和包图。

用例视图从参与者与系统的交互视角描述系统的功能及其功能的使用者。用例视图主要有用例图。

交互视图从系统的各个对象之间的消息交互视角描述为了完成一个功能,系统中各个对象之间的消息传递关系。交互视图包括序列图和协作图。

状态机视图从一个对象在其生命期的各种状态变化视角描述一个对象状态随时间的变化及其导致状态变化的事件。状态机视图包括状态图。

活动视图从工作流程和计算流程视角描述完成一项工作或计算涉及的活动及其步骤。活动视图包括活动图。

部署视图从系统的物理设备组成视角描述系统运行时的物理设备及其运行的软件和关系。部署视图包括部署图。

实现视图从系统的软构件及其相互之间的关系视角描述系统的软构件组成及其相互之间的关系。实现视图包括实现图。

模型管理视图从管理模型的视角描述系统的模型组织。模型管理视图包括包图。

2. 图

在 UML 中主要包括的图有用例图(case diagram)、类图(class diagram)、序列图(sequence diagram)、状态图(statechart diagram)、活动图(activity diagram)、构件图(component diagram)、部署图(deployment diagram)。

3. 模型元素

UML 模型由视图、图组成。图由事物和关系组成。事物是对模型中最具有代表性的成分的抽象,关系描述了事物之间是如何彼此关联、相互依赖或作用的。正是关系把构成系统的诸多事物结合成一个有机的整体。

事物是 UML 模型中面向对象基本的模块,它们在模型中属于静态部分。事物作为对模型中最具有代表性的成分的抽象,在 UML 中,定义了四种基本的面向对象的事物,分别是结构事物、行为事物、分组事物和注释事物等。

关系是指支配、协调各种模型元素存在并相互使用的规则。UML 中主要包含四种关系,分别是依赖、关联、泛化和实现。

在 UML 中,图作为一种可视化的方式聚集了相关需要表达的事物,并且表达了这些事物之间的关系。

3.2.3 支持 UML 的软件工具——Rational Rose 简介

1. 概述

支持 UML 的软件工具有:Microsoft Visio,Rational Rose,ORACLE,Power Designer,Borland,Popokin Software 等。Rational Rose 是最专业的 UML 建模工具,而且应用也比较广泛,因此,本书采用这种工具进行建模。

Rational Rose 是由 Rational 软件开发公司(现已被 IBM 公司并购)设计、开发的一种重要的可视化建模工具。Rational Rose 有三个版本,其中,Rose Enterprise 是 Rose 的企业版工具,支持 Rose 工具的所有功能,并且支持各种语言,包括 C++、Java、Ada、CORBA、Visual Basic、COM、Oracle 8 等,还包括对 XML 的支持。

Rational Rose 为 UML 提供了基本的绘图功能,为模型元素提供存储库,为各种视图和图提供导航功能，提供了代码生成功能，提供逆向工程功能，提供了模型互换功能。目前版本的 Rational Rose 可以做以下工作：

(1)对业务进行建模(工作流)；

(2)建立对象模型，表达信息系统内有哪些对象，它们之间是如何协作完成系统功能的；

(3)对数据库进行建模，并可以在对象模型和数据模型之间进行正、逆向工程，相互同步；

(4)建立构件模型，表达信息系统的物理组成，如有什么文件、进程、线程、分布如何等；

(5)生成目标语言的框架代码，如 Visual Basic、Java 代码等。

2. Rational Rose **的四种视图模型**

在 Rational Rose 建立的模型中包括四种视图，分别是用例视图(use case view)、逻辑视图(logical view)、构件视图(component view)和部署视图(deployment view)。创建一个 Rational Rose工程的时候，会自动包含这四种视图，如图 3-1 所示。

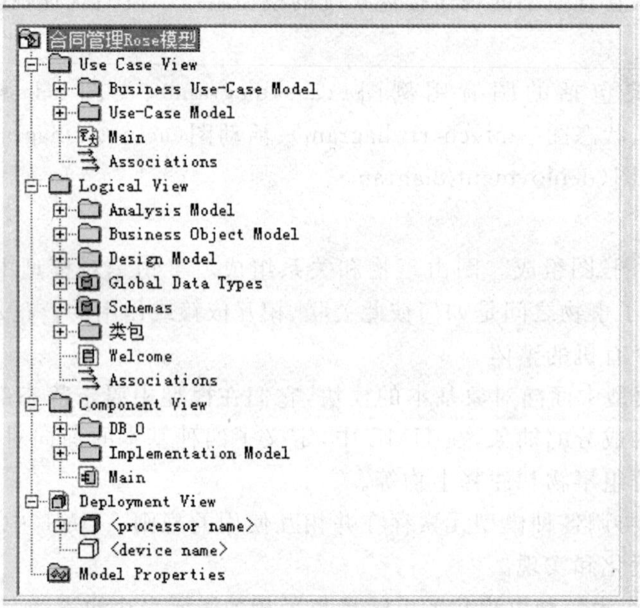

图 3-1 Rational Rose 的四种视图模型

(1)用例视图。用例视图包括了系统中的所有参与者、用例和用例图，必要时还可以在用例视图中添加顺序图、协作图、活动图和类图等。用例视图与系统中的实现是不相关的，它关注的是系统功能的高层抽象，适合于对系统进行分析和获取需求，而不关注于系统的具体实现方法。用例视图包括：

①业务用例模型(Business Use-Case Model)：用于描述用户需求。本书第 6 章的需求工程中将会用其建模。

②用例模型(Use-Case Model)：用于描述功能需求。本书第 6 章的需求工程中将会用其建模。

(2)逻辑视图。逻辑视图关注系统如何实现用例中所描述的功能，主要是对系统功能性需求提供支持，即在为用户提供服务方面，系统所应该提供的功能。在逻辑视图中，用户将系统更加仔细地分解为一系列的关键抽象，将这些大多数来自于问题域的事物通过采用抽象、封装和继承的原理，使之表现为对象或对象类的形式，借助于类图和类模板等手段，提供了系统的详细设计模型图。在逻辑视图下的模型元素可以包括类、用例、接口、类图、用例图、协作图、顺序图、活动图和状态图等。逻辑视图包括：

①分析模型(Analysis Model)：用于在需求基础上的逻辑分析，本书第7章"面向对象系统分析"中将会用其建模。

②业务对象模型(Business Object Model)：从业务中提取的实体类集合，本书第5章"领域调查与分析"中将会用其建模。

③设计模型(Design Model)：用于为系统实现建模，本书第8章"面向对象系统设计"中将会用其建模。其下包括：层次视图(Layer)，描述系统层次结构；过程视图(Process View)，描述进程和线程；用例实现视图(Use-Case Realizations)，描述用例的功能实现。

(3)构件视图。构件视图用来描述系统中的各个实现模块以及它们之间的依赖关系。构件视图包含模型代码库、执行文件、运行库和其他构件的信息，但是按照内容来划分构件视图主要有包、构件和构件图。包是与构件相关的组。构件是不同类型的代码模块，它是构造应用的软件单元。构件可以包括源代码构件、二进制代码构件以及可执行构件等。构件视图包含的内容有：构件、接口、构件图、包、文件。本书第8章"面向对象系统设计"中将会用其建模。

(4)部署视图。部署视图显示的是系统的实际部署情况，它是为了便于理解系统如何在一组处理节点上的物理分布，而在分析和设计中使用的构架视图。在系统中，只包含有一个部署视图，用来说明各种处理活动在系统各节点的分布。在部署视图中，可以创建处理器和设备等的模型元素。本书第8章"面向对象系统设计"中将会用其建模。

用Rational Rose绘制用例图、序列图、协作图、活动图、状态图和包图可以放在用例视图或逻辑视图下，一般用例视图下的图表示业务分析或需求分析得到的反映问题域的图，而在逻辑视图下的图表示分析设计的图，两种视图下各种图绘制步骤类似。

3.2.4 Rational Rose 基本操作简介

1. Rational Rose 界面

Rational Rose界面如图3-2所示，其界面主要由浏览器窗口、文档窗口、应用窗口和图形工具栏等组成。浏览器的功能是显示模型中所有元素的层次结构，同步更新模型，即：浏览器中的模型元素发生变化时，可以自动更新模型中的相应元素，反之亦然。应用窗口是相关图形绘制的工作区。

2. Rational Rose 操作模型元素的基本操作

(1)创建一个模型元素，可选以下方法之一：

①在应用窗口，利用快捷菜单创建模型元素。

②在浏览器，用鼠标右键单击新模型元素所属的父元素(可以是视图、模型图、包等)，从快捷菜单中选择New，在New下拉菜单栏中选择相应的模型元素选项。

(2)删除模型元素，可选以下方法之一：

①在应用窗口，选择模型元素，单击鼠标右键，利用快捷菜单删除模型元素，但该模型元素不是永久删除，这种删除是在该应用窗口删除模型元素。

②从浏览器中删除一个模型元素，将把该模型元素从模型中永久删除，同时还将删除该元

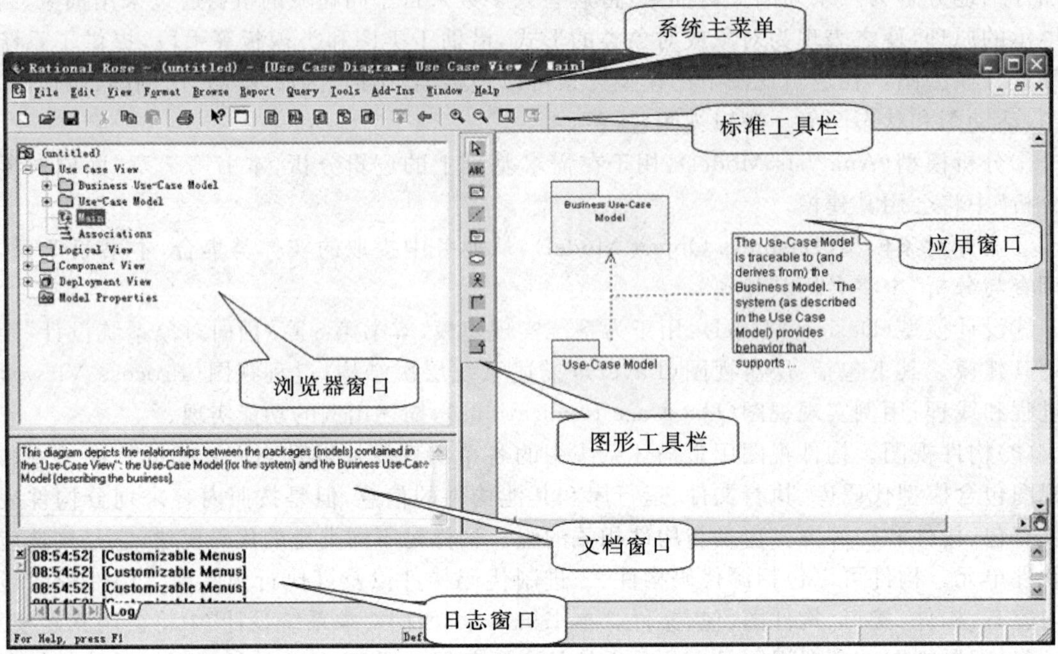

图 3-2 Rational Rose 界面

素的关系。操作方法:在浏览器窗口,选中要删除的模型元素,单击鼠标右键,从弹出菜单中选 Delete。

(3)命名模型元素,可选以下方法之一:

①在浏览器窗口,单击要命名的元素,颜色变蓝,直接在浏览器中输入模型元素的名称。

②在应用窗口,双击要命名的元素,弹出规范说明窗口,输入模型元素名称。

③在浏览器窗口,选中需要命名的模型元素,按鼠标右键弹出菜单,选择 rename,输入名字。

(4)拖放功能。

①浏览器内可直接拖放模型元素。

②模型元素可在浏览器与应用窗口之间拖放。

3.3 用例图

3.3.1 用例图的基本概念

用例图是描述系统的功能及功能执行者关系的动态视图。它由功能执行者(也叫参与者或 actor)、功能(也叫用例或 case)以及它们之间的关系构成。用例图的作用是描述用例之间、参与者和用例之间的关系,帮助开发人员可视化地了解系统功能。

1. 参与者

参与者是与系统有消息交互的系统外部的人、系统、子系统或类的外部实体的抽象。在

UML图中参与者用小人符号表示。每个参与者可以参与一个或多个用例，每个用例也可以有一个或多个参与者。参与者实质上也是类，它拥有与类相同的关系描述，参与者与参与者之间主要是泛化关系。泛化关系的含义是把某些参与者的共同行为提取出来表示成通用行为，并描述成超类。泛化关系表示的是参与者之间的一般/特殊关系，在UML图中，使用带空心三角箭头的实线表示泛化关系。例如，在教务管理信息系统中，用户有管理员、教师、学生、访客，参与者之间的关系如图3-3所示。

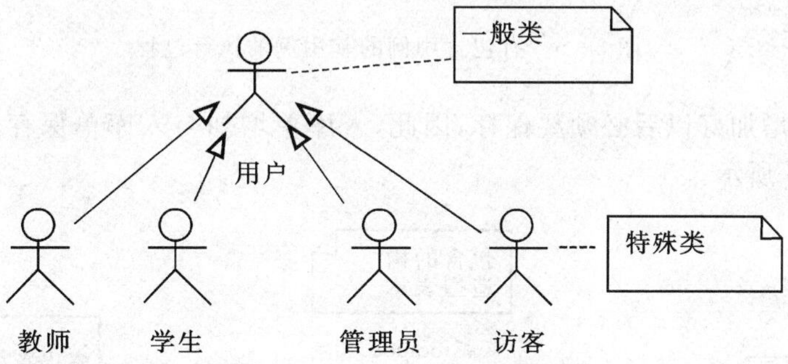

图3-3　参与者之间的关系

2. **系统边界**

系统是由一系列相互作用的元素组成的具有特定功能的有机整体。系统边界是指系统与系统之间的界限，系统边界之内的部分是项目开发必须实现的功能。系统环境为系统边界以外的同系统相关联的其他部分，系统开发必须满足系统环境的要求。

3. **用例**

用例是参与者使用的系统服务或功能单元，它从用户的角度来描述系统的功能。在UML中，用例用椭圆表示，如图3-4所示。任何独立用例都不能在缺少参与者的情况下独立存在。同样，任何参与者也必须要有与之关联的用例。所以识别用例的最好方法就是从分析系统参与者开始，在这个过程中往往会发现新的参与者。

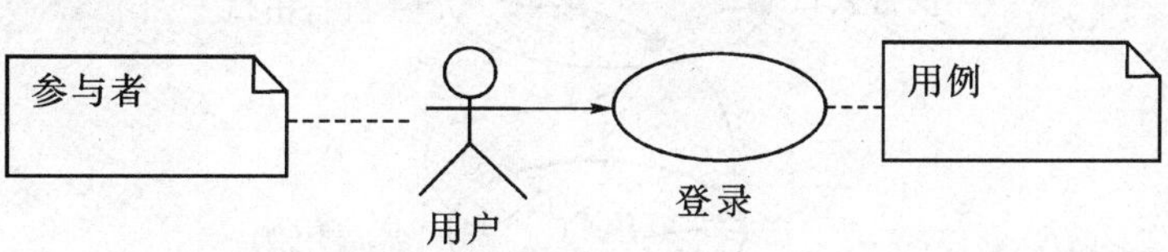

图3-4　用例

4. **用例之间的关系**

用例之间的关系有包含关系、扩展关系、使用关系和泛化关系。

(1)包含关系：包含关系中用例可以简单地包含其他用例具有的行为，并把它所包含的用例行为作为自身行为的一部分。在UML中，包含关系是通过带箭头的线段加<<include>>字样来表示，箭头由基用例指向被包含用例，被包含用例属于非独立用例，与参与者无关。包含关系代表着基用例会用到被包含用例，具体的讲就是将被包含用例的事件流插入到基用例的事件流中。有包含用例的基用例的执行过程如图3-5所示。

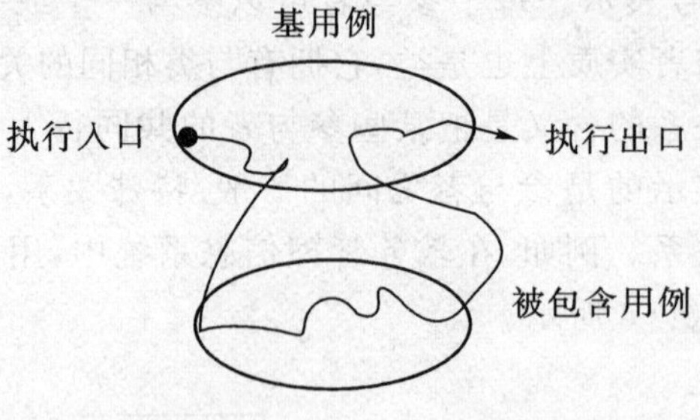

图 3-5　有包含用例的基用例的执行过程

例如：入库单增加好以后必须要保存，因此，入库单增加与入库单保存这两个功能就是包含关系，如图 3-6 所示。

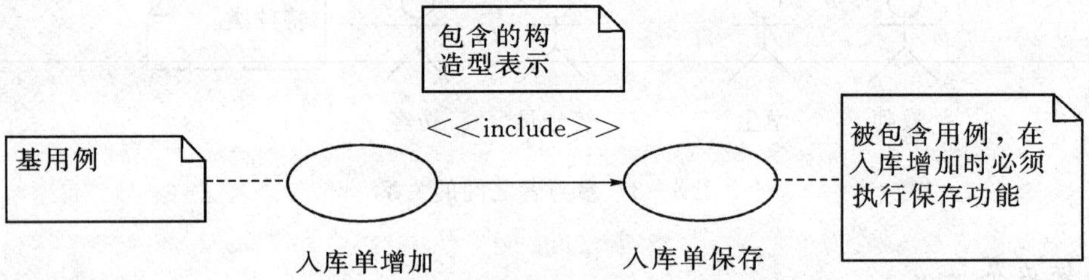

图 3-6　用例之间包含关系的例子

(2)扩展关系：在一定条件下，把新的行为加入到已有的用例中，获得的新用例叫做扩展用例，原有的用例叫做基用例，从扩展用例到基础用例的关系就是扩展关系。一个基用例可以拥有一个或者多个扩展用例，这些扩展用例可以一起使用，扩展用例属于非独立用例，与参与者无关。有扩展用例的基用例的执行过程如图 3-7 所示。

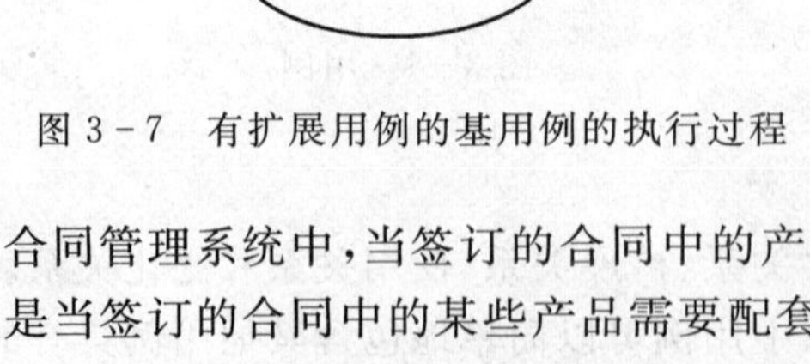

图 3-7　有扩展用例的基用例的执行过程

例如：某制造企业定制合同管理系统中，当签订的合同中的产品可以全部自己制造时，只需要执行合同管理功能，但是当签订的合同中的某些产品需要配套单位制造，需要与配套单位签订配套合同，这时合同管理就需要进行配套合同管理。因此，配套合同管理是合同管理的扩展，如图 3-8 所示。

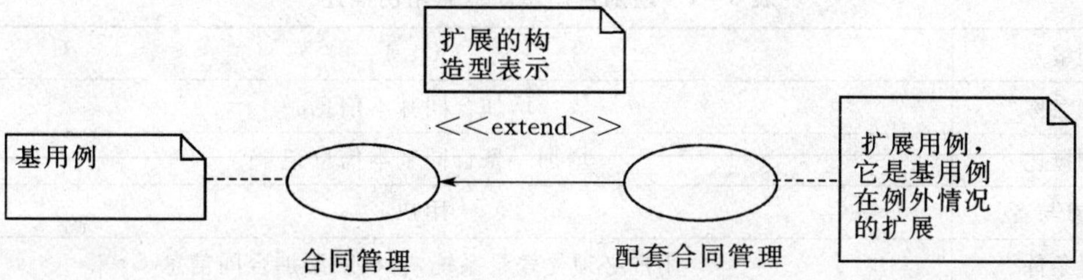

图 3-8 用例之间扩展关系的例子

(3)泛化关系:用例的泛化指的是一个父用例可以被特化形成多个子用例，而父用例和子用例之间的关系就是泛化关系。在用例的泛化关系中，子用例继承了父用例所有的结构、行为和关系，子用例是父用例的一种特殊形式，子用例是非独立用例，与参与者无关。子用例还可以添加、覆盖、改变继承的行为。子用例继承父用例的执行过程如图 3-9 所示。

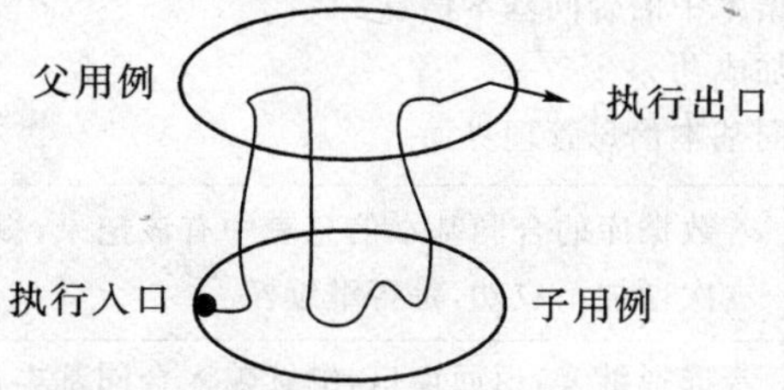

图 3-9 子用例继承父用例的执行过程

例如，付款可以采用现金支付，也可以采用银行支付，它们都有付款的共性，因此，现金支付和银行支付是付款的特殊用例，如图 3-10 所示。

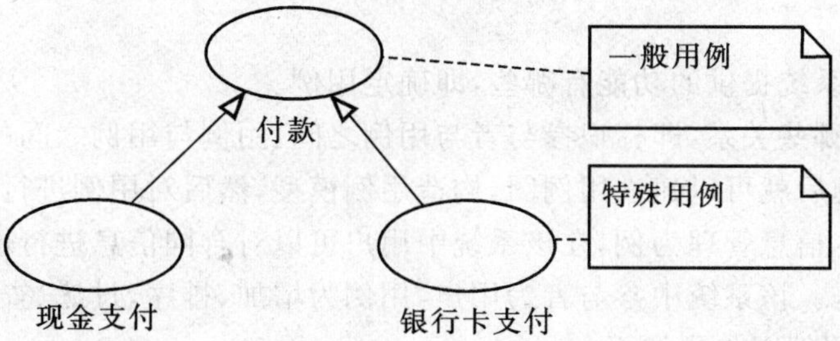

图 3-10 用例之间继承关系的例子

5. **用例规约**

对于每一个用例，还需要有详细的描述信息，以便让开发人员对整个系统有一个更加详细的了解，消除歧义，这些信息包含在用例规约之中。用例规约的描述模板如表 3-1 所示。

表 3-1 增加合同基本信息用例描述

<table>
<tr><td>用例编号</td><td colspan="2">UC1.1</td></tr>
<tr><td>用例名称</td><td colspan="2">增加合同基本信息</td></tr>
<tr><td>用例概述</td><td colspan="2">增加一条合同基本信息记录</td></tr>
<tr><td>主要参与者</td><td colspan="2">用户</td></tr>
<tr><td>前置条件</td><td colspan="2">用户必须先登录系统,有权限添加合同信息</td></tr>
<tr><td>后置条件</td><td colspan="2">使用该功能后要保存相关增加的数据</td></tr>
<tr><td>主要的操作步骤</td><td colspan="2">1.单击增加合同基本信息,弹出合同基本信息输入窗口
2.输入合同基本信息
3.检查合同基本信息的必填项是否已经填,转到第4步;若必填项目未填,则提示继续输入,返回第2步
4.查询数据库中的表,检查该合同基本信息是否已经存在
5.若数据库的合同基本信息表中无该记录,进行增加处理
6.更新数据库中的合同基本信息
7.提示增加成功
8.返回合同基本信息管理界面</td></tr>
<tr><td rowspan="3">可选的操作步骤</td><td>4</td><td>若数据库的合同基本信息表中有该记录,提示“该合同基本信息已经输入,本次增加不成功,是否继续?”</td></tr>
<tr><td>1a</td><td>若选择继续,返回窗口,继续输入合同基本信息</td></tr>
<tr><td>1b</td><td>若选择不继续,则退出用例</td></tr>
</table>

3.3.2 用 Rational Rose 绘制用例图

在绘制用例图之前,首先明确系统的边界和系统功能,并考虑好以下问题:

(1)目标系统将支持的不同类型的用户(可以是人、事件或其他系统)是什么,即确定参与者。

(2)参与者需要系统提供的功能有哪些,即确定用例。

(3)用例之间有哪些关系,即标识参与者与用例之间、用例与用例之间的关系。

考虑好这些问题后就可以建立用例图,构造用例模型,然后对用例进行详细描述。

以本书合同基本信息管理为例,在该系统中用户可以对合同信息进行增加、排序、过滤、查重、删除、保存等操作。该系统中参与者为用户,用例为增加、排序、过滤、查重、删除、保存。用 Rational Rose 绘制用例图步骤如下:

1.登录 Rational Rose

选择“开始”/“所有程序”/“Rational Rose Enterprise Edition”,登录 Rational Rose,新建一个未命名工程。选择“File”/“Save As”,输入工程名,例如,Contract,将该工程保存。

2.创建新目录项

用户可以通过用例视图建立多个用例目录项,每个用例目录项可以包含各自的子包图、用例图、参与者、用例及相互之间的关系等内容。用鼠标右键单击浏览器窗口中的“Use Case View”子目录项,在弹出的菜单中选择“New”/“Package”菜单项,在用例视图子目录下创建一个空的用例图目录项,如图 3－11 所示。用户输入目录名,例如,输入“合同基本信息管理”。一个名为“合同基本信息管理”的用例子目录项创建完毕。在该子目录项中就可以存放合同基本信息管理相关的模型图。

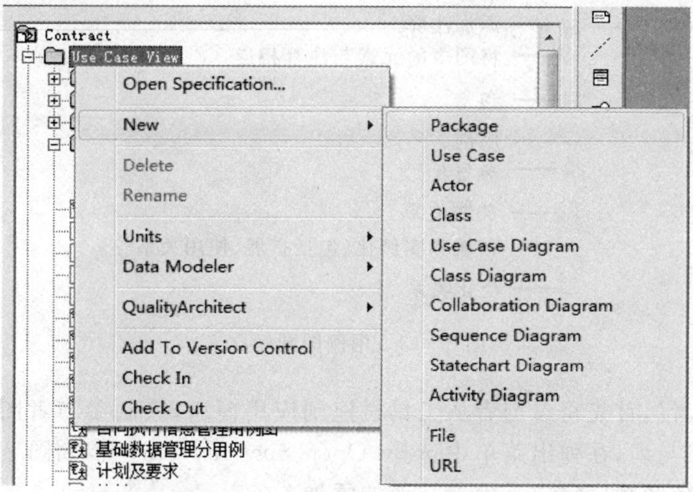

图 3－11　创建新用例包图

3. **创建新用例图**

用鼠标右键单击浏览器窗口中的“合同基本信息管理”子目录项。在弹出的菜单中选择“New”/“Use Case Diagram”菜单项,在“合同基本信息管理”用例子目录下创建一个空的用例图,如图 3－12 所示。

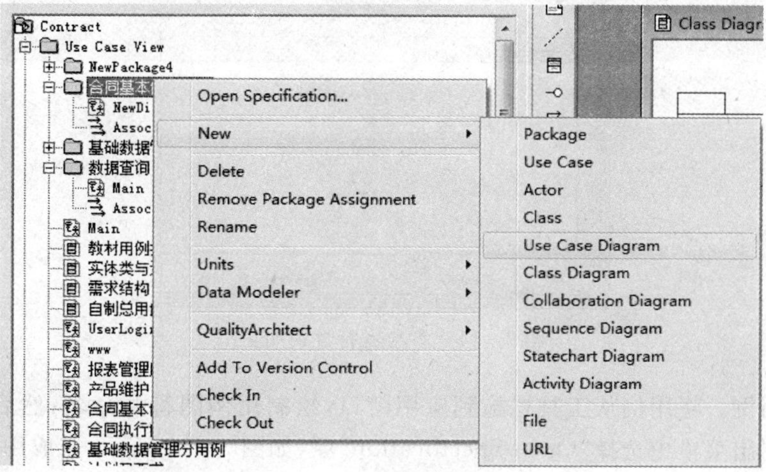

图 3－12　创建用例图

输入用例图名称,例如,输入“合同基本信息管理用例图”,一个名为“合同基本信息管理用例图”的用例图创建完毕。

4. **建立和编辑用例图**

选择浏览器窗口中的“合同基本信息管理”子目录项下的名为“合同基本信息管理用例图”的用例图,并用鼠标双击打开应用窗口。弹出应用窗口用于绘制名为“合同基本信息管理用例图”的用例图。在工具栏，可以看到绘制用例图的图标，各图标的含义如图 3－13 所示。

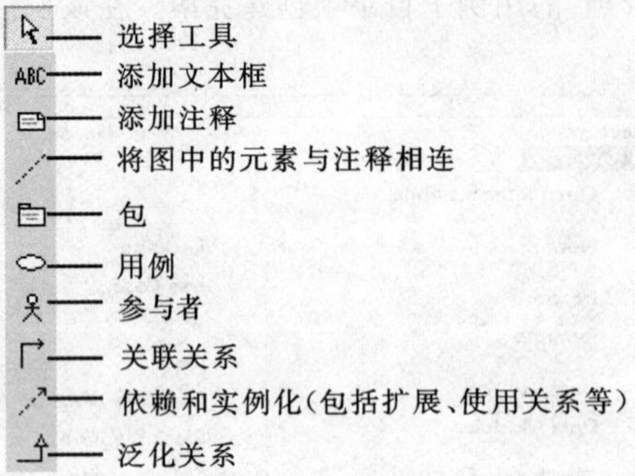

图 3－13　用例图图标含义

(1)添加参与者。首先将参与者从工具栏拖到应用窗口，绘制参与者图符并命名；然后用鼠标右键单击该参与者，在弹出菜单中选择“Open Specification”项，如图 3－14 所示，完成参与者的特性说明，依此顺序完成其他参与者的添加。

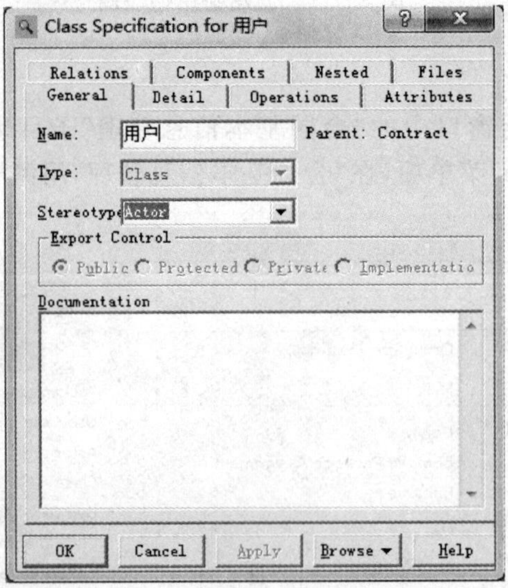

图 3－14　参与者特性说明窗口

(2)添加用例。将用例从工具栏拖到应用窗口，绘制用例图符并命名；然后用鼠标右键单击该用例，在弹出菜单中选择“Open Specification”项，如图 3－15 所示，完成用例的特性说明，依此顺序完成其他用例的添加。

(3)添加关系。首先单击工具栏中的实线箭线(单向关联)图符按钮；然后单击指定的参与者，并将鼠标从参与者拖动到指定的用例；输入关联名称，为关联命名；用鼠标右键单击该关联，在弹出菜单中选择“Open Specification”项，完成关联的特性说明；依此顺序完成其他参与者和用例之间以及用例和用例之间关联的添加。除单向关联外的其他关系，如泛化、依赖等关系，添加方法相同。如图 3－16 所示，即为完成后的用例图。

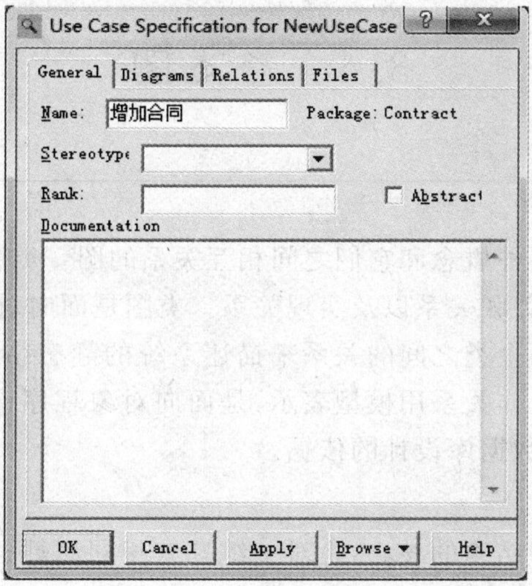

图 3-15 用例特性说明

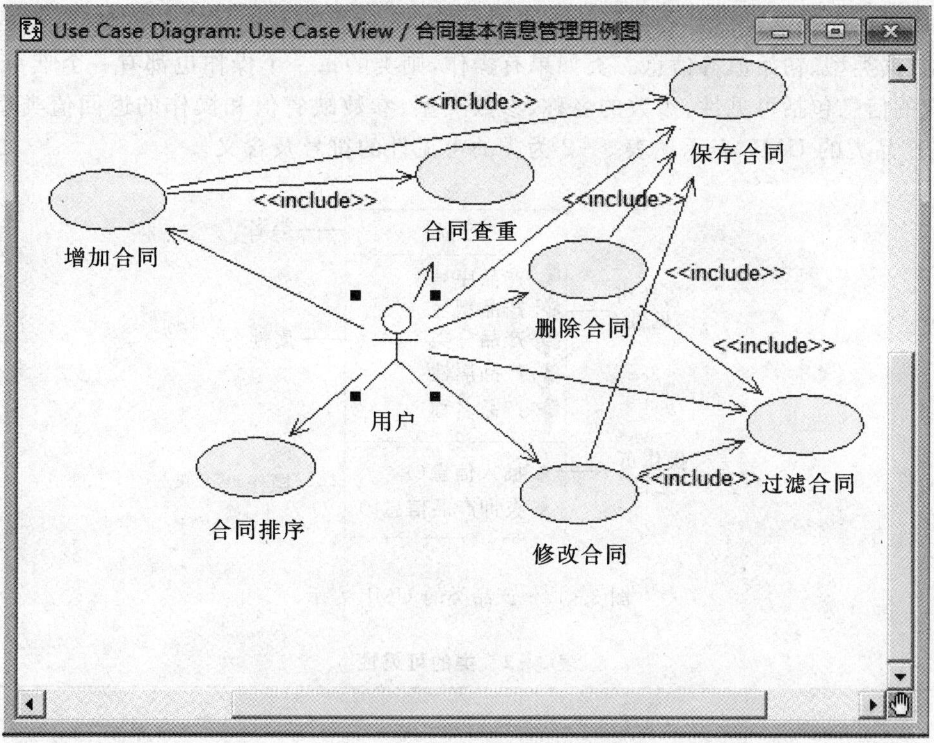

图 3-16 合同基本信息管理用例图

(4)如需删除某个元素,有两种删除方法。一种方法可在应用窗口中选中要删除的元素,单击鼠标右键,在弹出菜单中选择“Delete”删除该元素,此时该元素在应用窗口中删除,但在浏览器窗口中仍然保留;另一种方法是在浏览器窗口中选中要删除的元素,单击鼠标右键,在弹出菜单中选择“Delete”删除该元素,这种方法会将该元素从整个工程中彻底删除。

3.4 静态图

3.4.1 类图

类图是描绘系统中的各种概念和它们之间相互关系的图。类图中包含的模型元素有:类、接口、依赖关系、泛化关系、关联关系以及实现关系。类图是面向对象分析与设计的核心,其作用是通过系统中的类以及各个类之间的关系来描述系统的静态结构,为系统的词汇建模。类图将系统中类之间的简单协作关系用模型表示,是面向对象程序设计的依据。类图也是逻辑数据库模式的模型表示,是数据库设计的依据。

1. 类

类是面向对象系统组织结构的核心,是对一组具有相同属性、操作、关系和语义的事物的抽象。

在 UML 的图形表示中,类的表示法是一个矩形,这个矩形由三个部分组成,分别是:类的名称、类的属性和类的操作。类的属性至少有一个,每个类的属性有唯一的名字,类的属性有可见性、数据类型、初始值等信息。类如果有操作,则类的每一个操作也都有一个唯一的名字,其他可选的信息包括可见性、参数的名称、参数类型、参数缺省值和操作的返回值类型等。图 3-17 是产品类的 UML 表示。表 3-2 为类的可见性的符号及含义。

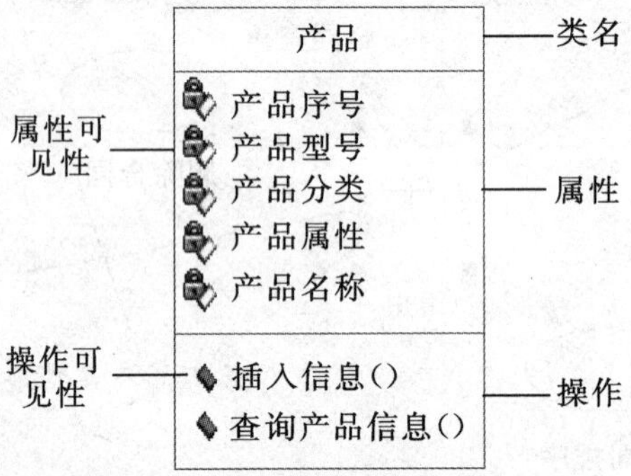

图 3-17 产品类的 UML 表示

表 3-2 类的可见性

可见性	符号	含义
private	—	只有类本身可以访问它的私有属性
protected	#	子类可以访问父类的受保护属性
public	+	任何类都可以访问一个类的公有属性
package	~	一个包内的类可以访问包内另一个类的属性

从理论上讲,一个类的属性应该全部是私有的,这样才能保证类的封装性,一个类的操作应该都是公有的,这样类的对象才能接受其他对象发送的消息,完成相应的任务,实现类的

功能。

2. **接口**

接口是一组操作的集合，只有操作的声明而没有操作的实现，操作的实现由操作所在的类的代码实现。采用接口定义是为了将多个类的操作提取出来，这些操作作为一个组可以供多个类使用。在 UML 的图形表示中，接口的表示法是一个圆圈，接口的操作与其操作实现（代码）的类用实线连接，如图 3-18 所示。

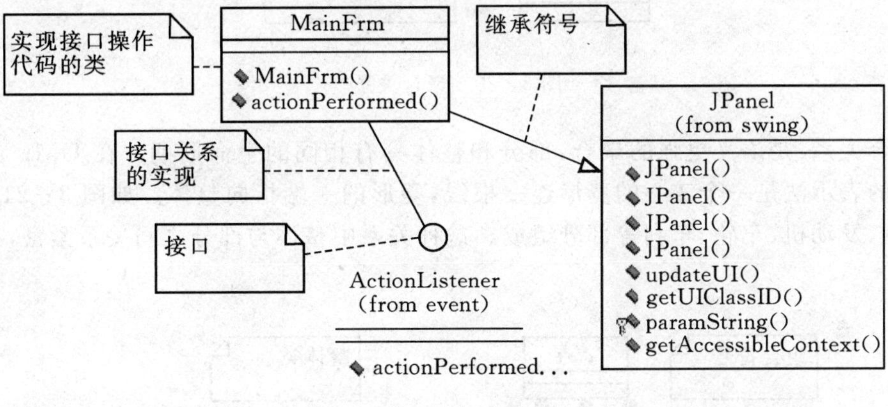

图 3-18 接口

3. **类图中的关系**

(1)关联关系：描述了类的结构之间的关系。关联关系具有方向、名字、角色和多重性等信息。关联关系语义较弱，类之间的关联不是很强，如图 3-19 所示是类之间的关联关系。

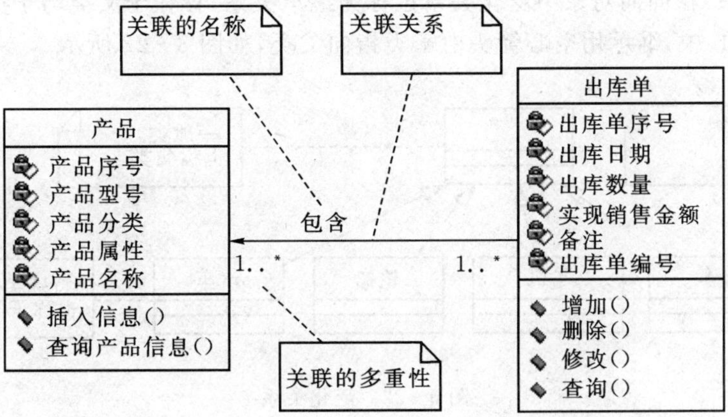

图 3-19 类之间的关联关系

(2)聚合关系：是特殊关联关系，是语义较强的关联关系，指明一个聚集（整体）和组成部分之间的关系。在 UML 的图形表示中，聚合的表示法是一个空心的菱形连一根线，菱形的一端指向整体，如图 3-20 所示，森林由很多树木组成。

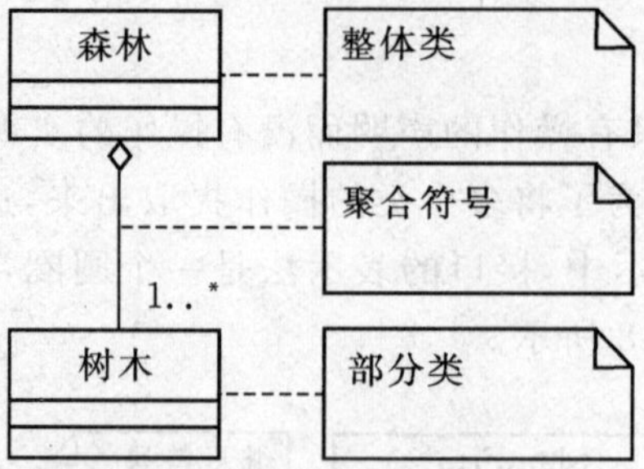

图 3-20　聚合关系

(3)组合关系:是语义更强的聚合,部分和整体具有相同的生命周期。在 UML 的图形表示中,聚合的表示法是一个实心的菱形连一根线,菱形的一端指向整体。如图 3-21 所示,汽车由方向盘、发动机、车轮、车刹等部分组成。这种关系中整体与部分之间关系紧密,有相同的生命周期。

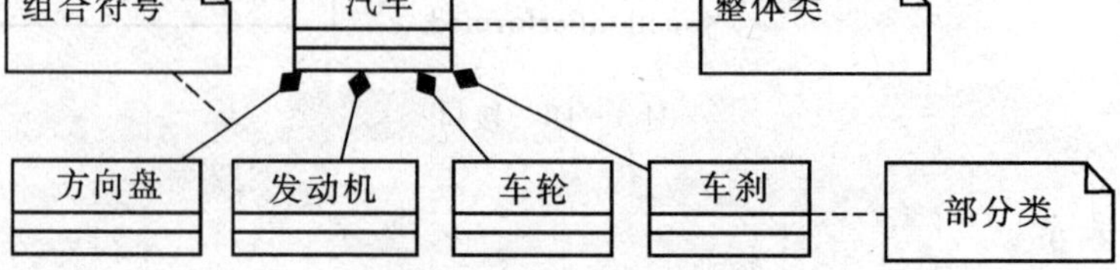

图 3-21　组合关系

(4)泛化关系:在面向对象中泛化关系也称为继承关系,存在于父类与子类、父接口与子接口之间。在 UML 中,继承用空心箭头由子类指向父类,如图 3-22 所示。

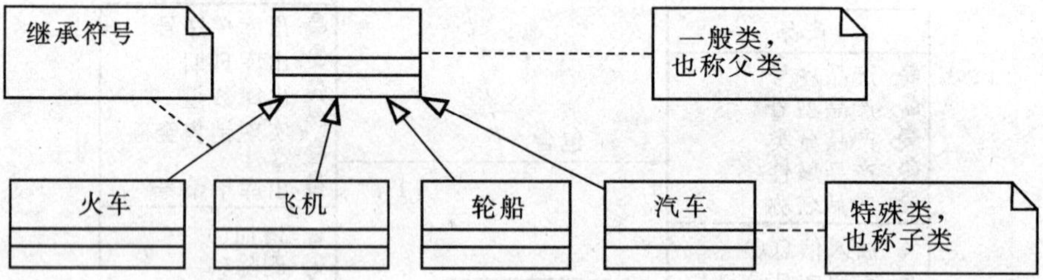

图 3-22　泛化关系

(5)实现关系:对应于类和接口之间的关系。接口是一组可重用的操作,描述类的部分行为,接口不包括操作的实现代码,操作的实现代码在类中实现。在 UML 中,用实线将类和接口连接在一起,如图 3-18 所示。

(6)依赖关系:描述了一个类的变化对依赖于它的类产生影响的情况。在 UML 中,用虚线箭头表示。依赖有多种表现形式,例如绑定、友元等。如图 3-23 所示的参数化类(数据类型未定多边形)和参数化了的类(边长全部为小数的多边形类、边长全部为整数的多边形类)之间关系就是绑定的依赖关系。

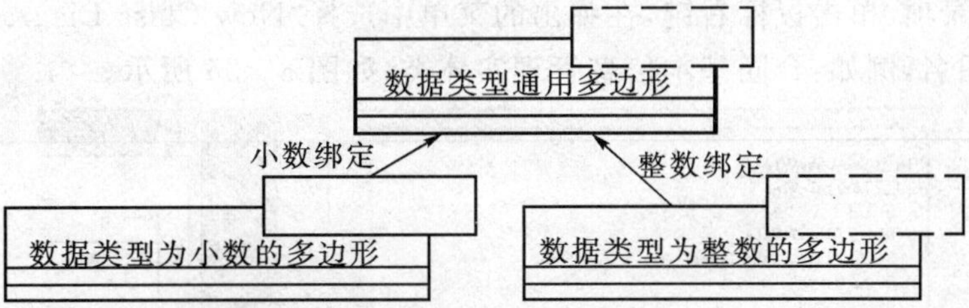

图 3-23 依赖关系

3.4.2 用 Rational Rose 绘制类图

一副类图可大可小,大或小的类图分别描述多个用例和某个用例所需要的所有的类,因此,在用 Rational Rose 绘制类图之前要明确所要绘制的类图是为了实现哪些或哪个用例,并考虑清楚以下问题:

(1)由哪些对象参与完成用例功能,这些对象可以抽象为哪些类,即识别类。

(2)类之间有哪些关系,即定义类之间的关系。

(3)建立类图,构造静态模型。

用 Rational Rose 绘制类图的过程如下:

1. 建立子目录项

登录 Rationnal Rose,在浏览器窗口,用鼠标右键单击浏览器窗口中的"Logical View"子目录项。用户在弹出的菜单中选择"New"/"Package"菜单项,在逻辑视图子目录下创建一个空的逻辑视图目录项,例如,建立新子目录项:合同基本信息管理类,如图 3-24 所示。

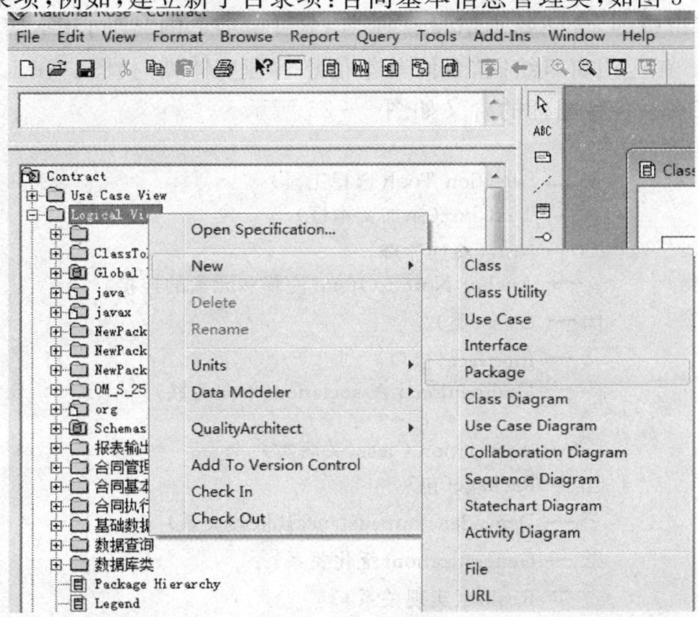

图 3-24 逻辑视图下创建一个子目录项

2. **建立新类图**

选择新子目录项,单击鼠标右键,在弹出的菜单中选择"New Class Diagram"菜单项,建立新类图,输入类图名,例如:合同基本信息管理实体类,如图 3-25 所示。

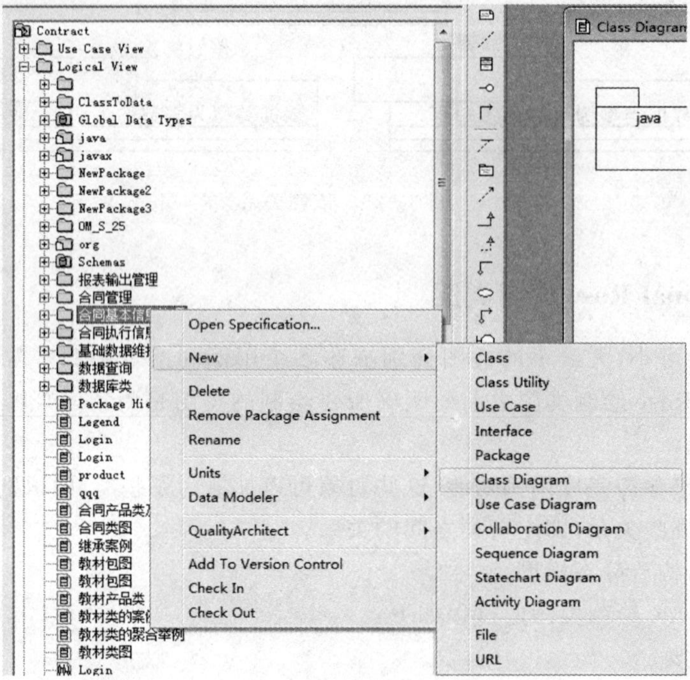

图 3-25　创建一个类图

3. **编辑类图**

选择浏览器窗口中的"合同基本信息管理类"子目录项下的"合同基本信息管理实体类"类图子目录,并双击。在应用窗口绘制"合同基本信息管理实体类"类图。在工具栏,可以看到绘制类的工具栏。工具栏各种图标的含义如图 3-26 所示。

图 3-26　类图工具栏

(1)添加类。从工具栏选择类图标,在应用窗口绘制类图符并命名;然后用鼠标右键单击该类,在弹出菜单中选择“Open Specification”项,打开类的特性说明窗口,如图 3-27 所示,完成类的特性说明;依此顺序完成其他类的添加。

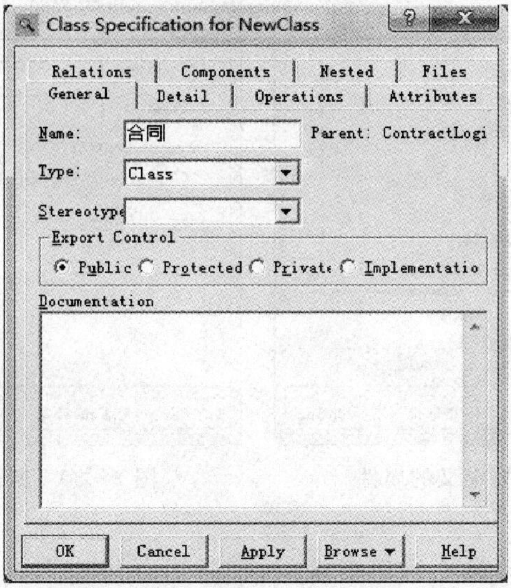

图 3-27　类的特性说明窗口

(2)添加类的属性。用鼠标右键单击该类,在弹出菜单中选择“New Attribute”菜单项,如图 3-28 所示,输入属性名称。

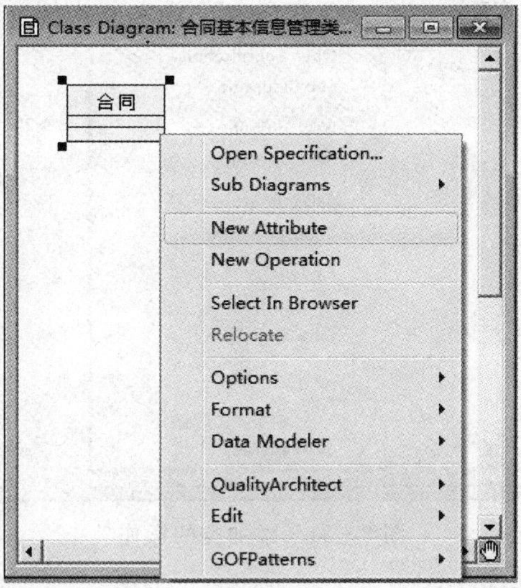

图 3-28　添加的类属性

(3)对类的属性进行详细定义。用鼠标右键点击该类,在弹出菜单中选择“Open Specification”项,打开类的特性说明窗口,选择“Attributes”页签,选择需要进行详细定义的属性,单击右键,在弹出菜单中选择“Specification”菜单项,如图 3-29 所示,打开属性特性说明窗口,如图 3-30 所示,设置属性的数据类型、取值范围、可见性(public、private、protected)等。

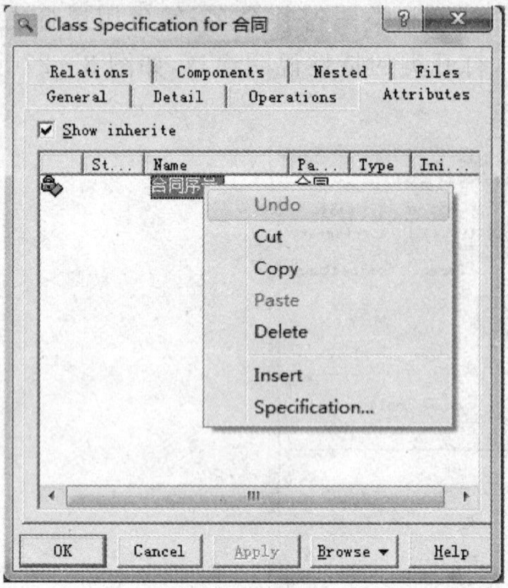

图 3-29　选择要定义的属性

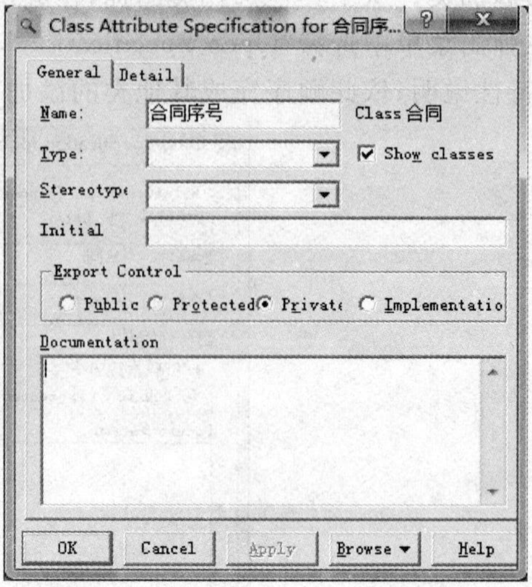

图 3-30　属性详细定义窗口

(4)添加类的操作。用鼠标右键单击该类,在弹出菜单中选择"New Operation"菜单项并输入操作名称,如图 3-31 所示。

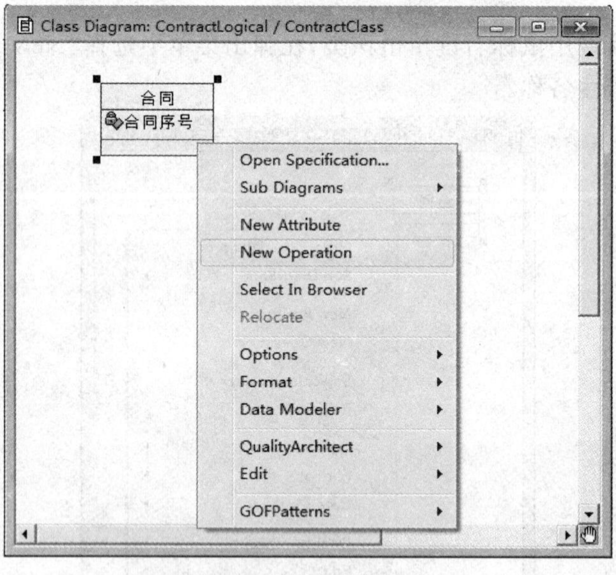

图 3-31　添加类的操作

(5)添加操作的特性。用鼠标右键点击该类,在弹出菜单中选择"Open Specification"项,打开类的特性说明窗口,选择"Operations",选择需要进行详细定义的操作,单击鼠标右键,在弹出菜单中选择"Specification"菜单项,如图 3-32 所示。打开操作特性说明窗口,设置操作的返回类型、功能说明、可见性、指定操作协议、限定、异常处理等,如图 3-33 所示。

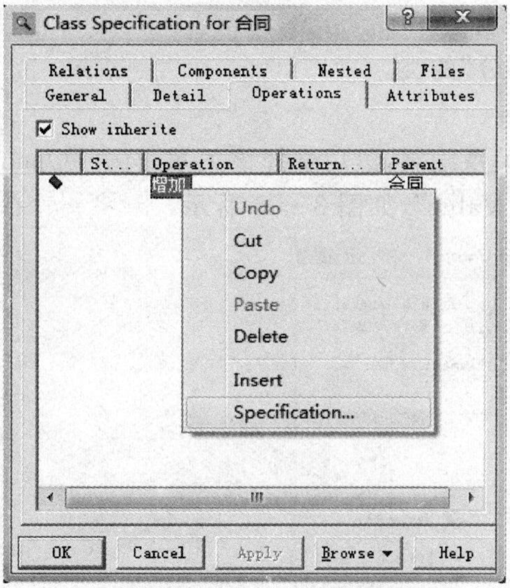

图 3－32　选择要定义的操作

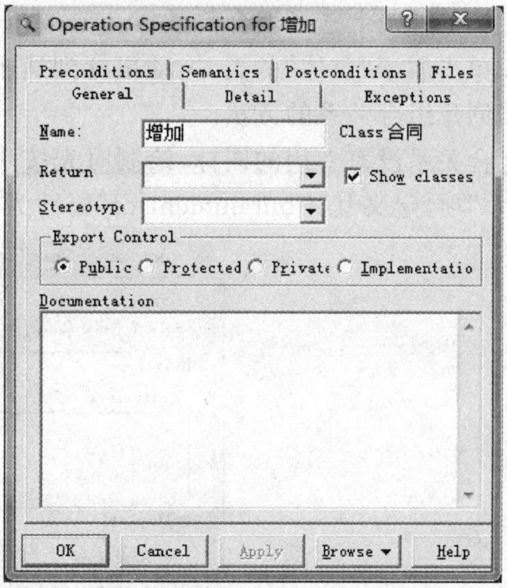

图 3－33　类的特性说明窗口

(6)建立类之间的关系。类间关系主要有关联关系、依赖关系、聚合关系和泛化关系(继承关系),在工具栏中分别选择相应的按钮进行建立。

①建立关联关系的方法。

a. 在工具栏上选择关联图标；

b. 在类图中单击关联的一个类；

c. 拖动关联关系线到另一个类上。

标识关联的数量：

a. 双击关联线,弹出 Specification 窗口,如图 3－34 所示；

b. 选择“Role A Detail”或“Role B Detail”页；

c. 在 Multiplic 键入多重性数值。

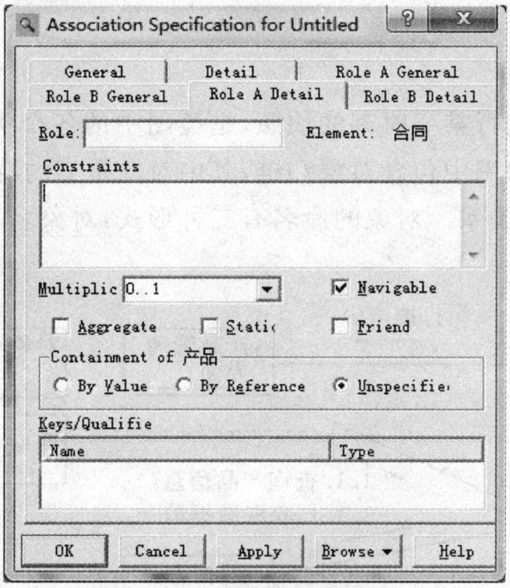

图 3－34　关联特性说明窗口

②创建聚合关系的方法。

a. 从工具条上选择聚合关系(Aggregation)图标；

b. 单击属于“整体”的类，拖动鼠标到属于“部分”的类。

③创建组合关系的方法。

组合关系没有专用的图标，绘制时先按聚合关系绘制，然后选择该关系，打开“Open Specification”项，定义其“Containment of”属性为“By Value”，如图 3-35 所示。

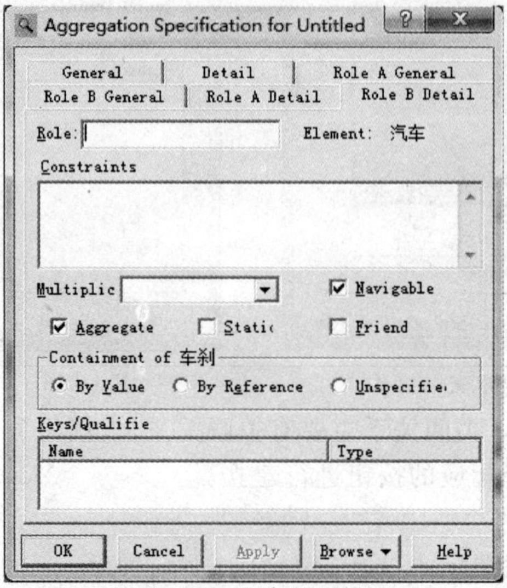

图 3-35　组合关系设置

④创建继承关系的方法。

a. 从工具条上选择继承关系(Generalization)图标；

b. 单击属于“子类”的类，拖动鼠标到属于“父类”的类；

c. 关系建立后，鼠标右键单击该关系，在弹出菜单中选择“Open Specification”菜单项，进行关系的特性说明设置。

3.4.3　对象图

对象图是类图在系统运行某一时刻的快照，是类图中的各个类在某一个时间点上的实例及其关系的静态写照。对象图中包含对象和链，其中对象是类的特定实例，链是类之间关系的实例，表示对象之间的特定关系。对象的命名有三种形式：对象名，对象名.类名，:类名。如图 3-36 所示是对象图的例子。

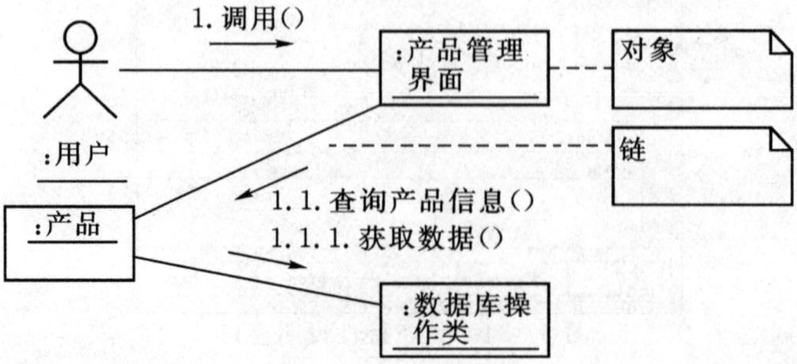

图 3-36　某对象图

对象图的作用：

(1)说明复杂的数据结构。对于复杂的数据结构，有时候很难对其进行抽象成类，表达类之间的交互关系。使用对象图描绘对象之间的关系可以帮助我们说明复杂的数据结构某一时刻的快照，从而有助于对复杂数据结构的抽象。

(2)表示快照中的行为。通过一系列的快照，可以有效表达事物的行为。

Rational Rose 中，没有专门绘制对象图的工具，对象图以协作图表示。因此，对象图的绘制方法参见协作图。

3.4.4　包图

一个信息系统开发需要建立很多模型元素，为此就需要对模型元素分类管理。在 UML 中用包来表示一种分类的模型元素。即，包是存放一个或多个语义相似或功能相关的模型元素的容器。一个包中有一个分类的多个模型元素，包中可以再包括包。模型元素用包来组织的话，一方面能够将一个大系统进行分解，降低系统的复杂度；另一方面能够允许多个项目开发小组同时使用某个模型元素而不发生过多的相互牵涉。例如，在合同管理信息系统中，可以划分为：合同基本信息管理包、合同执行信息管理包、基础数据维护包、数据查询包、报表输出包等五个包。每个包包含各自功能相关的类，分包管理可以降低模型的复杂度，方便开发管理。

包图是描述系统中包与包之间关系的图，包与包之间的关系主要是依赖关系，它表示包的内容之间的依赖关系。包图是一种维护和描述系统总体结构的重要建模工具，通过对图中各个包以及包之间关系的描述，展现出系统的模块与模块之间的依赖关系。包图能够反映系统的高层架构，即系统由子系统和它们之间的依赖关系组合而成。如图 3－37 所示是合同管理信息系统的包图，合同基本信息管理依赖于基础数据维护，因为在合同基本信息中的一些数据，比如公司、个人、客户的信息需要从基础数据维护中传送过来。合同执行信息管理依赖于基础数据维护和合同基本信息管理。数据查询、报表输出依赖于合同基本信息管理、合同执行信息管理和基础数据维护。

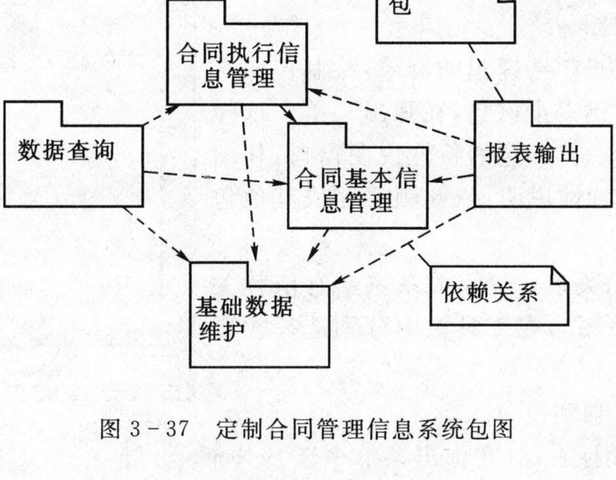

图 3－37　定制合同管理信息系统包图

包对自身所包含的内部元素的可见性使用关键字 private、protected 或 public 来表示。private 定义的私有元素对包外部元素完全不可见；protected 定义的被保护的元素只对那些与包含这些元素的包有泛化关系的包可见;public 定义的公共元素对所有引入的包以及它们的后代都可见。

包可以拥有其他包作为包内的元素,子包又可以拥有自己的子包,这样可以构成一个系统的嵌套结构,以表达系统模型元素的静态结构关系。

包的嵌套可以清晰地表现系统模型元素之间的关系,但是在建立模型时包的嵌套不宜过深,包的嵌套的层数一般以 2~3 层为宜。

包之间的关系有依赖关系和泛化关系两种。当两个包所包含的模型元素之间存在着一个和多个依赖,则两个包之间存在着依赖关系。

对于由类组成的包,如果两个包的任何类之间存在着某一种依赖,则这两个包之间就存在着依赖。包的依赖联系同样是使用一根虚箭线表示,虚箭线从依赖源指向独立目的包。

3.4.5 用 Rational Rose 绘制包图

绘制包图之前先要对包图进行构思,要考虑包图表示的系统范围,在系统范围内应该进一步思考:

(1)按什么原则对模型进行分类,应该分为几类模型。由于每种模型类是一个包,因此这一步实际上是确定有多少个包,每个包放什么模型元素。

(2)包之间关系有没有依赖关系,依赖关系的方向是什么。

构思好之后,可用 Rational Rose 绘制了。逻辑视图下的包图绘制是在类图应用窗口中进行的,因此绘制过程与类图的绘制过程一样,只不过在绘制时选择包的符号和包之间的依赖关系。建立一个包图的过程如下:

(1)建立包图目录项。登录 Rationnal Rose,用鼠标右键单击浏览器窗口中的“Logical View”子目录项。用户在弹出的菜单中选择“New”/“Package”菜单项,在逻辑视图子目录下创建一个空的逻辑视图目录项。

(2)建立新包,选择子目录项,单击鼠标右键,在弹出的菜单中选择“New”/“Class Diagram”菜单项,建立新包图,输入包图名。双击包图名,Rational Rose 弹出应用窗口,用于绘制包图。

(3)添加包。在工具栏选择包的符号,绘制包图符并命名;然后用鼠标右键单击该包,在弹出菜单中选择“Open Specification”项,打开包的特性说明窗口,如图 3-38 所示,完成包的特性说明;依此顺序完成其他包的添加。

(4)建立包之间的关系。包间关系主要有依赖关系和泛化关系(继承关系),在工具栏中分别选择相应的按钮进行建立。

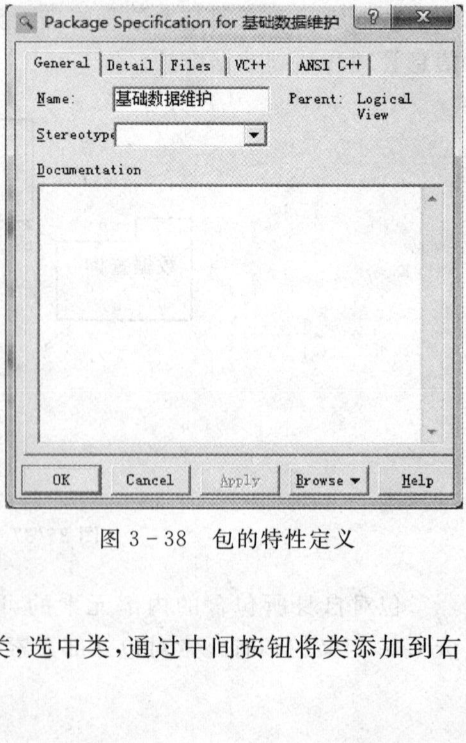

图 3-38 包的特性定义

(5)添加模型元素加到包中。

①选中包,单击鼠标右键,在弹出菜单中选 Select Compartment Items 命令。如图 3-39 所示。

②在弹出对话框的左侧显示了该包目录下的所有类,选中类,通过中间按钮将类添加到右

侧的列表框中,如图 3-40 所示,添加完后,单击 OK。

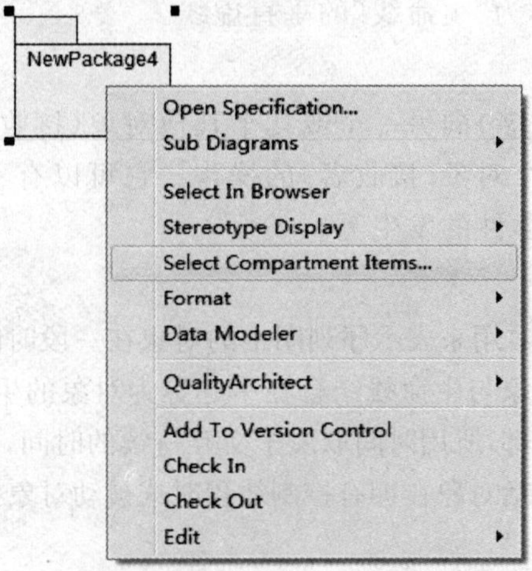

图 3-39 添加模型元素到包的菜单

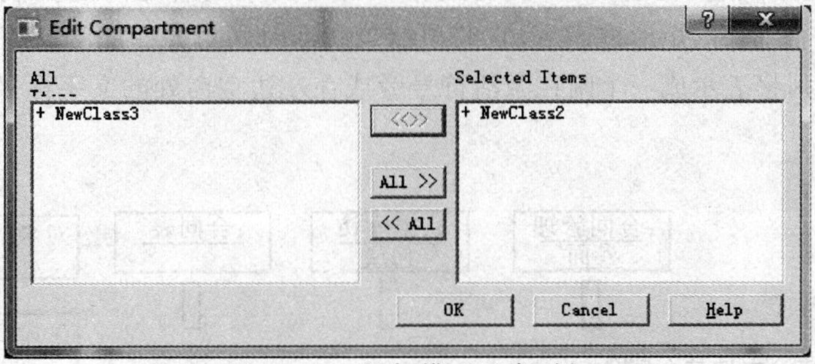

图 3-40 添加模型元素到包

3.5 交互图

3.5.1 序列图

序列图是一种描述为了完成某一功能对象间消息传递顺序的图,序列图建模主要用途为:更清楚地表达使用语境的逻辑;详细地表达用例内部的消息传递细节;有效地描述如何分配各个类的职责以及各类具有相应职责的原因。

在 UML 的表示中,序列图将交互关系表示为一个二维图。其中,纵向是时间轴,时间沿竖线向下延伸。横向代表了在协作中各独立对象的角色。角色下方有生命线,当对象存在时,生命线用一条虚线表示,此时对象不处于激活状态,当对象的过程处于激活状态时,生命线是一个双道线。序列图中的消息使用从一个对象的生命线到另一个对象生命线的箭头表示,箭头以时间顺序在图中从上到下排列。

序列图由对象、消息、生命线和激活组成。

1. 对象

序列图中的对象可以是系统的参与者或者任何有效的系统对象。对象使用包含名称的矩形框来标记，所显示的对象及其类的名称带有下划线，二者用冒号隔开，使用“对象名:类名”的形式，对象的下部有一条被称为“生命线”的垂直虚线。

2. 消息

消息是从一个对象(发送者)向另一个或几个其他对象(接收者)发送信号，或由一个对象(发送者或调用者)调用另一个对象(接收者)的操作。它可以有不同的实现方式，比如过程调用、活动线程间的内部通信、事件的发生等。

3. 生命线

生命线是一条垂直的虚线，用来表示序列图中的对象在一段时间内的存在。每个对象的底部中心的位置都带有生命线。对象与生命线结合在一起称为对象的生命线。生命线是一个时间线，从序列图的顶部一直延伸到底部，所用时间取决于交互持续的时间，也就是说生命线表现了对象存在的时段。对象存在的时段包括对象在拥有控制线程时或被动对象在控制线程通过。

4. 激活

序列图可以描述对象的激活，激活是对象操作的执行，它表示一个对象直接地或通过从属操作完成操作的过程。它对执行的持续时间和执行与其调用者之间的控制关系进行建模。激活在序列图中用一个细长的矩形框表示，它的顶端与激活时间对齐而底端与完成时间对齐。被执行的操作根据不同风格表示成一个附在激活符号旁或在左边空白处的文字标号。如图 3-41 所示是合同查询序列图。

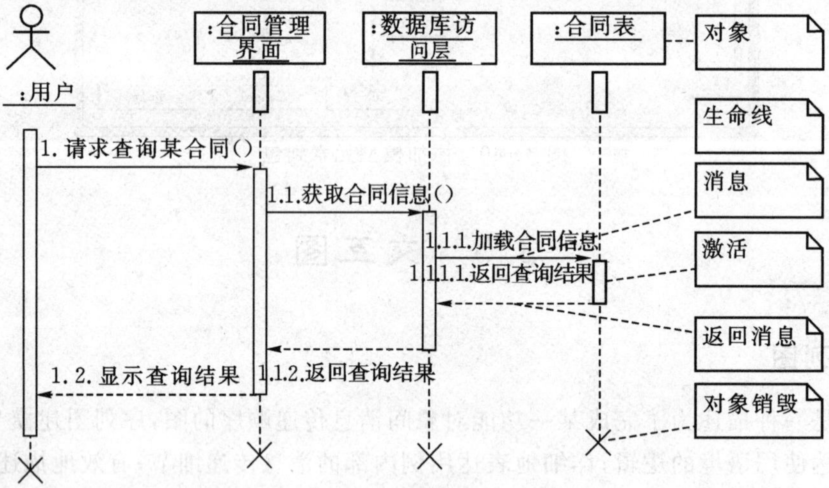

图 3-41　合同查询序列图

3.5.2　用 Rational Rose 绘制序列图

在绘制序列图之前，先要明确所要绘制的序列图完成的功能，并考虑清楚以下问题：

(1)完成该功能需要有哪些对象参与？

(2)对象之间传递什么消息？消息的传递顺序是什么？

Rationnal Rose 建立一个序列的过程如下：

1. 建立序列图

登录 Rationnal Rose,用鼠标右键单击浏览器窗口中的"Logical View"子目录项。选择已有的目录项或新建一个目录项,选择目录名,例如,选择基础数据维护目录,单击鼠标右键,选择"New"/"Sequence Diagram"新建一个序列图,如图 3-42 所示,输入序列图名,例如,"增加单位信息"。

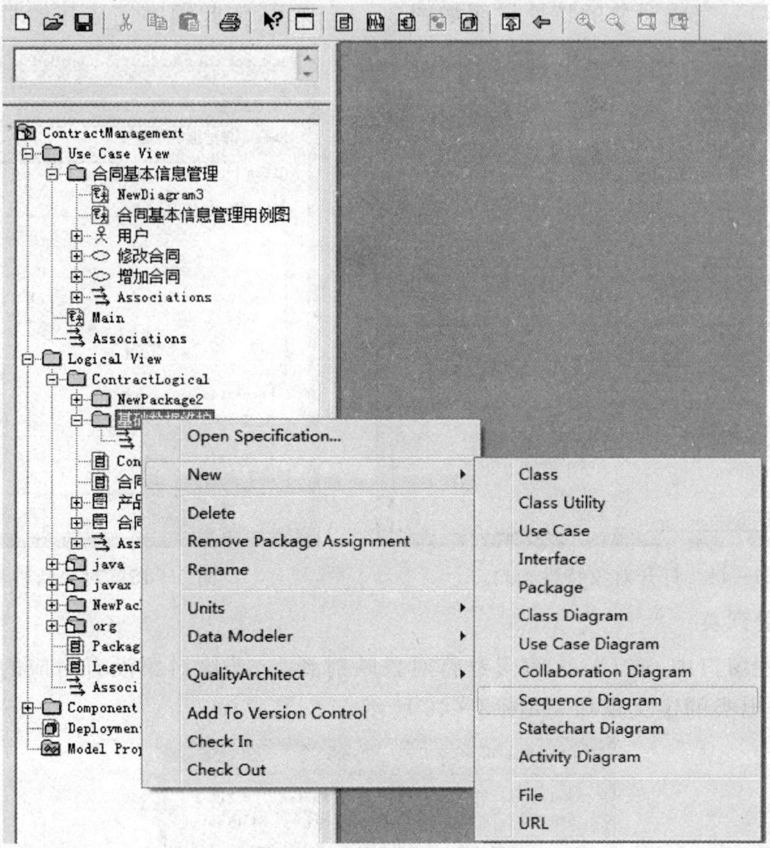

图 3-42 创建一个新序列图

双击序列图,弹出序列图绘制工作区。序列图绘制工具栏的工具及含义如图 3-43 所示。

图 3-43 序列图绘制工具栏含义

2. 添加对象

从工具栏选取对象符号添加对象，若前面的图中有做好的对象可以直接从浏览器拖拉到序列图中。如果“用户”在用例图中已有的话，直接从浏览器拖到工作区。对象拖到工作区以后，选中对象，单击鼠标右键，在弹出菜单中选择“Open Specification”项，打开对象的特性说明窗口(见图 3-44)，完成对象的特性说明如图 3-45 所示；依此顺序完成其他对象的添加。

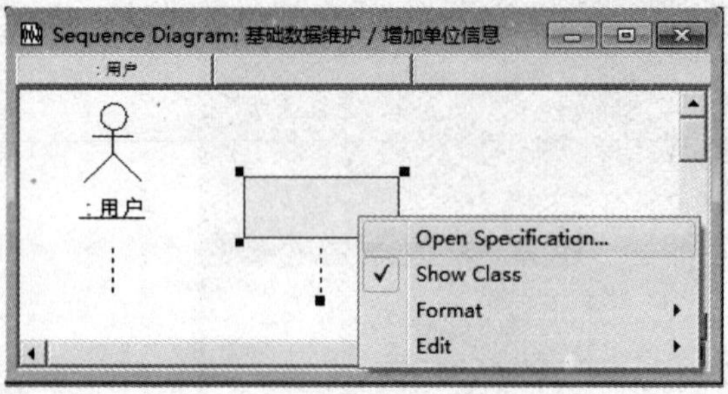

图 3-44　打开对象特性窗口

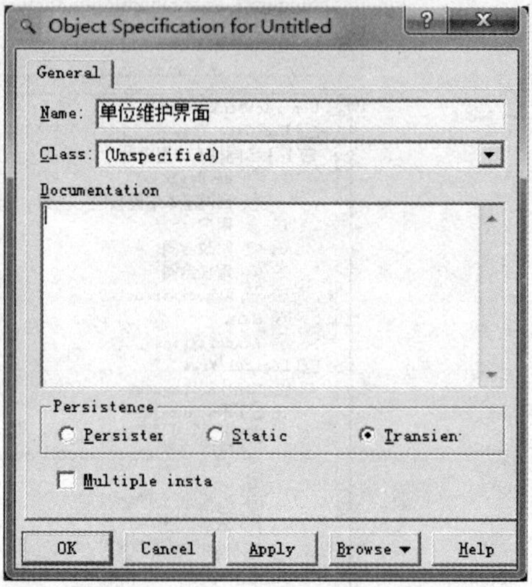

图 3-45　对象特性窗口

3. 对象映射到类

在对象特性窗口中，选 Class 编辑框将对象映射到类，若该对象没有对应的类，选择 New，新建一个类，弹出类的定义窗口，如图 3-46 所示。

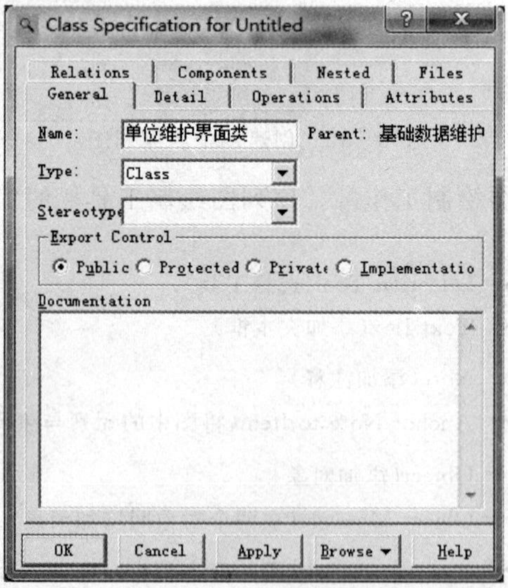

图 3-46　对象映射到类

4. 添加消息传递

添加两个以上对象后，便可以按从上到下的顺序添加对象之间的消息传递了，开始时必须是外面的实体向系统发送消息。

(1)在发出消息的对象上单击鼠标，把消息线拖到接收消息的对象上，如图 3-47 所示。

(2)用鼠标双击消息线，弹出如图 3-48 所示的消息窗口，在文本框 Name 中键入消息名称。

(3)消息添加好以后，选中该消息，单击鼠标右键，在弹出菜单中选择“Open Specification”项，打开消息的特性说明窗口，完成消息的特性说明，如图 3-48 所示。

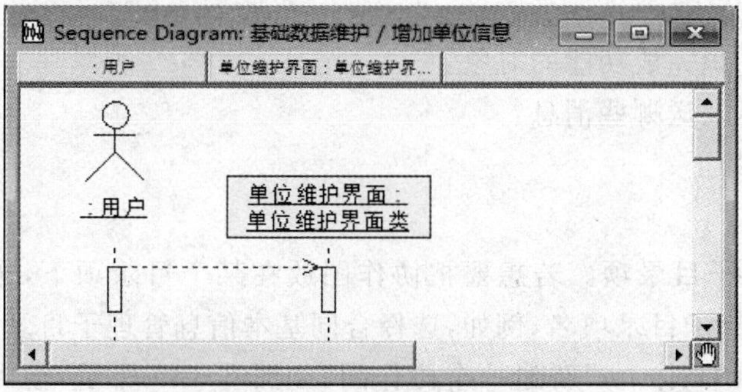

图 3-47 对象之间的消息传递

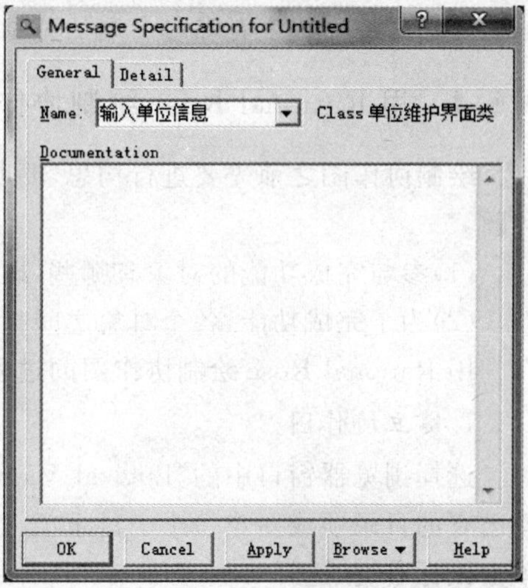

图 3-48 消息特性的定义

若已有 Rational Rose 的协作图，直接按 F5 得到对应的序列图。

3.5.3 协作图

协作是指在一定的语境中一组对象为了实现某些行为，这些对象间的相互作用。协作图主要描述协作对象间的交互和链接，显示对象、对象间的链接以及对象间如何发送消息。协作图可以表示类操作的实现。协作图是一种交互图，强调的是发送和接收消息的对象之间的组织结构，使用协作图来说明系统的动态情况。协作图组成元素有对象、消息和链。

1. 对象

对象是类的实例，负责发送和接收消息。协作图中的对象与序列图中对象的符号相同，使用包含名称的矩形框表示，对象名称冒号前为对象名，冒号后为类名，即“对象名:类名”的形式。与序列图不同的是，协作图对象的下部没有一条被称为“生命线”的垂直虚线，并且对象存在多对象的形式。一个协作代表为了完成某个目标而共同工作的一组对象。对象的角色表示一个或一组对象在完成目标的过程中所应起的那部分作用。对象是角色所属的类的直接或者间接实例。在协作图中，不需要关于某个类的所有对象都出现，同一个类的对象在一个协作图中也可能要充当多个角色。

2. 消息

在协作图中，可以通过一系列的消息来描述系统的动态行为。消息使用带有标签的箭头来表示，它附在连接发送者和接收者的链上。链连接了发送者和接收者，箭头的指向便是接收者。每个消息包括一个顺序号以及消息的名称。消息的名称可以是一个方法。消息包含一个名字和参数表、可选的返回值表。消息的各种实现的细节也可以被加入，如同步与异步等。

3. 链

在协作图中的链和对象图中的链的概念和表示形式都相同，都是两个或多个对象之间的独立连接，是对象引用元组(有序表)，是关联的实例。

在协作图中，链的表示形式为一个或多个相连的线或弧。在自身相关联的类中，链是两端指向同一对象的回路，是一条弧。为了说明对象是如何与另外一个对象进行连接的，还可以在链的两端添加上提供者和客户端的可见性修饰。

3.5.4 用 Rational Rose 绘制协作图

绘制协作图之前先要进行构思，要明确所要绘制的协作图要完成的功能，要考虑清楚以下问题：

(1)参与完成功能的对象有哪些，即标识完成功能的对象。

(2)为了完成功能，各个对象之间相互发送哪些消息？

用 Rational Rose 绘制协作图的过程如下：

1. 建立协作图

选择浏览器窗口中的"Logical View"子目录项。若想要把协作图放在某个目录项下，选择已有的目录项或新建一个子目录项，选择子目录项名，例如，选择合同基本信息管理子目录，单击鼠标右键，选择"New"/"Colabaration Diagram"新建一个协作图，如图 3-49 所示，输入协作图名，例如，合同信息查询。

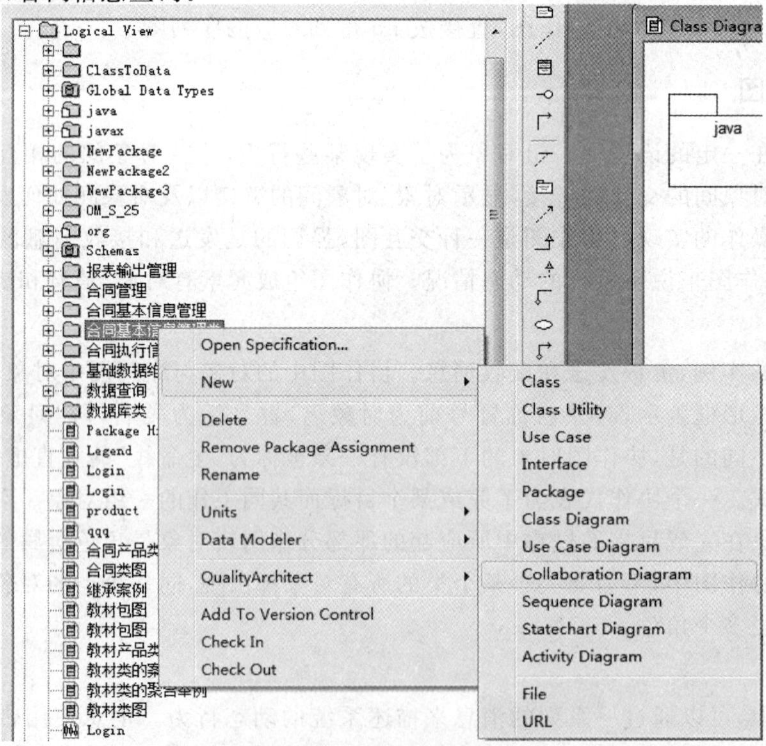

图 3-49 新建协作图

用鼠标双击该协作图名，弹出协作图应用窗口。协作图绘制工具栏的工具如图 3－50 所示。

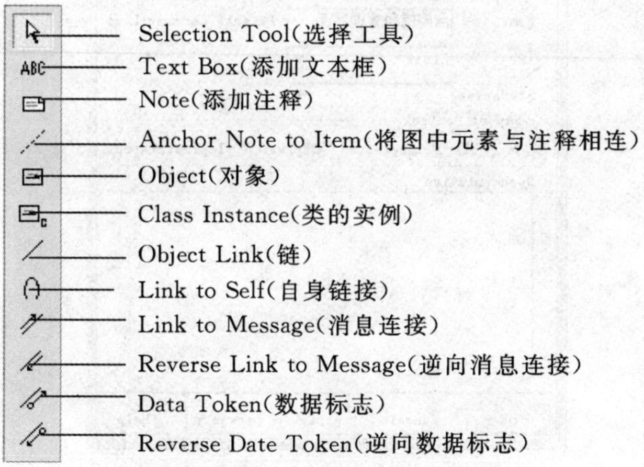

图 3－50 协作图绘制工具栏含义

2. 添加对象

从工具栏选取对象符号添加对象，若前面的图中有做好的对象可以直接从浏览器中拖到协作图中。例如，“用户”在用例图中已有，直接从浏览器拖到应用窗口。将对象拖到应用窗口以后，选中对象，单击鼠标右键，在弹出菜单中选择“Open Specification”项，打开对象的特性说明窗口，如图 3－51 所示，完成对象的特性说明；依此顺序完成其他对象的添加。

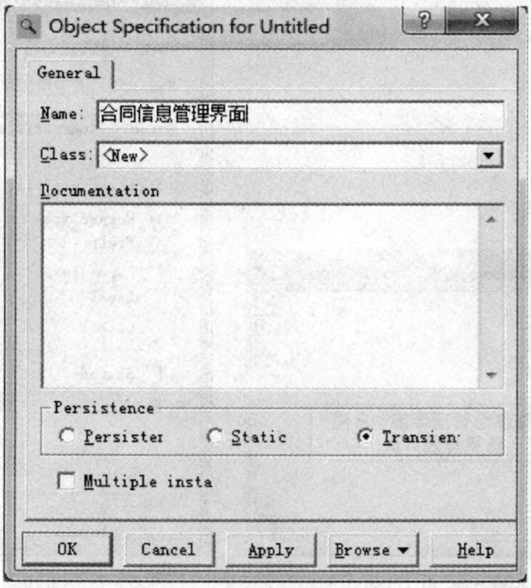

图 3－51 对象特性窗口

3. 对象映射到类

在对象特性窗口中，选 Class 编辑框将对象映射到类。若该对象没有对应的已有的类，选择 New，新建一个类，弹出类的定义窗口，如图 3－52 所示。

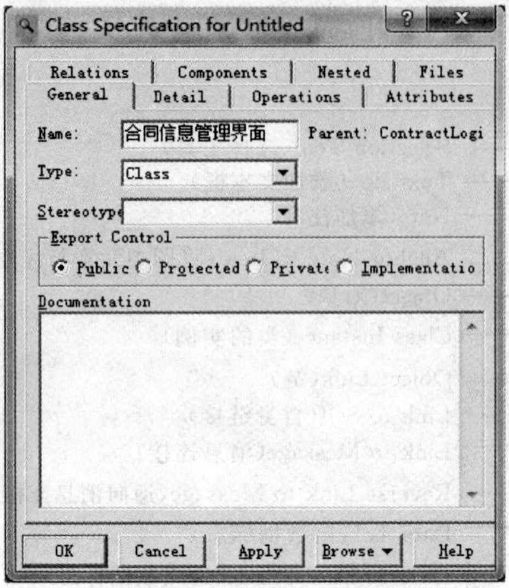

图 3-52　类定义窗口

4. **添加消息传递**

添加两个以上对象后，便可以按消息传递顺序添加对象之间的消息传递了，开始时必须是外面的实体向系统发送消息，如图 3-53 所示。消息添加好以后，选中该消息，单击鼠标右键，在弹出菜单中选择“Open Specification”项，打开消息的特性说明窗口，完成消息的特性说明，如图 3-54 所示。

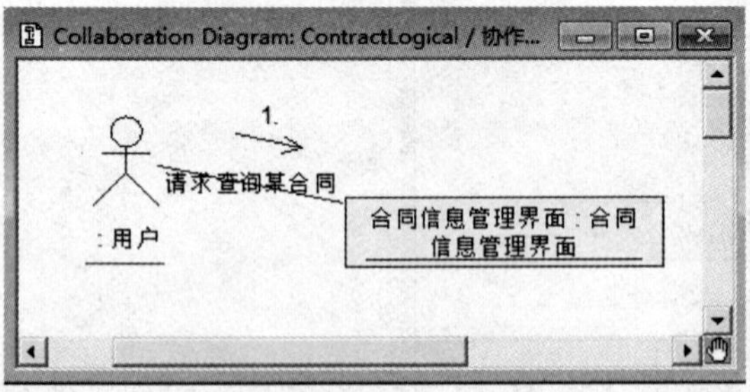

图 3-53　对象之间的消息传递

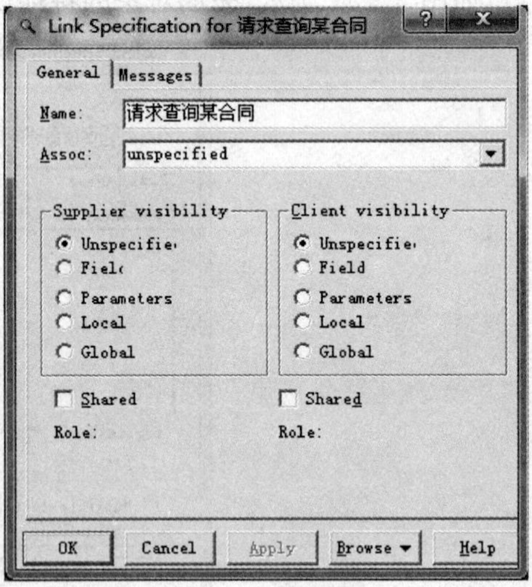

图 3-54　消息特性

若已用 Rational Rose 绘制好序列图，直接按 F5 得到协作图。如图 3-55 所示是合同查询序列图 3-41 的协作图。

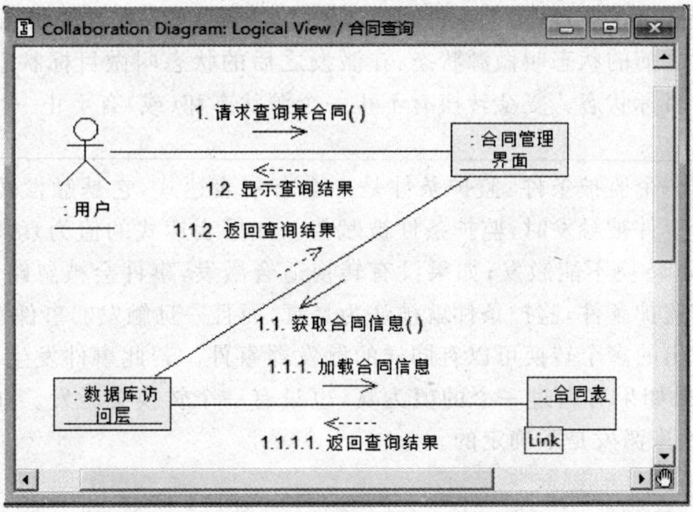

图 3－55　合同查询协作图

3.6　行为图

3.6.1　状态图

状态图描述一个对象在其生命周期中存在的状态和状态之间的转换。状态图由状态、转换、判定、事件、活动和动作等六部分组成。

1. 状态

状态指的是对象在其生命周期中的一种状况，处于某个特定状态中的对象必然会满足某些条件、执行某些动作或者是等待某些事件。一个状态的生命周期是一个有限的时间阶段。UML 中状态用圆角矩形表示。

状态名：在实际使用中，状态名通常是直观、易懂、能充分表达语义的名词短语，其中每个单词的首字母要大写。

内部活动：状态可以包含描述为表达式的内部活动。当状态进入时，活动在进入动作完成后就开始。如果活动结束，状态就完成，然后一个从这个状态出发的转换被触发。

内部转换：状态可能包含一系列的内部转换，内部转换因为只有源状态而没有目标状态，所以内部转换的结果并不改变状态本身。如果对象的事件在对象正处在拥有转换的状态时发生，那内部转换上的动作也被执行。

入口和出口动作：状态可能具有入口和出口动作。这些动作的目的是封装这个状态，这样就可以不必知道状态的内部而在外部使用它。入口动作和出口动作原则上依附于进入和出去的转换，但是将它们声明为特殊的动作可以使状态的定义不依赖状态的转换，因此起到封装的作用。

2. 转换

转换指的是两个不同状态之间的一种关系，表明对象将在第一个状态中执行一定的动作，并且在满足某个特定条件下，由某个事件触发进入第二个状态。在这个状态的变化中，转换被称作激发。在激发之前的状态叫做源状态，在激发之后的状态叫做目标状态。简单转换只有一个源状态和一个目标状态。复杂转换有不止一个源状态和(或)有不止一个目标状态。

(1)监护条件。

转换可能具有一个监护条件，监护条件是一个布尔表达式，它是触发转换必须满足的条件。当一个触发器事件被触发时，监护条件被赋值。如果表达式的值为真，转换可以激发；如果表达式的值为假，转换不能激发；如果没有转换适合激发，事件会被忽略，这种情况并非错误。如果转换没有监护条件，监护条件就被认为是真，而且一旦触发器事件发生，转换就激活。

从一个状态引出的多个转换可以有同样的触发器事件。若此事件发生，所有监护条件都被测试，测试的结果如果有超过一个的值为真，也只有一个转换会激发。如果没有给定优先权，则选择哪个转换来激发是不确定的。

(2)触发器事件。

触发器事件就是能够引起状态转换的事件。如果此事件有参数，这些参数可以被转换所用，也可以被监护条件和动作的表达式所用。触发器事件可以是信号、调用和时间段等。

对应于触发器事件，没有明确的触发器事件的转换称作结束转换(或无触发器转换)，是在结束时被状态中的任一内部活动隐式触发的。

3.判定

判定用来表示一个事件依据不同的监护条件有不同的响应。在实际建模的过程中，如果遇到需要使用判定的情况，通常用监护条件来覆盖每种可能，使得一个事件的发生能保证触发一个转换。

判定在活动图和状态图中都有很重要的作用。转换路径因为判定而分为多个分支，可以将一个分支的输出部分与另外一个分支的输入部分连接而组成一棵树，树的每个路径代表一个不同的转换。树为建模提供了很大的方便。

在状态图中，判定可以覆盖所有的可能，保证一些转换被激发。否则，状态图就会因为输出转换不再重新激发而被冻结。

4.事件

事件指的是发生在时间和空间上的对状态机来讲有意义的那些事情。事件通常会引起状态的变迁，促使状态机从一种状态切换到另一种状态，如信号、对象创建和销毁等。

在状态机中，一个事件的出现可以触发状态的改变。它发生在时间和空间上的一点，没有持续时间。如接受到从一个对象到另一个对象的调用或信号，某些值的改变或一个时间段的终结。

事件可以分成明确或隐含的几种，主要包括：信号事件、调用事件、改变事件和时间事件等。

5.活动

活动指的是状态机中进行的非原子操作。所谓非原子操作指的是它们在运行的过程中能被其他消息所中断。

6.动作

动作指的是状态机中可以执行的那些原子操作。所谓原子操作指的是它们在运行的过程中不能被其他消息所中断，必须一直执行下去，最终导致状态的变更或者返回一个值。

需要说明的是，序列图与状态图是有联系的。序列图对多个对象的消息传递建模，状态图是对单个对象建模。因此，状态图建模时在序列图中找出建模对象，分析向该对象发送的消息，将消息变成事件，两个消息之间有一个状态，就可以画出状态图。

3.6.2　用 Rational Rose 绘制状态图

在绘制状态图之前要构思，首先要明确要为哪个对象建立状态图，然后思考以下问题：

(1)对象的生命周期中有哪些状态？

(2)触发状态转换的事件有哪些？

(3)该对象是否在序列图中出现过？如果出现过，可以将序列图中向该对象发送的消息变成事件，两个消息之间有一个状态，画出状态图。

例如，合同管理信息系统登录界面，如图 3－56 所示，登录管理对象的状态有：界面调用、等待输入登录名和密码、检查用户名和密码的正确性、调用主界面和结束。状态的转换过程是：开始点击系统名称，执行系统，系统调用界面，进入登录界面调用状态，调用成功后界面处于等待输入用户名和密码状态。此时，用户若单击关闭，界面管理对象结束，若用户输入用户名和密码，单击确定，登录界面管理对象把用户输入的用户名和密码送入数据库的用户表进行检查，若用户名和密码正确，调用主界面，登录管理对象工作结束。

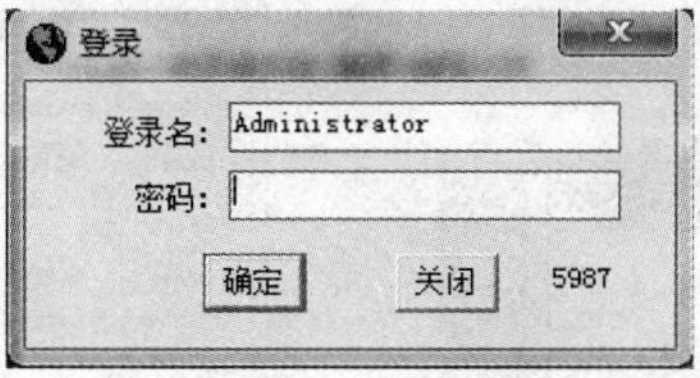

图 3－56　合同管理信息系统登录界面

用 Rational Rose 绘图步骤：

(1)选“Logical View”或选其下的某个子目录项，单击鼠标右键，如图 3－57 所示，新建一个状态图，命名为 Login 状态图。

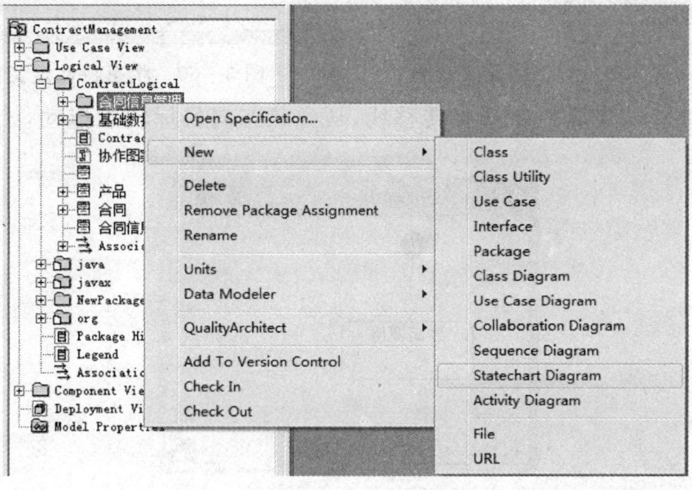

图 3－57　创建状态图

(2)双击“Login”状态图,展开后,弹出工具栏。工具栏各工具的含义如图 3-58 所示。

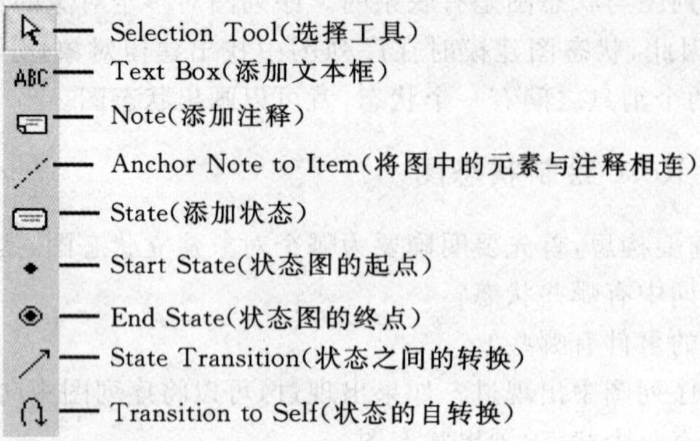

图 3-58　状态图工具栏含义

(3)绘制状态。在工具栏上选取一个“Start State”,此结点为开始结点,如浏览器已经有该始结点,直接拖到应用窗口即可。从工具栏选择状态符号,画出状态。选中状态,单击鼠标右键,在弹出菜单中选择“Open Specification”,如图 3-59 所示,弹出如图 3-60 所示的状态特性定义窗口。

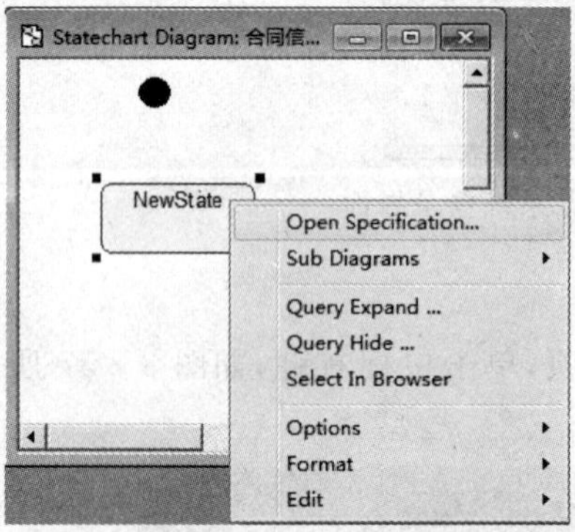

图 3-59　选择状态特性定义菜单

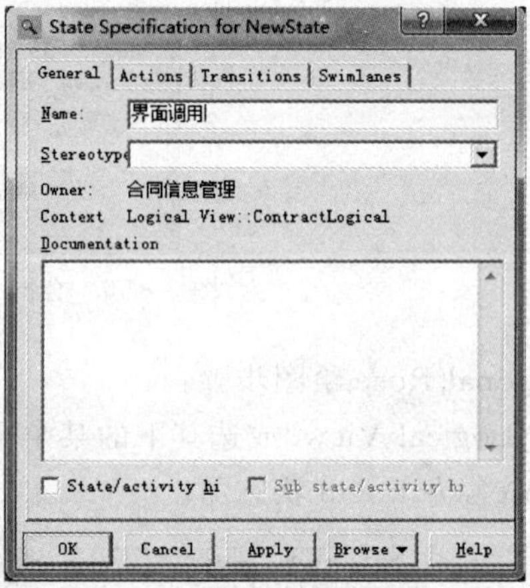

图 3-60　状态特性定义窗口

(4)绘制转移线。从工具栏中选择转移线,从源状态向目标状态拖动,绘制状态转移线,如图 3-61 所示。

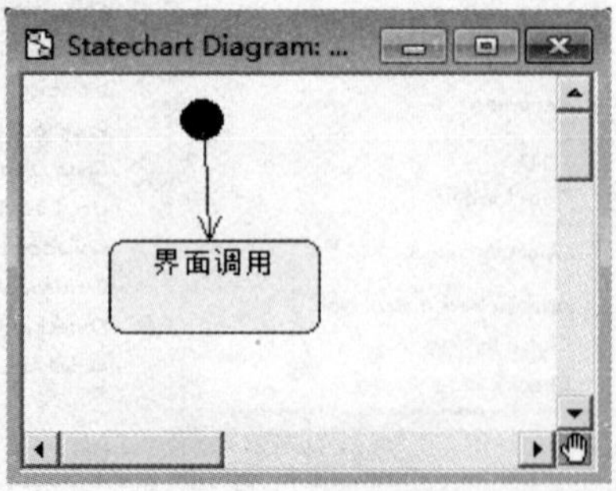

图 3-61　绘制转移线

选择转移线，单击鼠标右键，选择“Open Specification”菜单，弹出如图 3－62 所示的状态转移特性定义窗口，定义状态转移特性。

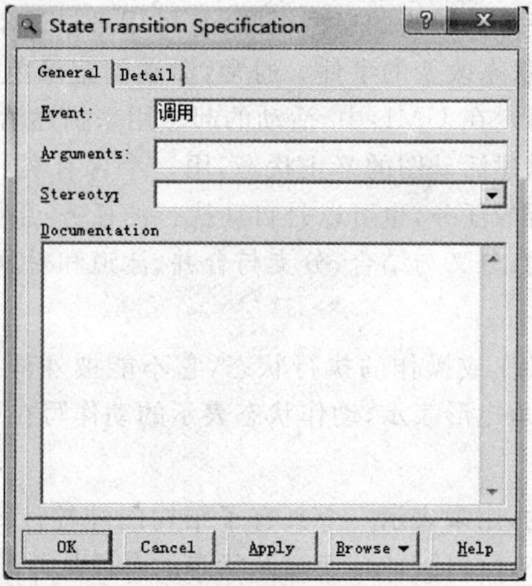

图 3－62 状态转移特性的定义

画出所用的状态和状态转移后，最终状态图如图 3－63 所示。

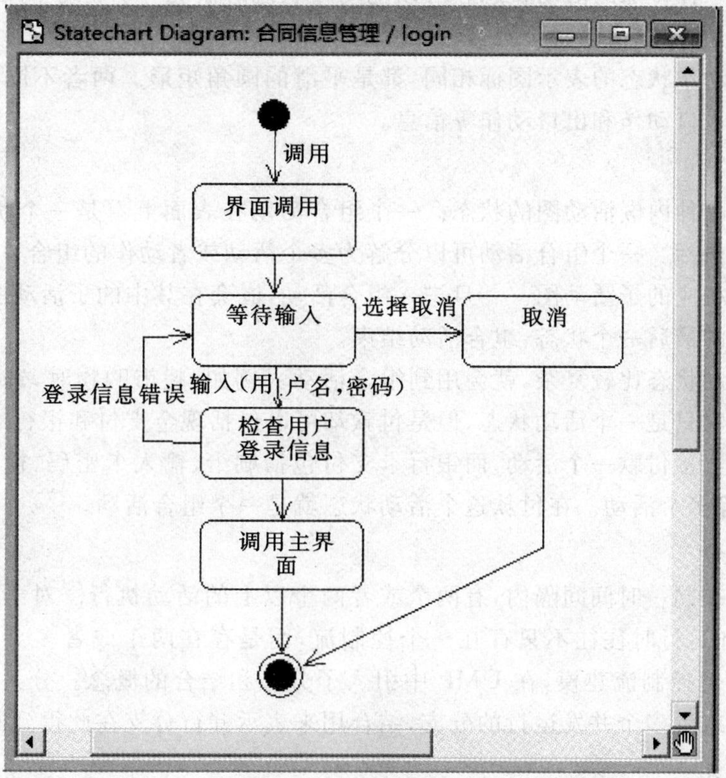

图 3－63 登录管理对象

3.6.3 活动图

活动图是一种用于描述系统行为的模型视图，它可用来描述动作和动作导致对象状态改变的结果，而不用考虑引发状态改变的事件。通常，活动图记录单个操作或方法的逻辑、单个用例或商业过程的逻辑流程。在 UML 中，活动的起点用来描述活动图的开始状态，用黑的实心圆表示。活动的终止点描述活动图的终止状态，用一个含有实心圆的空心圆表示。活动图中的活动既可以是手动执行的任务，也可以是自动执行的任务，用圆角矩形表示。活动图由动作状态、活动状态、组合活动、分叉与结合、分支与合并、泳道和对象流组成。

1. 动作状态

动作状态是原子性的动作或操作的执行状态，它不能被外部事件的转换中断。在 UML 中，动作状态使用平滑的圆角矩形表示，动作状态表示的动作写在矩形内部。

2. 活动状态

活动状态是非原子性的，用来表示一个具有子结构的纯粹计算的执行。活动状态可以分解成其他子活动或动作状态，可以被使转换离开状态的事件从外部中断。

活动状态是一个程序的执行过程的状态而不是一个普通对象的状态。离开一个活动状态的转换通常不包括事件触发器。

动作状态是一种特殊的活动状态。可以把动作状态理解为一种原子的活动状态，即它只有一个入口动作，并且它活动时不会被转换所中断。

活动状态和动作状态的表示图标相同，都是平滑的圆角矩形。两者不同的是活动状态可以在图标中给出入口动作和出口动作等信息。

3. 组合活动

组合活动是一种内嵌活动图的状态。一个组合活动在表面上看是一个状态，但其本质却是一组子活动的概括。一个组合活动可以分解为多个活动或者动作的组合。每个组合活动都有自己的名字和相应的子活动图。一旦进入组合活动，嵌套在其中的子活动图就开始执行，直到到达子活动图的最后一个状态，组合活动结束。

如果一些活动状态比较复杂，就会用到组合活动。例如，超市购物时，选购完商品后就需要付款。虽然付款只是一个活动状态，但是付款却可以包括现金支付和银行卡支付两种活动。现金支付只包括直接付款一个活动，而银行卡支付包括刷卡、输入卡密码、检查卡的余额是否足以支付、扣款等多个活动。在付款这个活动状态就是一个组合活动。

4. 分叉与结合

并发指的是在同一时间间隔内，有两个或者两个以上的活动执行。对于一些复杂的大型系统而言，对象在运行时往往不只存在一个控制流，而是存在两个或者多个并发运行的控制流。为了对并发的控制流建模，在 UML 中引入了分叉和结合的概念。分叉用来表示将一个控制流分成两个或者多个并发运行的分支，结合用来表示并行分支在此得到同步。

5. 分支与合并

分支在活动图中很常见，它是转换的一部分，它将转换路径分成多个部分，每一部分都有单独的监护条件和不同的结果。当动作流遇到分支时，会根据监护条件（布尔值）的真假来判定动作的流向。分支的每个路径的监护条件应该是互斥的，这样可以保证只有一条路径的转换被激发。在活动图中,离开一个活动状态的分支通常是完成转换,它们是在状态内活动完成时隐含触发的。

合并指的是两个或者多个控制路径在此汇合的情况。合并是一种便利的表示法,省略它不会丢失信息。合并和分支常常成对地使用,合并表示从对应分支开始的条件行为的结束。

6. 泳道

为了对活动的职责进行组织而在活动图中将活动状态分为不同的组,称为泳道(swim-lane)。每个泳道代表特定含义的对象职责的部分。在活动图中,每个活动只能明确地属于一个泳道,泳道明确地表示了哪些活动是由哪些对象进行的。每个泳道都有一个与其他泳道不同的名称,该名称表示执行活动的对象或组织。每个泳道可能由一个或者多个类实施,类所执行的动作或拥有的状态按照发生事件顺序自上而下地排列在泳道内。

7. 对象流

活动图中交互的简单元素是活动和对象。控制流(control flow)就是对活动和对象之间的关系的描述。详细地说控制流表示动作与其参与者和后继动作之间以及动作与其输入和输出对象之间的关系。而对象流就是一种特殊的控制流。

对象流是将对象流状态作为输入或输出的控制流。在活动图中,对象流描述了动作状态或者活动状态与对象之间的关系,表示了动作使用对象以及动作对对象的影响。

如图 3-64 所示是合同管理系统入库活动图,入库过程为:采购员先填写入库单,库管员核对货物和入库单,如果没有错误,就签订入库单,结束。图 3-65 是一个有并发的活动图。

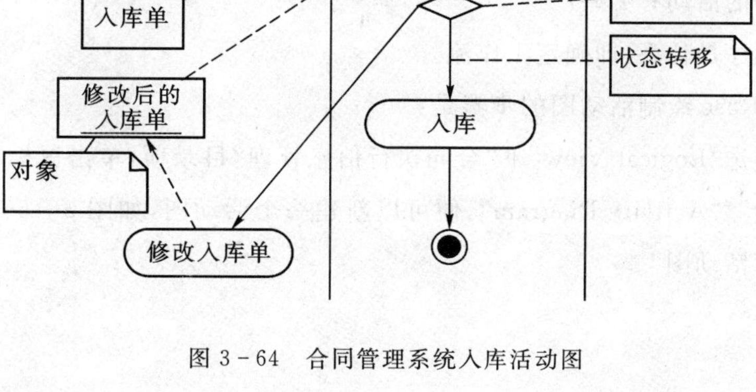

图 3-64 合同管理系统入库活动图

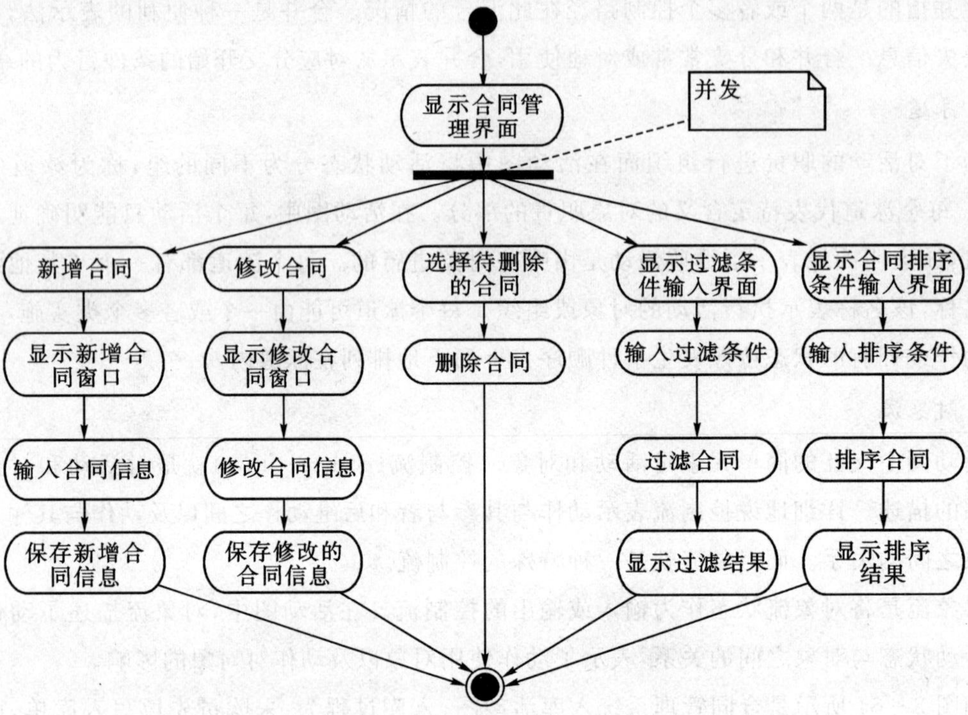

图 3-65　有并发的活动图

3.6.4　用 Rational Rose 绘制活动图

在绘制活动图之前要对图形进行构思，把以下问题考虑清楚：

(1)活动图最终完成什么任务，即识别要对哪些工作流建立活动图。

(2)完成任务的活动有哪些？

(3)活动的顺序是什么，即确定工作流。

用 Rational Rose 绘制活动图的步骤是：

(1)在浏览器选“Logical View”下“合同执行信息管理”目录项，单击鼠标右键在弹出的快捷菜单中选“New”/“Activity Diagram”，便可以新建一个活动图，如图 3-66 所示，对活动图命名，例如：“入库活动图”。

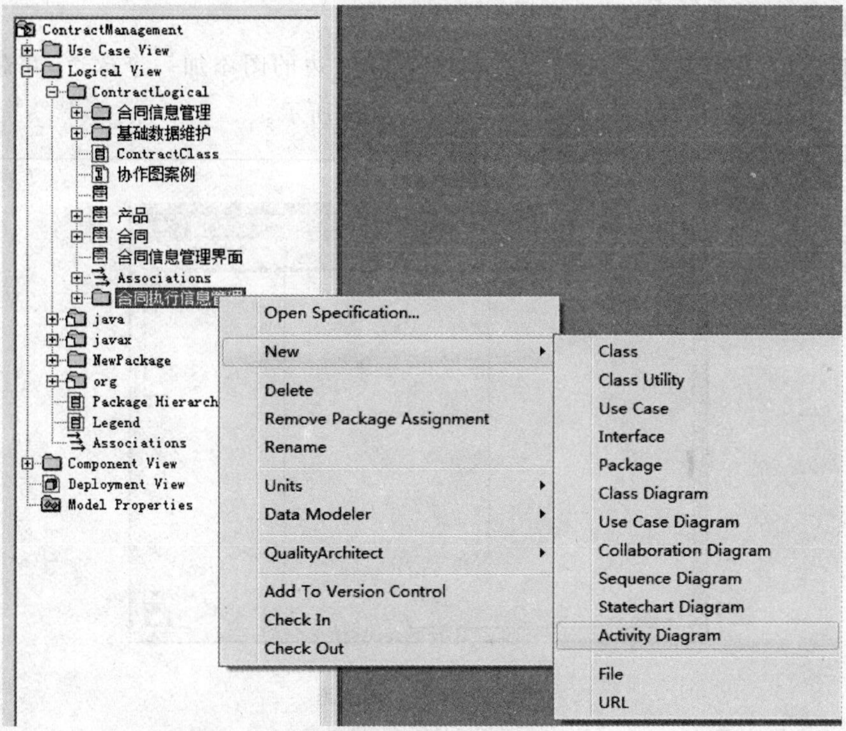

图 3-66　建立活动图

在浏览器中双击“入库活动图”，弹出活动图应用窗口，出现工具栏。工具栏各工具的含义如图 3-67 所示。

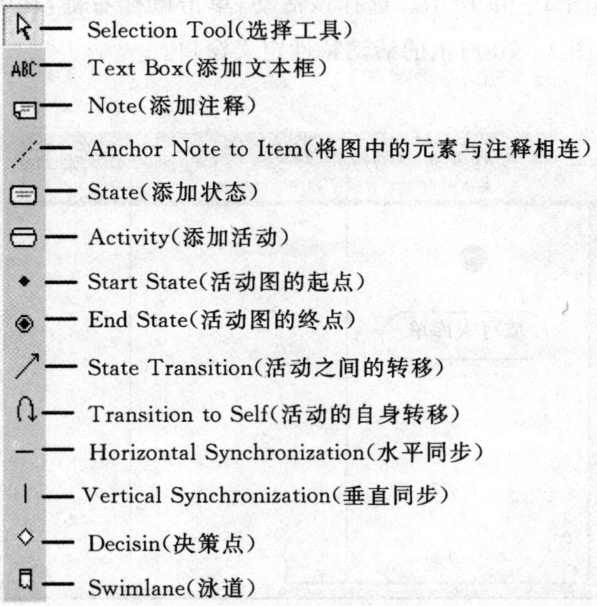

图 3-67　活动图工具栏的含义

(2)编辑活动图。

①添加泳道。在工具栏内点击“Swimlane”，在右边的图添加一个泳道，并命名为“采购员”，添加另一个泳道，并命名为“库管员”，如图 3-68 所示。

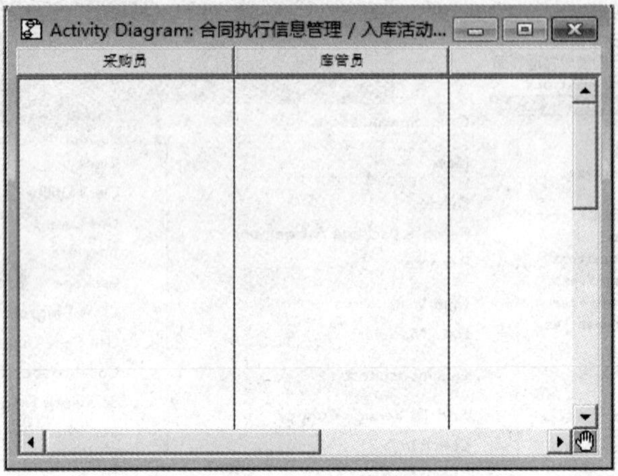

图 3-68　添加泳道

②添加始结点。在工具栏上选取“Start State”，并在采购员的泳道上添加，如图 3-69 所示。

③添加活动。在工具栏上选中“Activity”这个图标，在采购员的泳道上添加一个活动，命名为“填写入库单”，如图 3-69 所示。选择该活动，单击鼠标右键，在弹出菜单中选择“Open Specification”，弹出如图 3-70 所示的活动特性定义窗口。

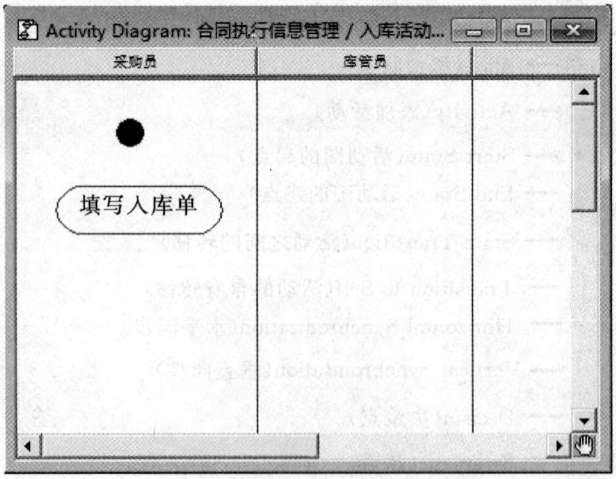

图 3-69　添加活动

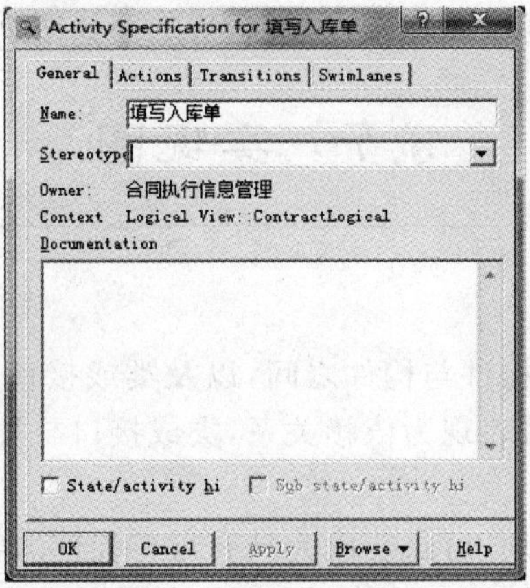

图 3－70　活动特性描述

④添加转移线。从工具栏选择转移线，从源活动拖动到目标活动。如图 3－71 所示，在开始结点和填写入库单之间添加活动转移。

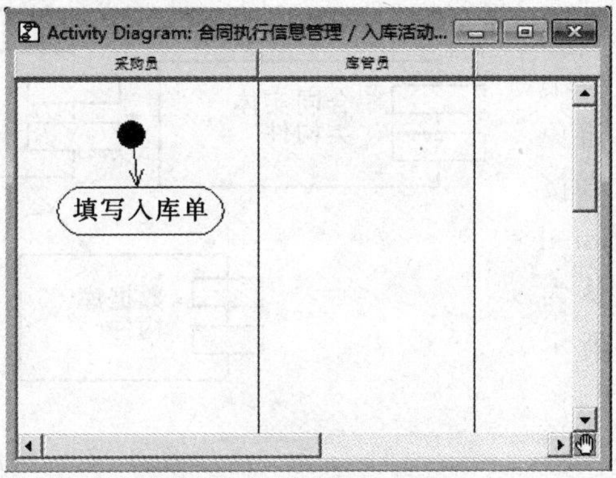

图 3－71　添加活动转移

选择该转移线，单击鼠标右键，在弹出菜单中选择“Open Specification”，弹出如图 3－72 所示的转移特性定义窗口。

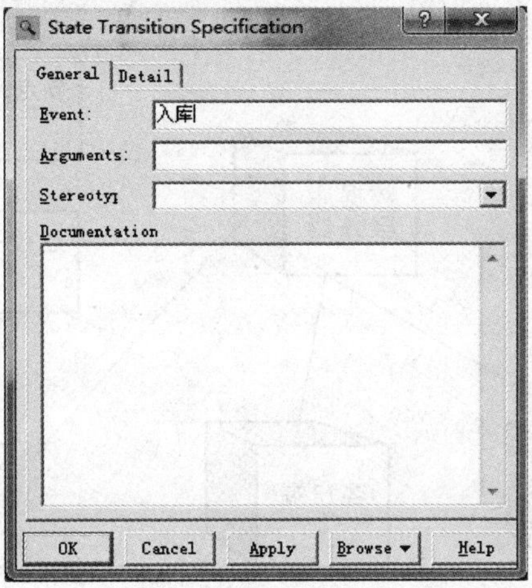

图 3－72　活动转移特性定义

依此类推，添加完所有的活动和转移线，最后活动图如图 3－64 所示。

3.7 实现图

3.7.1 构件图与部署图

构件图是用来表示系统中构件与构件之间，以及类或接口与构件之间的关系的图。在构件图中，构件与构件之间的关系表现为依赖关系，类或接口与类之间的关系表现为依赖关系或实现关系。

构件是系统中可重用的模块，可封装成为具有可替代性的物理单元。它是独立的，在一个系统或子系统中的封装单位，提供一个或多个接口，是系统高层的可重用的部件。

构件作为系统定义良好接口的物理实现单元，它能够不直接依赖于其他构件而仅仅依赖于构件所支持的接口。通过使用被软件或硬件所支持的一个操作集——接口，构件可以避免在系统中与其他构件之间直接发生依赖关系。在 Rational Rose 2003 中，数据库也被认为是一种构件。如图 3－73 所示是合同管理系统部分构件图。

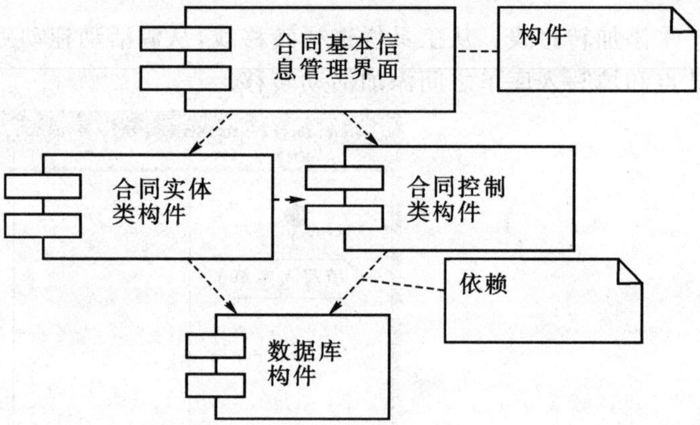

图 3－73 构件图

部署图描述了一个系统运行时的硬件节点，以及在这些节点上运行的软件构件将在何处物理地运行，以及它们将如何彼此通信的静态视图。

在一个部署图中，包含了两种基本的模型元素：节点（node）和节点之间的连接（connection）。在每一个系统中仅包含一个部署图。如图 3－74 所示是定制合同管理系统的部署图。

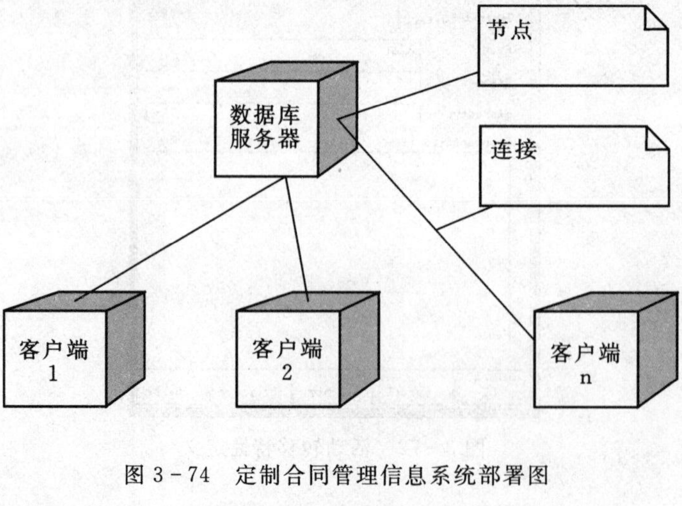

图 3－74 定制合同管理信息系统部署图

3.7.2 用 Rational Rose 绘制构件图

(1)在构件视图“Component View”中双击 Main 图,为编辑构件图做好准备,这时绘图工具栏中的图标及其含义如图3-75所示。

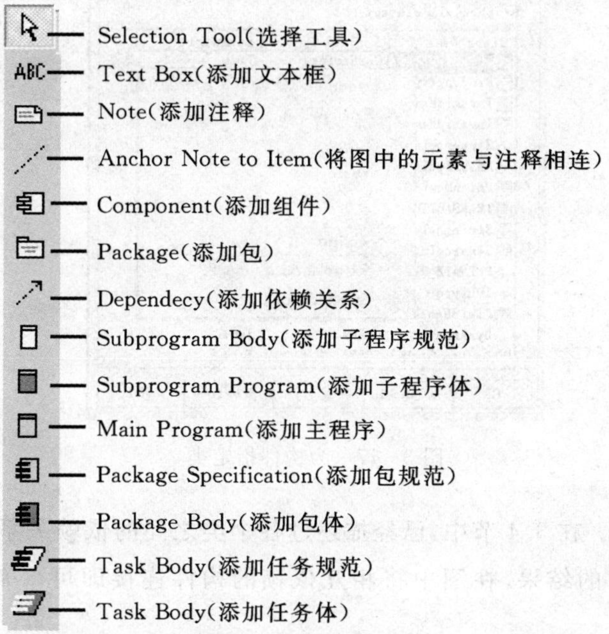

图 3-75 构件图工具栏的含义

(2)绘制构件。在构件视图中,从工具栏中选择图标,在右边的应用窗口中添加一个新构件。选择新创建的构件,点击鼠标右键,在弹出的菜单中选择“Open Sepcification”,如图 3-76 所示。在对话框中,可以修改构件的名称,设置构件的类型,指定实现的语言。

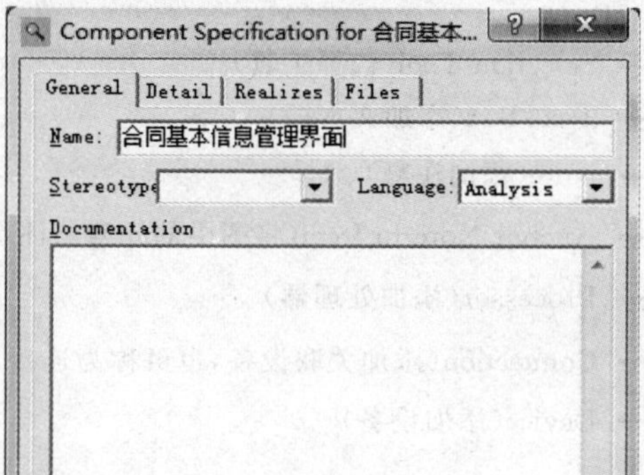

图 3-76 构件特性的定义

(3)指定构件存放的类。一个构件可以存放多个类。在"Sepcification"窗口,选"Realizes"页签,选择需要存放的类,单击鼠标右键选择"Assign",完成指定工作,如图 3-79 所示。

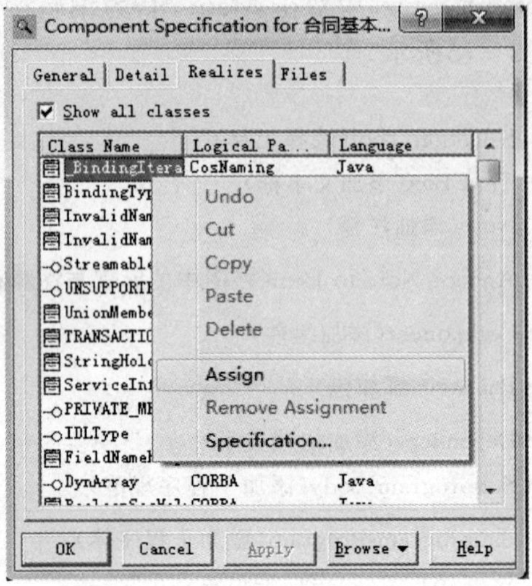

图 3-77　为构件指定类

(4)创建依赖关系。在 3.4 节中,已经描述过各个类之间的依赖关系,依赖关系使用虚线表示,因此根据分析中的结果,在图中将相互依赖的构件连接即可。完成后的构件图如图 3-73所示。

3.7.3　用 Rational Rose 绘制部署图

(1)打开部署图绘制工作区。在浏览器窗口中选择"Deployment View",弹出部署图绘制工作区。如图 3-78 所示是部署图绘制工具栏的图标及其含义。

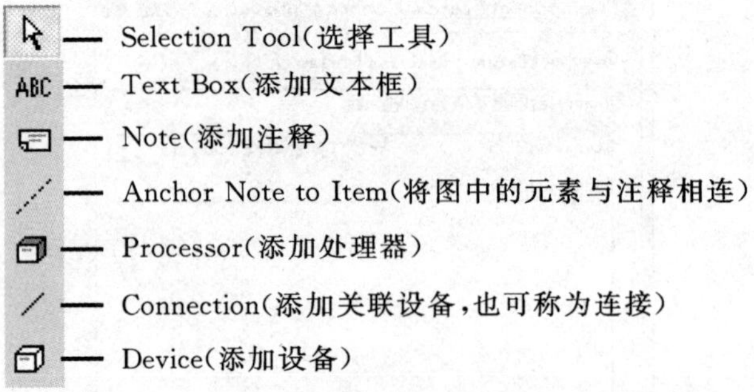

图 3-78　配置图绘制工具栏的含义

(2)添加节点。从工具栏选择节点,把节点拖放到工作区,例如,在图 3-79 中分别添加一个 Processer 和 Device,并分别命名为"数据库服务器"和"客户端 1"、"客户端 2"、"客户端 n"。

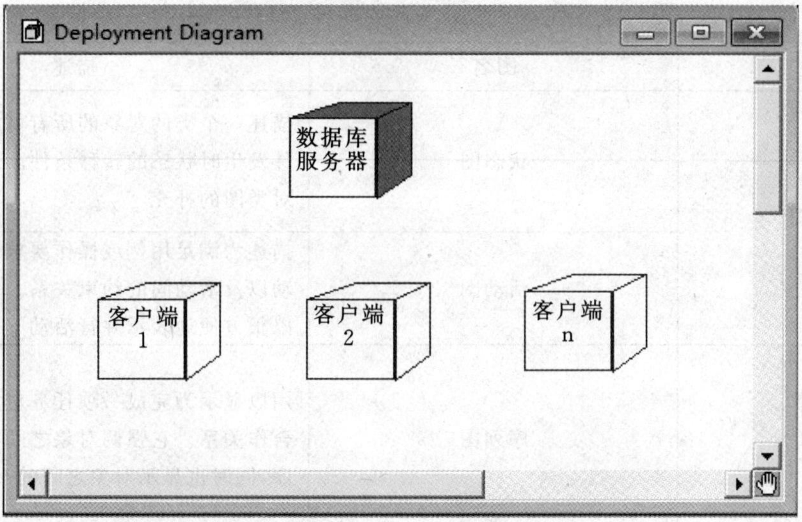

图 3-79 添加节点

(3)为节点添加连接关系,从工具栏选择连接线,将其从某节点拖动到关联的节点,如图 3-74 所示是图 3-79 添加连接后的结果。

3.8 面向对象开发的模型总结

客观世界是一个复杂的巨系统,需要从不同的角度来考察,才能真正理解这个系统。为了能支持从不同角度来考察系统,标准建模语言 UML 定义了 5 类共 10 种模型图。表 3-3 是 UML 模型的基本描述,表 3-4 描述了 UML 各模型的使用范围。

表 3-3 UML 模型及描述表

类型	图名	描述
用例图	用例图	从用户角度描述系统的功能及功能的关系,并指出各功能的操作者
静态图	类图	用于定义系统的类,包括描述类之间的联系(如关联、依赖、聚合等)以及类的内部结构,即类的属性和操作。因此类图描述系统中类的静态结构,即它描述的是一种静态关系,在系统的整个生命周期都是有效的
	包图	由包或类组成,主要表示包与包或包与类之间的关系。包图用于描述系统的分层结构
	对象图	主要表示对象与对象之间的关系,主要描述系统某一时刻存在的对象及其关系

续表 3-3

类型	图名	描述
行为图	状态图	描述一个类的对象的所有可能状态以及事件发生时状态的转移条件。通常状态图是对类图的补充
	活动图	描述为满足用例或操作要求所要进行的活动以及活动间的约束关系。使用活动图可以很方便地表示并行活动
交互图	序列图	用以显示为完成一项任务对象之间的动态合作关系。它强调对象之间消息发送的顺序,同时也显示对象之间的交互过程
	协作图	同序列图是等价的,但着重描述对象间的协作关系
实现图	构件图	描述代码构件的物理结构及各部件之间的依赖关系。一个构件可能是一个源代码构件、一个二进制构件或一个可执行部件。它包含逻辑类或实现类的有关信息。构件图有助于分析和理解构件之间的相互影响程度
	部署图	定义系统中软硬件的物理体系结构。它可以显示实际的计算机和设备(用节点表示)以及它们之间的连接关系,也可显示连接的类型及构件之间的依赖性。在节点内部,放置可执行构件和对象以显示节点与可执行软件单元的对应关系

表 3-4 UML 各种模型图的适用范围

图	适用范围
交互图(序列图/协作图)	适合于描述单个用例中多个对象的行为
状态图	适合于描述跨越多个用例的单个对象的行为
活动图	适合于展现一个操作中多个对象或跨越多个用例的活动的总次序
构件图	适用于表示系统中各个功能构件之间的依赖关系和调用关系
用例图	适用于捕获系统功能

面向对象信息系统开发各个阶段需要建立的模型汇总表如表 3-5 所示。

表 3-5 面向对象信息系统开发各个阶段需要建立的模型汇总表

阶段	需要建立的模型	模型的主要功能	模型对系统开发的支撑
系统规划阶段	U/C 矩阵、鱼刺图	U/C 矩阵表达数据与业务的关系。用鱼刺图找关键成功因素	确定系统目标、划分子系统
业务调查与分析阶段	业务分析模型,包括:业务目标、业务过程、业务结构、业务规则	业务分析模型提供实体及联系、数据字典、业务流程	为类图和数据库设计提供依据
需求分析阶段	需求模型,包括用例图,也可以建立序列图、状态图和活动图,其中,用例图是必须建立的	描述系统目标、功能及性能要求	指导菜单开发和系统分析、设计、编码和测试工作
系统分析阶段	分析模型,包括:静态模型(分析类图)、动态模型(序列图、活动图、状态图),其中,类图和序列图是必须建立的	描述系统的静态特性和动态特性,动态图为查找类的方法和类提供依据	分析类图是系统设计的依据,动态图是编程的依据
系统设计阶段	设计类图、数据库模型、界面模型、构件图、部署图、包图、系统体系结构图等,除了包图以外,所有的图必须建立	描述如何实现系统的三层体系	是系统开发中界面设计、代码编写、数据库实现的依据

面向对象信息开发的需要建立的 UML 模型如图 3-80 所示,在业务调查与分析阶段,也可以用 UML 类图来描述实体及其实体之间的关系。

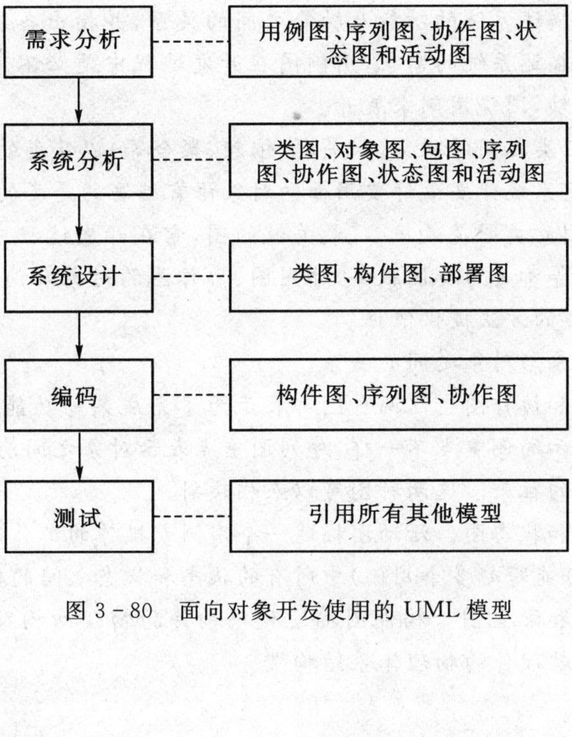

图 3-80 面向对象开发使用的 UML 模型

UML 模型的相互关系如图 3－81 所示。在 Rationnal Rose 中绘制的各种图是相互联系、相互影响的，各种图的关系如下：

(1)序列图与协作图可以相互转换。在 Rationnal Rose 中，打开序列图按 F5 可将该序列图转换成协作图，反过来也一样。

(2)序列图(协作图)的对象可以映射到类，而序列图(协作图)的消息可以映射到类的操作。

(3)构件图的构件可以包含一个或一个以上的类，一个类只能包含在一个构件中。

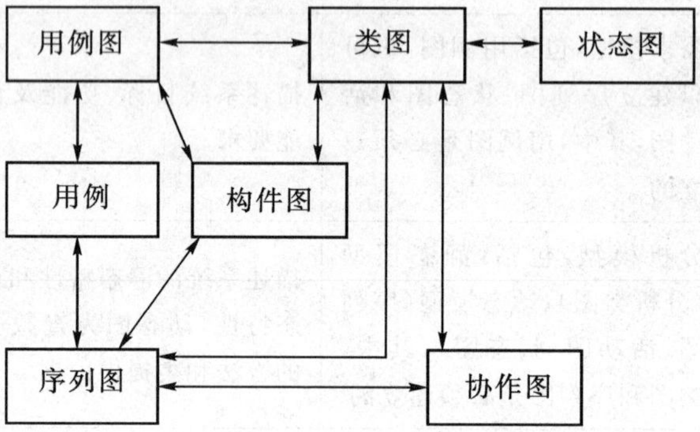

图 3－81　UML 模型的相互关系

本章小结

本章介绍 UML 建模语言及 UML 建模工具 Rational Rose 的应用。重点介绍用例图、类图、序列图、协作图、活动图和状态图、构件图和配置图的概念、应用和绘制方法。

用例图从用户角度描述系统的功能及功能之间的关系，并指出各功能的操作者。在系统需求分析阶段用用例图描述系统的需求，用例图在开发过程中是必不可少的，是非常重要的。后续的开发以用例为驱动，围绕用例来展开。

类图描述系统的类、类之间的联系(如关联、依赖、聚合等)以及类的内部结构(即类的属性和操作)。面向对象信息系统开发最终要用面向对象语言编写的是类的程序代码，而类程序代码的编写来源于类图，因此类图是最核心、最关键的图，它在开发过程中必须绘制，而序列图、协作图、状态图、活动图等都是为类图服务，序列图、协作图的对象和消息最终都要映射到类，状态图、活动图为开发类的方法提供依据。

对象图主要表示对象与对象之间的关系。

交互图包括序列图和协作图。这两种图都表示为了完成某一功能对象之间的消息传递。当然序列图和协作图表示的侧重点不一样，序列图重点表示对象之间消息传递的顺序，协作图重点表示对象之间消息的往来。这两种图可以互相映射。

行为图包括活动图和状态图。活动图描述一个用例或操作的工作流程。状态图描述一个对象在它的生命周期(可能跨越多个用例)中所有的状态和状态之间的转换关系。

实现图包括构件图和配置图。构件图描述代码构件的物理结构及各构件之间的依赖关系。配置图定义系统中软硬件的物理体系结构。

包图主要表示包与包,或包与类之间的关系。包是对模型进行分组的工具。

本章及前面几章为信息系统开发作了基本概念、理论、建模方法和工具等基础知识的准备,后续各章将按照信息系统开发的步骤逐步深入地讲解信息系统的开发过程。

习题

一、填空题

1. 序列图描述为完成一个功能对象之间在时间上______的传递______。

2. 交互图表示对象的交互的方式,包括______图和______图。

3. UML 提供一系列的图支持面向对象的分析与设计,其中,______给出系统的静态设计视图;用例图对系统的行为进行组织和建模是非常重要的;______和______都是描述系统动态视图的交互图,其中______描述了以时间顺序组织的对象之间的交互活动,______强调收发消息的对象的组织结构。

二、选择题

1. 面向对象方法中,信息隐蔽通过对象的(　　)实现。

A. 分类性　　B. 继承性　　C. 封装性　　D. 共享性

2. 火车是一种交通工具,火车和陆上交通工具之间的关系是(　　)关系。

A. 聚集　　B. 组成　　C. 继承　　D. 关联

3. 描述某个对象的行为,反映了状态与事件关系的是(　　)。

A. 对象图　　B. 状态图　　C. 流程图　　D. 结构图

4. UML 是一种面向对象的统一建模语言。它包含若干种图,其中,用例图展示了外部 actor 与系统所提供的用例之间的连接,UML 中的外部 actor 是指(　　)。

A. 人员　　B. 单位　　C. 人员或单位　　D. 人员或外部系统

5. 在使用 UML 建模时,若需要描述跨越多个用例的单个对象行为,用(　　)最合适。

A. 协作图　　B. 序列图　　C. 活动图　　D. 状态图

三、简答题

1. 序列图和类图有何关系?序列图与协作图有何区别与联系?

2. 写出用例图建模的完整过程。

3. 结合所分析系统说明识别参与者和用例的方法。

4. 结合所分析系统说明如何定义参与者之间以及用例之间的关系。

四、同步训练题

请用 Rational Rose 绘制以下 UML 图。

1. 请画出管理员查询合同信息的序列图。

(1)管理员通过合同管理界面输入合同的编号或合同的甲方请求查询合同信息。

(2)合同管理界面根据合同的编号或合同的甲方向数据库访问层请求合同信息。

(3)数据库访问层根据合同的编号或合同的甲方加载合同信息。

(4)数据库访问层将合同信息提供给用户界面。

(5)用户界面将合同信息显示出来。

2. 张明从 ATM 机取 1000 元钱的过程如下,请据此画出张明取款的序列图。

(1)张明把卡插入读卡机。

(2)读卡机读卡号。

(3)读卡机向 ATM 屏幕发送“屏幕初始化”消息。

(4)ATM 屏幕向张明提示输入密码。

(5)张明向 ATM 屏幕输入密码(123456)。

(6)ATM 屏幕向张明的账号依次发送“打开账目”和“验证密码”消息。

(7)ATM 屏幕向张明提示选择事务。

(8)张明向 ATM 屏幕选择事务(取钱)。

(9)ATM 屏幕向张明提示金额。

(10)张明向 ATM 屏幕输入金额(1000)。

(11)ATM 屏幕向张明的账号发送消息“取 1000 元钱”。

(12)张明的账号依次进行“验钱”“扣钱”工作。

(14)张明的账号依次向取钱机发送“提供 1000 元钱”和“提供收据”的消息。

(15)张明的账号向读卡机发送消息“退卡”。

3. 运钞车管理信息系统:

运钞车进行押运时,先由安全部门将运钞车的安全状况检查一遍,确认安全后将安全状态记录到系统中,系统检查押运人员、提解人员、驾驶员的押运信息,如果不合法,则系统给出提示并且不允许押运进行;如果正确,系统返回押运相关人员的身份信息。

如果押运过程中没有出现危险情况,则把监控部门录制押运过程的图像输入系统进行保存,安全部门把押运的钞票进行入库信息登记,并返回信息表明押运成功。如果押运过程出现危险情况,则安全部门全力解救,解救完成后,按照以上步骤进行押运,显示押运成功。画出运钞车管理系统序列图。

4. 某网上购书系统的购书过程如下:客户登录网站首页输入所要购买的书名或关键字,显示满足条件的图书信息,客户选择图书,将所选图书加入购物车中,然后客户会继续选择图书或结束购买前去结算。在结算时客户也可能删除购物车的某图书,然后再结算。画出客户选择购书的序列图。

5. 火车票网上售票系统有用户、管理员使用。用户购票时,在网上搜索票务信息检索票务信息数据库,电脑将检索的信息传递给用户,用户在查看信息后进行订票,用户输入自己的银行账号,系统验证后提交信息并缴费,系统给用户显示购票结果信息。用户预定车票时,用户登录网站查看信息并预定火车票。管理员维护时,管理员登录系统,修改票务信息、客户信息、车况信息。请分别画出用户购票、预定车票和管理员维护的序列图。

6. 请绘制教务系统网站登录功能的用例图、类图、序列图、协作图、活动图和状态图。

7. 定制合同管理信息系统登录界面如图 3-56 所示,请绘制该界面登录功能的用例图、类图、序列图、协作图、活动图和状态图。

第4章 系统规划

学习目标

通过本章学习掌握信息系统规划的目的和意义，信息系统规划的任务，信息系统规划的方法。

重点难点

信息系统规划的目的和意义，信息系统规划的任务，信息系统规划的方法。

4.1 任务导入

信息系统的目标是信息系统开发的纲领，因此，在开发信息系统之初，必须思考将要建立的信息系统的目标是什么？接下来要考虑，为了实现这一目标，信息系统应该有哪些功能？系统功能是有层次的，大功能由小功能完成，为此要描述各功能之间的关系。为了实现信息系统的功能，要考虑：系统应由哪些部分组成，即系统的总体结构是什么？各部分的相互关系是什么？要完成信息系统的目标和系统的功能，需要的人力、物力和财力有哪些？从人力、物力和财力上考虑是否合理可行？

回答上述问题，明确将要建立的信息系统的目标、功能、结构和组成，并进行可行性分析，是系统规划工作。对于大型的涉及面广、时间跨度大、需要分阶段和分步骤建设的信息系统，在建设之初作总体规划是非常重要的。例如，2008年北京奥运会管理系统(GMS)的建设历时四年，它和信息发布系统(IDS)和数据中心大约要使用近1000台服务器、10000台PC机和1000个网络及安全设备，培训的技术人员达4000余人。如此庞大的系统的规划和设计阶段耗费了一年多时间。

4.2 信息系统规划的基本概念

1. 系统规划的定义

在第1章，我们介绍了信息系统的结构，从企业的信息系统的功能结构和综合结构可以看出，企业的信息系统由很多子系统组成，各子系统之间相互联系相互影响。在开发信息系统时，必须清楚系统由哪些子系统组成，各个子系统之间的联系，各个子系统的职责，各个子系统负责管理、处理和存储的数据，这样才能实现数据共享，减少数据冗余，保证整个企业数据从一处出，从而保证数据的一致性，实现组织的目标。上述这些工作就是系统规划工作的主要内容。系统规划指根据组织的战略目标和用户提出的需求，结合组织面临的内外环境和信息系统建设规律，对所要开发的管理信息系统的目标、结构和组成，系统开发顺序，开发的技术方案、实施过程、阶段划分，开发组织和开发队伍，投资规模、资金来源及工作进度，用系统的、科学的、发展的观点进行全面规划，科学地制定信息系统的发展远景。

2. 系统规划的内容、步骤和方法

系统规划的内容、步骤和方法如下：

(1)制定信息系统的目标和战略。信息系统是辅助组织完成其战略目标的，因此必须对企业的环境、目标及现行系统的状况进行初步调查，根据企业目标和发展战略，制定信息系统的目标和战略。

(2)确定信息系统的结构。根据组织目标和信息系统目标，识别出组织的广泛信息需求，对建设新系统的需求作出分析和预测；考虑建设新系统所受的各种约束，建立战略性的信息系统的总体结构。

(3)根据信息系统的目标和结构，制订项目实施和资源分配计划。根据需要与可能，给出拟建系统的备选方案。对这些方案进行可行性分析，写出可行性分析报告；可行性分析报告审议通过后，将新系统建设方案及实施计划编写成系统规划书。

系统规划内容、步骤及方法如图 4-1 所示。

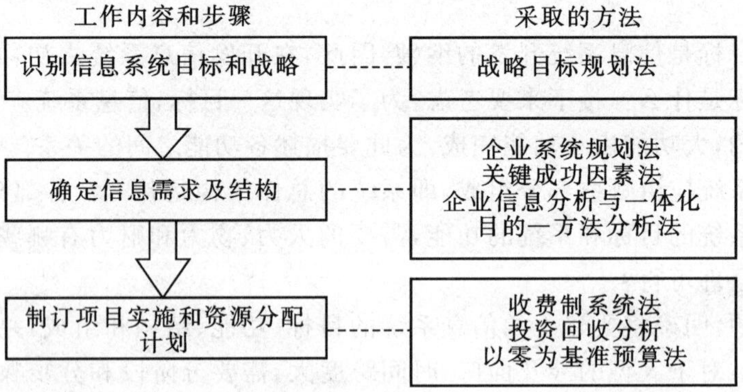

图 4-1　系统规划内容、步骤及方法

由于信息系统目标和战略的获得是来自组织战略的某种映射，而这种映射过程是比较复杂的，难以按照一种结构化的方法来完成。它更强烈地依赖于分析人员的洞察力。因此，在这一阶段正式的可操作性的规范化方法很少。确定信息系统战略和目标的方法为战略目标集转化方法。不过这一方法也不是结构化的方法，在使用中需要有创新性的思考。

识别和定义正确、完善的信息需求，确定一个组织的信息系统的总体结构，并识别出应用系统和它们的优先次序。这是规划中最重要的工作，这个工作采用的企业系统规划方法用得非常广泛。

3. 系统规划的作用

(1)系统规划是开发的前提。信息系统的建设是个投资巨大、历时长、复杂度高的系统工程，规划不好会造成损失。科学的规划可以减少盲目性，使系统有良好的整体性和较高的适应性。若不进行整体规划就开发信息系统，势必出现“边做边看”的局面，这样有时会出现大的“错漏”，有时为了填补错漏往往产生新的错漏，这样的信息化往往会使企业陷入进退维谷的境地，损失巨大，无法长久，因此开发之前必须进行系统规划工作。

(2)系统规划是开发的纲领。信息系统的建设时间长，参加的人员众多，系统规划规定了采用的开发方法、步骤、共同遵守的原则、管理和控制手段，因此，系统规划是系统开发的标准。

(3)系统规划是成功的保证。通过系统规划，统筹远期和近期目标，协调内部和外部环境，考虑局部和整体效益，按计划进行系统开发，在开发过程中纠正与计划的偏差。系统规划使开发的目标系统与用户建立良好的关系，保证系统目标满足用户的要求，从而保证系统的成功。

(4)系统规划是系统实施后验收评价的依据。信息系统实施后，要进行验收与评价，以检查所开发的系统是否达到预定的目标，而预定的目标是在系统规划时设立的。

(5)系统规划是充分利用资源的辅助工具。通过系统规划，管理者对组织的现状和未来进一步地思考，促使管理人员回顾过去的工作，发现可以改进的薄弱环节，明确目标，发现问题，从整体上把握管理信息系统的开发，有利于集中全部资源优势，使其得到合理配置与使用，促进信息系统的开发与深化。

4.信息系统规划的具体步骤

(1)成立规划工作小组。规划工作小组由企业高层领导和聘请的规划专家等组成。规划工作小组成立后，开始落实规划工作环境，确定规划的年限、规划的方法，启动规划等工作。

(2)初步调查。初步调查主要围绕着规划工作，收集规划所需资料。调查资料应立足于宏观和全面，调查内容包括：企业发展战略、企业产品和市场定位、企业技术、设备、生产能力、企业综合实力、组织机构和管理、企业员工素质、企业面临的机遇和挑战、企业现行信息系统建设水平、管理水平和信息技术现状等。

(3)分析企业战略。对企业的市场战略、产品战略、技术战略、人才战略、经营战略、文化战略等进行分析。

(4)定义约束条件。对企业的市场、产品、规模、技术、人才、资金、地理环境、企业文化、员工素质、领导观念、组织管理等现状进行认真分析，根据单位(企业、部门)的财务资源、人力及物力等方面的限制，对信息系统的目标、开发方法、功能结构、计划活动、信息部门的情况、财务情况、风险度和政策等进行分析，定义信息系统的约束条件和政策。

(5)明确战略目标。根据战略分析、约束条件定义的结果，确定整个企业的目标以及信息系统的开发目标，明确信息系统应具有的功能、服务范围和质量等。

(6)提出信息系统开发的技术方案。开发技术方案给出信息系统总体框架、信息系统总体技术路线、信息系统建设路线，以及各子系统的划分等。

(7)选择开发方案。系统开发时间比较长，而有些功能对企业来说非常重要，企业需求最为紧迫，风险又适中，这些功能优先开发、优先使用给企业带来的好处最大，这样的功能优先进行开发。在确定优先开发的功能之后，还要确定总体开发顺序、开发策略和开发方法。

(8)提出实施进度计划。估计项目成本和人员需求，并依此编制项目的实施进度计划。

(9)进行项目的可行性分析。从技术、经济和社会等因素分析项目是否可行。

系统规划的步骤如图4-2所示。

系统规划阶段的成果包括系统规划报告、开发计划、开发合同、系统规划报告评审意见。

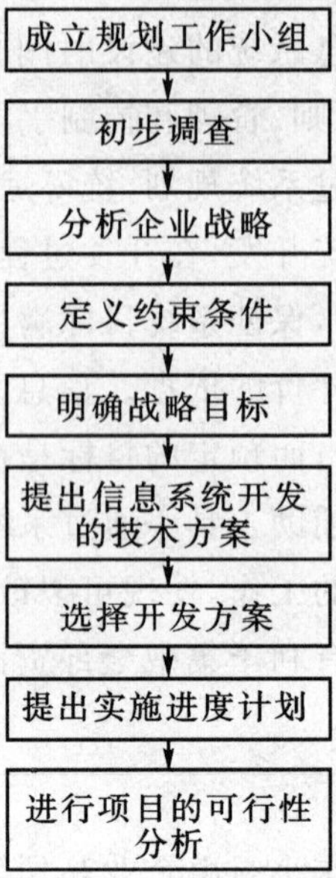

图 4-2　系统规划的步骤

5. 系统规划的不同情况及特点

根据信息系统的规模及不同的信息系统开发基础，系统规划可以分为以下两种情况：

(1)基于已有职能信息系统集成的企业级信息系统规划，简称企业级信息系统规划，这里所说的"企业"也可以是非营利的单位或部门。当企业已经建立大部分职能信息系统并且已经应用比较成熟，而且已经达到系统规划时机(有关系统规划时机参见 4.3 节)，企业为了发挥信息系统的更大作用，这时进行系统规划工作是对现有的职能信息系统进行集成，主要目标是消除信息孤岛，实现各职能部门的信息共享，为此，要建立企业级的全局数据库，以实现数据的共享，保证数据的一致性。这种情况下的系统规划工作包括确定企业级大型的信息系统的目标、功能、组成、资源计划及开发计划等工作。

(2)全新的信息系统规划。有些信息系统的开发前期是没有其他职能信息系统的基础，或者企业没有达到信息系统规划时机，新的信息系统的开发规划只考虑完成目前信息系统的目标与功能，新的信息系统的工作从头开始，这时的系统规划要确定新开发的系统的目标、功能、组成、资源计划及开发计划等工作。例如，在北京建立一个冬奥会管理信息系统，这是一个全新的信息系统规划。

不论何种信息系统开发情况，系统规划的内容和方法都一样，但是对于基于系统集成的企业级信息系统规划，要根据企业是否处于系统规划时机，要考虑已有信息系统的情况，先进行整个企业的管理信息系统的总体规划，然后再进行新开发子系统的总体规划。如果企业不是处于系统规划时机，直接对所要开发的信息系统项目进行系统规划工作。

4.3　企业级信息系统规划的时机

1973 年诺兰(Nolan)总结了西方发达国家企业或组织管理信息系统发展规律，把管理信息系统在企业或组织的成长过程划分为六个不同阶段，称为诺兰模型。诺兰模型是西方国家进行企业管理信息系统规划的指导性理论之一。

(1)初始阶段。这个阶段企业开始购置第一台用于管理的计算机。

(2)蔓延阶段。这个阶段很多管理部门购买了计算机，各个职能部门开发部门的职能管理信息系统，软件和硬件投资和开发费用急剧增长。

(3)控制阶段。这个阶段企业考虑的是进一步完善已有的职能管理信息系统的功能，不再开发新的系统，因此，发展速度缓慢，投资费用受到控制。

(4)集成阶段。企业职能管理信息系统应用之后，由于各个职能管理系统的数据不能实现共享，因此，导致数据冗余、数据不一致等问题，企业开始考虑将各个子系统进行集成，建立面向整个组织的稳定的全局数据库。

(5)数据管理阶段。有了统一的数据库以后，就可以实行全企业的信息资源管理，信息的“倍增剂”作用增强，各职能部门之间实现了数据共享，不存在信息孤岛，实现了数据的一致性，信息系统的作用得到更好的发挥。

(6)信息管理阶段。信息系统的开发跟上企业的发展，信息就是资源，在企业中成为提高竞争力、促进其发展的动力。例如，目前有的企业对企业数据库的数据进行多维数据分析、数据挖掘等工作，用数据分析和数据挖掘的结果指导企业进行科学的决策，让信息发挥其应有的价值。

诺兰模型反映了企业信息系统一定的发展规律，阶段之间不能跳跃，但可压缩时间，特别是蔓延阶段的时间。

企业管理系统规划时机如果太早的话，条件不成熟，会导致规划出的结果无指导意义；如果规划的时机太晚，则建立的分散系统过多，改造代价高，影响开发进程。因此，信息系统规划的最好时机在控制阶段和集成阶段较合适。

4.4 信息系统规划方法

4.4.1 基于战略目标集转化法的系统目标确定

战略目标集转化法是威廉·金(William King)于1978年提出的，他把整个战略目标看成是一个由使命、目标、战略和其他战略变量等组成的“信息集合”，例如，由管理的复杂性、改革习惯以及重要的环境约束等组成。信息系统辅助完成企业的战略，因此，信息系统的战略规划过程是把组织的战略目标转变为信息系统战略目标的过程。规划步骤如下：

(1)识别组织的战略目标集。先考查一下该组织是否有成文的战略长期计划，如果没有，就要去构造这种战略目标集合。可以采用以下步骤：

①描绘出组织的关联集团，如卖主、经理、雇员、供应商、顾客、贷款人、政府代理人、地区社团及竞争者等。

②识别关联集团的目标和要求。

③定义组织相对于每一个关联集团的任务和战略。

④识别组织的战略目标集。

(2)将组织战略目标集转化成信息系统战略。信息系统战略应该包括系统目标、约束以及设计原则等。转化时将组织战略目标集的每个元素对应转换成信息系统战略，然后提出整个信息系统的目标。

战略目标集的转化过程还不能形成算法的形式，因为对于不同的组织，其战略目标集的内容相差很大。不过确定和评价组织的战略目标集的过程，还是有系统化方法的，即用关联集团需要和要求来确定。一旦确定了组织的战略元素，就要由组织的最高负责人审查，审查过程可以采取结构性的提问法。

战略目标集转化的步骤如图 4-3 所示。某制造企业根据战略目标集转化法确定的定制合同管理信息系统的战略目标如图 4-4 所示。

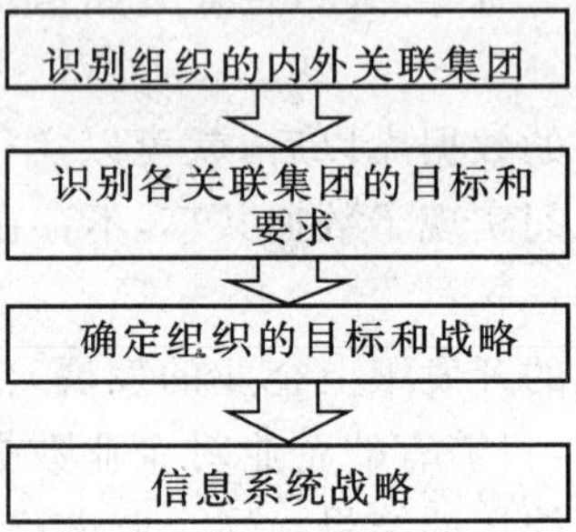

图 4-3　战略目标集转化方法的步骤

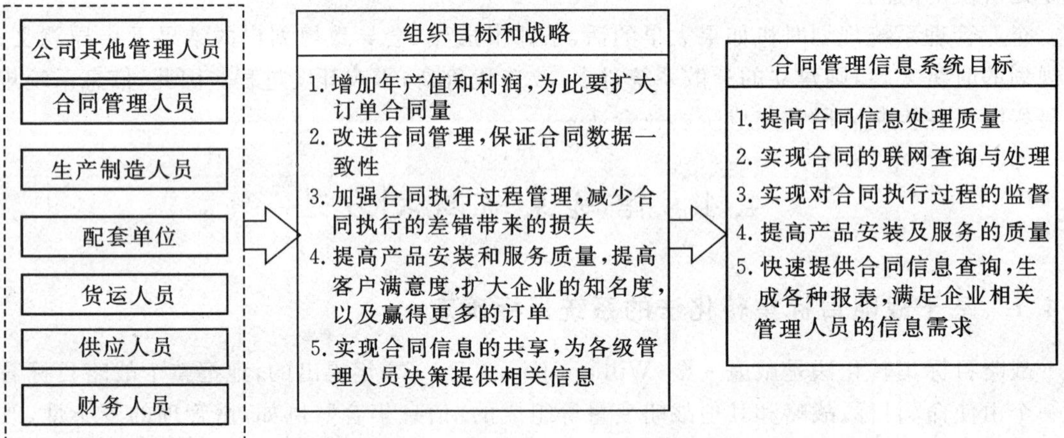

图 4-4　某制造企业定制合同管理信息系统的战略目标

4.4.2　基于关键成功因素法的管理目标确定

1970 年哈佛大学教授威廉·泽泥(William Zani)在管理信息系统模型中用了关键成功变量，这些变量是确定实际工作中的管理信息系统成败的因素。过了 10 年，麻省理工学院教授约翰·洛克特(John Rockart)把关键成功因素法提高成为管理信息系统的战略，用以满足高层管理的信息需求，特别是解决那些每月收到大量计算机生成的报表却几乎找不到任何有价值的信息问题。关键成功因素指的是对企业成功起关键作用的因素。关键成功因素法就是通过分析，找出使得企业成功的关键因素，然后再围绕这些关键因素来确定信息系统的需求，并进行规划。

关键成功因素来自于组织目标，通过组织目标的分解和识别、关键成功因素识别、性能指标识别，确定实际工作中的管理目标，最后产生数据字典，从而确定信息系统的管理目标。识别关键成功因素，就是要识别联系于组织目标的主要数据类型及其关系。不同组织的关键成功因素不同，不同时期关键成功因素也不相同。当在一个时期内的关键成功因素解决后，新的关键成功因素又开始了。关键成功因素法主要包括以下几个步骤：

(1)了解企业的战略目标。企业的战略目标是管理目标的基础，因此必须首先识别。

(2)识别所有的成功因素。主要是分析影响战略目标的各种因素和影响这些因素的子因素。

(3)确定关键成功因素。不同行业的关键成功因素不同，例如，对汽车制造业可能是制造成本的控制，而对保险业则是新项目开发和工作人员的效率控制，对百货公司则可能是定价与折价策略或组合销售策略，等等。因此要根据企业的特点来确定关键成功因素。

(4)明确各关键成功因素的性能指标和评估标准。每个关键成功因素的性能指标和评估标准是信息系统所关注的对象，因此必须识别出来。

(5)识别测量性能的数据。关键成功因素测量性能数据是管理目标，也是信息系统数据库管理的重点数据。

关键成功因素法的步骤如图 4-5 所示。

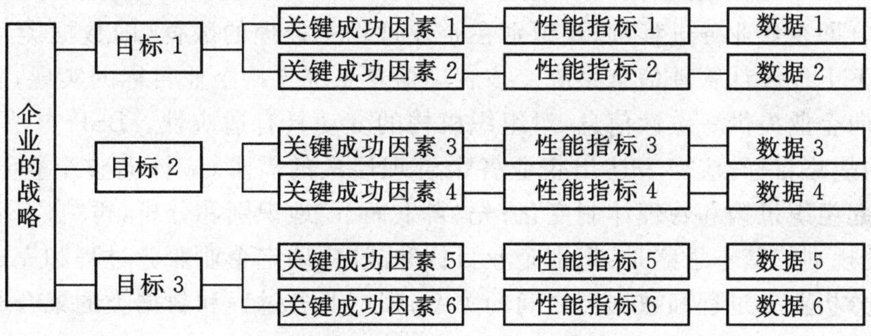

图 4-5　关键成功因素法步骤

关键成功因素法有以下局限性：

(1)它过分注重于特定管理者的信息需求，而不是考虑整个组织的信息需求。

(2)没有推荐或采用一种数据结构来完成信息规划战略和信息需求分析。

关键成功因素法采用的工具为因果图(鱼刺图、树枝图)。

例如，采用关键成功因素法确定某制造企业管理目标的工作过程为：

(1)了解组织目标：该制造企业以增加产值和利润为目标。

(2)识别关键成功因素：为了实现增加产值和利润的目标，企业的重点工作是：增加客户订货量；加强合同执行力度，保证订单按期完成；降低生产成本；提高产品质量；提高安装服务质量。该问题的因果图如图 4-6 所示。

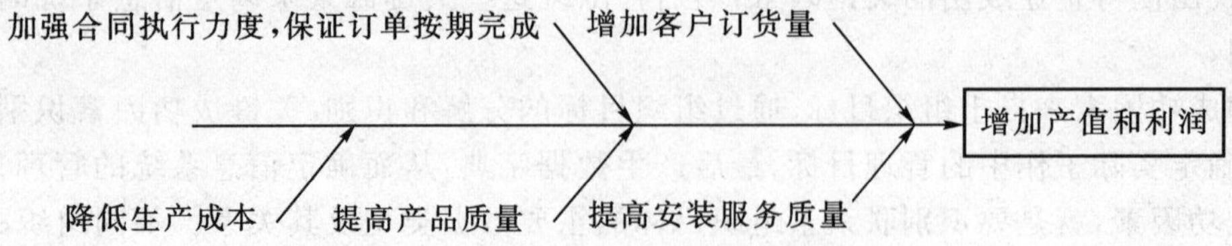

图 4-6　基于关键成功因素法的某制造企业的管理目标

(3)识别性能指标和标准：每个关键成功因素有自己的性能指标和标准，例如，增加客户订货量的性能指标为增加合同拥有量、增加合同产值。

(4)识别测量性能的数据：每个性能都有测量的数据，例如，合同拥有量测量数据有按地区分类的合同拥有量、按按品分类的合同拥有量等。测量性能的数据是信息系统管理的目标，也是信息系统数据库数据的基础。

4.4.3　基于企业系统规划法的系统构成规划

1. 基本思想及原则

企业系统规划法(business system planning，BSP)是一种对企业信息系统进行规划和设计的结构化方法，由 IBM 公司于 20 世纪 70 年代提出。由于信息系统是支持企业运行，实现企业目标的，因此，开发信息系统可以通过自上而下地识别企业的目标、识别为完成目标需要企业做的工作(即企业业务过程)以及识别在企业过程中处理的数据(即数据类)，然后对数据进行分析，自下上地设计管理信息系统。该管理信息系统支持企业目标的实现，表达所有管理层次的要求，向企业提供一致性信息，对组织机构的变动具有适应性。BSP 方法的原则是：必须支持企业的战略目标；应当表达出企业各个管理层次的需求；应该向整个企业提供一致信息；应该经得起组织机构和管理体制变化；先“自上而下”地识别和分析，再“自下而上”地设计。

企业系统规划的基本思路是：识别企业目标和战略；确定企业业务过程和完成企业业务过程的数据类；分析业务过程和数据类之间的关系；根据业务过程和数据类的聚合关系导出信息系统的子系统构成和结构。该方法的思路如图 4-7 所示。

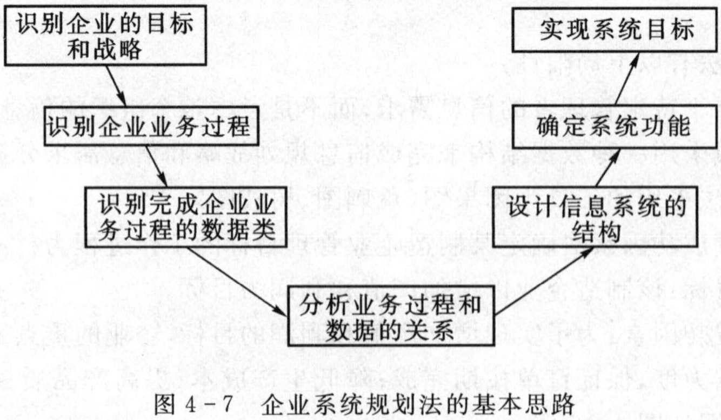

图 4-7　企业系统规划法的基本思路

2. 作用

采用企业系统规划方法可以确定出未来信息系统的总体结构；明确系统的子系统组成和开发子系统的先后顺序；明确各子系统之间的数据交换关系；对数据进行统一规划、管理和控制，为建立企业级全局数据库提供依据，保证信息的一致性。企业系统规划法的优点在于利用它能保证信息系统独立于企业的组织机构，也就是能够使信息系统具有对环境变更的适应性。

3. 一般步骤

(1)准备工作：成立由最高领导牵头的委员会，下设一个规划研究小组，并提出工作计划。

(2)初步调研，收集规划所需资料：规划组成员通过查阅资料，深入各级管理层，了解企业有关决策过程、组织职能和部门的主要活动和存在的主要问题。

(3)识别业务过程：业务过程指的是企业管理中必要且逻辑上相关的、为了完成某种管理功能的一组活动。业务过程可以用图 4－8 表示，每个业务过程都有输入数据类和输出数据类。

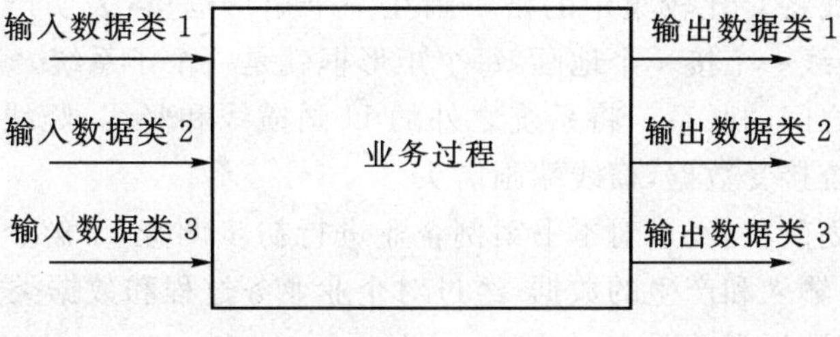

图 4－8　业务过程表示

(4)业务过程重组：业务过程重组是在业务过程定义的基础上，找出哪些过程是正确的；哪些过程是低效的，需要在信息技术支持下进行优化处理；哪些过程不适合计算机信息处理的特点应当取消的。

(5)定义数据类：数据类是指支持业务过程所必需的逻辑上相关的数据，数据类比单项数据的粒度大，往往是多个数据项的集合，例如，表是数据类，如合同；而表中的某一列不是数据类，如合同编号不是数据类。对数据进行分类是按业务过程进行的，即分别从各项业务过程的角度将与该业务过程有关的输入数据和输出数据按逻辑相关性整理出来归纳成数据类。

(6)定义信息系统结构：刻画未来信息系统的框架和相应的数据类，此工作主要是利用U/C矩阵划分子系统，定义信息结构和功能重组。

(7)确定系统优先顺序：从技术的角度来说，产生数据最多或产生的数据被其他系统使用多的子系统优先开发；从经济角度来说，若子系统很重要，其优先开发使用可以尽早带来经济效益，这样的子系统优先开发。按先后顺序排出开发计划。

(8)完成 BSP 研究报告，提出建议书和开发计划。

4. U/C 矩阵的应用

企业系统规划方法将业务过程和数据类两者作为定义企业信息系统总体结构的基础，具体做法是利用过程/数据矩阵(也称 U/C 矩阵)来表达两者之间的关系，矩阵中的列表示数据类，行表示过程，并以字母 U(use)和 C(create)来表示过程对数据类的使用和产生。U/C 矩阵划分子系统的步骤如下：

(1)按过程与数据的关系画出初步的 U/C 矩阵。

(2)U/C 矩阵正确性检查。主要检查以下方面:

①不能有空行和空列。若有空行,说明该业务过程不进行任何数据处理,不需要信息系统完成,因此要删除空行。若有空列,说明该数据与任何业务过程无关,不需要信息系统完成,因此要删除空列。

②每列有且只能有一个 C。每个数据只能有一个产生之处,若某列有多个 C,说明有多个业务过程产生同一个数据,不符合信息系统数据从一处出的要求。若某列有多个 C,说明该列数据类粒度大,应将该数据类进行分解。

③每列有一个以上的 U。每个数据类必须有使用的地方,若某列没有 U,说明该数据类无用,不需要产生。

(3)调整 U/C 矩阵,将 C 按主对角排列。例如,某个 C 在第四行,若所在的列不在第四列,将其调整到第四列即可。

(4)顺着主对角线将 C 比较集中的格子画在一个矩形框里,表明产生的数据由子系统产生。矩形框顺主对角线一个接一个地画,每个矩形框就是一个子系统。

(5)画出子系统之间的联系。将系统之外的 U 画横线和竖线,竖线连接的子系统产生数据,横线连接的子系统接受数据,横线端画箭头。

例如,在系统规划阶段,经过对本书案例企业进行初步调查,了解企业与合同管理相关的业务过程及每个业务输入和产生的数据,经过对企业业务过程和数据类分析,得出某制造企业合同管理业务过程与数据类关系表,如表 4-1 所示。

表 4-1　某制造企业合同管理业务过程与数据类关系表

数据类 / 业务过程	我公司信息	买方信息	配套单位信息	产品	个人	合同	生产计划表	技术准备表	投料表	监制表	主关件表	用户进厂件	入库单	发货审批单	出库单	发运单	点件表	安装及服务表	款项表	报表	查询结果
签订合同	U	U	U	U	U	C															
制订生产计划						U	C														
技术准备						U		C													
投料						U			C												
监制						U				C											
生产主关件						U					C										
用户进场件到厂						U						C									
入库						U							C								
发货审批						U								C							
出库						U									C						
发运						U										C					
点件						U											C				
安装及服务						U												C	C		

续表 4－1

数据类 / 业务过程	我公司信息	买方信息	配套单位信息	产品	个人	合同	生产计划表	技术准备表	投料表	监制表	主关件表	用户进厂件	入库单	发货审批单	出库单	发运单	点件表	安装及服务表	款项表	报表	查询结果
款项管理						U														C	
基础数据管理	C	C	C	C	C																
数据查询	U	U	U	U	U	U	U	U	U	U	U	U	U	U	U	U	U	U	U	U	C
报表输出	U	U	U	U	U	U	U	U	U	U	U	U	U	U	U	U	U	U	U	C	U

对表 4－1 的 U/C 矩阵，沿主对角线靠拢的调整结果如表 4－2 所示。在表 4－2 的 U/C 矩阵中，顺主对角线将 UC 比较集中的格子依次画矩形框，每个矩形框就是一个子系统。如，本例中顺主对角从左上角到右下角依次划分为基础数据管理、合同基本信息管理、合同执行信息管理、报表输出和数据查询五个子系统。

表 4－2　某制造企业合同定制管理子系统划分

数据类 / 业务过程	我公司信息	买方信息	配套单位信息	产品	个人	合同	生产计划表	技术准备表	投料表	监制表	主关件表	用户进厂件	入库单	发货审批单	出库单	发运单	点件表	安装及服务表	款项表	报表	查询结果
基础数据管理	C	C	C	C	C																
签订合同	U	U	U	U	U	C															
制订生产计划						U	C														
技术准备						U		C													
投料						U			C												
监制						U				C											
生产主关件						U					C										
用户进场件到厂						U						C									
入库						U							C								
发货审批						U								C							
出库						U									C						
发运						U										C					
点件						U											C				
安装及服务						U												C			
款项管理						U													C		
报表输出	U	U	U	U	U	U	U	U	U	U	U	U	U	U	U	U	U	U	U	C	U
数据查询	U	U	U	U	U	U	U	U	U	U	U	U	U	U	U	U	U	U	U	U	C

4.5 信息系统开发可行性分析内容及方法

1. **可行性研究的概念**

可行性研究是按照各种有效的方法和工作程序,对拟建项目在技术上的先进性,经济上的合理性、盈利性,以及项目实施等方面进行深入的分析,确定目标,提出问题,制订方案和项目评估,从而为决策提供科学的依据。

2. **可行性研究的任务**

通过了解用户的要求及现实环境,从技术、经济和社会因素等方面研究并论证项目的可行性,编写可行性研究报告,制订初步项目开发计划。即以最小的代价在尽可能短的时间内决定项目是否值得做。

(1)经济可行性。

经济可行性分析也叫投资/效益分析或成本效益分析,它估算信息系统项目所需要的成本和项目开发成功之后所能带来的预期的经济效益,主要分析项目开发从经济上的利润是否大于成本。总成本包括开发总成本和运行总成本两部分,其中,开发总成本是从立项到投入运行所花费的所有费用;运行总成本是信息系统投入使用之后,系统运行、管理和维护所花费的费用。总效益包括直接经济效益和间接社会效益两部分。直接经济效益是信息系统能够直接获取的,并且能够用资金度量的效益。比如,降低成本,提高资金周转率,减少人员成本和消耗等。间接社会效益是能够整体地提高企业信誉和形象,提高企业的管理水平,但不能简单地或无法用资金计算的那部分效益。

(2)技术可行性。

技术可行性是分析在特定条件下,根据系统的功能、性能及约束条件,系统开发所需要的技术资源、技术资源的可用性和这些技术资源用于解决信息系统问题的可能性和现实性。技术选择一定要注意下述几方面问题:

①全面考虑信息系统开发过程所涉及的所有技术问题。开发过程所需要的技术很多,某些技术可能非常关键,关键技术考虑不到,可能会导致开发失败。信息技术的发展日新月异,新技术有优点,但由于其应用时间不长,其自身的漏洞没有被发现,某些漏洞会给新系统带来隐患,因此,尽可能采用成熟技术,慎重引入新技术。

②着眼于具体的开发环境和开发人员。不同的开发环境对开发技术有不同的要求,因此,必须根据具体开发环境选择相应的技术。此外,要根据开发人员的技术水平选择相应的技术,这样开发进度才能按期完成。

(3)社会可行性。

社会可行性需要从政策、法律、道德、制度、管理、人员等社会因素论证信息系统开发的可能性和现实性。

3. **可行性研究的作用**

可行性研究是确定项目开发计划、划定下阶段工作范围、编制工作计划、协调各部门活动、分配资源的依据,也是管理信息系统开发的准则。

4. **可行性研究的实施步骤**

(1)成立专门的分析小组。

(2)用户信息需求分析。对用户需求及现实环境进行调查,在调查研究基础上编写有关用户提出问题的书面材料。

(3)提出各种可能的系统方案。根据需求目标及约束条件提出各种解决方案。

(4)评价备选系统的性能及成本效益情况。

(5)选择最优方案。比较各方案的优缺点,选择最好的方案。

(6)编写可行性研究报告。

(7)评审和审批。决定项目是取消还是继续。若项目可行,则制订初步的项目开发计划,根据需要签署开发合同。

5. 可行性研究报告的内容

可行性研究报告包括以下内容:概述;可行性研究的前提;对现行系统的分析;建议的系统;投资及效益分析;社会条件方面的可行性;结论。

4.6 "定制合同管理信息系统"可行性分析

1. 背景

参见第 2 章 2.4 节。

2. 现行组织系统概况

(1)组织目标和战略。

①公司总目标:向社会提供具有竞争力的产品和服务,以使公司能够获得更多产值和利润。具体分解为:

a. 最方便地供各个管理层次人员快速查询合同及与合同执行相关信息,保证合同按质按量完成。

b. 近三年每年增加产值 200 亿元,利润 15%。

c. 能够快速统计和掌握市场对公司各项产品的要求,及时掌握畅销产品客户所在地区、客户所在行业的信息等,为公司促销和营销策略的制定提供依据。

d. 合同执行过程,如生产、入库、出库、发货、点件等的工作效率提高 20%。

e. 监控合同执行的整个流程,提供完整合同执行过程跟踪。

f. 支持多形式客户数据共享,提高作业效率。

g. 建立合同管理信息系统,全面提高管理水平和工作效率。

h. 采用联网的形式,让与合同相关的各个部门能够以相应的权限查询合同,以适应分布式的业务处理要求。

②重大战略:

a. 改变传统的观念和思路,引进新的技术。

b. 扩大公司的影响,进行更加广泛的交流。

c. 扩大公司的服务范围。

d. 改革管理办法,全面实现系统化管理。

e. 加强对产品的生产、入库、出库、供应、货运、点件、安装和服务等的工作。

f. 为建立公司级信息系统,全面提高工作效率和管理水平服务。

(2)业务概况。

该公司为大型成套设备制造企业,公司的客户覆盖全国。公司设合同管理中心、生产制造部、订货部、总工程师办公室、财务部、货运部、供应部、成套销售部和产品服务中心等多个部门,其中:合同管理中心部负责合同基本信息管理、合同执行信息管理及产品和服务管理等项业务。生产制造部负责生产计划、技术资料准备、投料、主关件生产、用户进场件管理等项工作。财务部负责款项管理、财务核算等工作。

3. 拟建立的信息系统

为了提高合同管理的工作效率和管理水平,公司计划投入一定资金建立合同管理信息系统,以全面管理合同及其执行相关业务。公司领导以及工作人员对所建立的合同管理信息系统有以下基本需求:建立对合同及其执行情况提供全面管理的定制合同管理信息系统;对所有合同及执行过程提供快速数据查询和报表输出功能;对合同相关的基础数据提供全面管理。

(1)拟建立的信息系统。

根据信息系统规划结果(参见 4.2 和 4.3 节),系统功能包括:合同管理、入库单管理、出库单管理、发运管理、点件业务管理、安装及服务管理、报表管理等功能。系统性能优良。系统输入为合同及合同执行过程的各种信息。系统输出为输出各种查询的结果和各种类型的报表。

(2)初步建设计划。

项目计划将于 2017 年 3 月 6 日开工建设。开发周期为 20 周,试运行 2 周,完成后正式投入运行。

(3)对组织的意义和影响。

对合同及合同执行过程进行全面管理,提高合同执行的力度,提高企业的信誉,改进企业的服务,提高决策和管理水平,提高人员工作效率。

4. 经济可行性分析(以下的费用价格为估价)

(1)支出。

①系统开发费用。

人员费用 1000 元每周/每人,开发周期需要开发人员 4 人,试运行期需要开发人员 2 人,费用共计 84000 元。系统所需硬件设备费 10000 元(包括电脑两台共 9500 元,交换机 150 元,网络连接设备 350 元)。开发所需软件 12000 元,含正版 Win. XP 及 VS. NET 等。耗材费和电费 10000 元。咨询和评审费、调研和差旅费及不可预见费共计 10000 元。系统开发总费用为 12.6 万元。

②系统维护费用。

假定本系统的运行期为 10 年,每年的运行费用为:

A. 系统维护费。一年需要 1 人/年进行系统维护,维护人员每月费用 3000 元,年维护费为 12×3000=3.6 万元。

B. 设备维护费。假设设备的运行更新期为 10 年,并且 10 年以后的设备价格以现价计算,10 年设备更新费为 3.6 万元。假设设备日常故障维护费每年 0.6 万元,则平均每年设备维护费为 3.6/10+0.6=0.96 万元。

C. 消耗材料费。每年消耗材料费按 0.5 万元计算。

系统年运行费用为 5.06 万元,则 10 年累计系统运行费为 50.6 万元。

综上,系统开发和运行总费用为 63.2 万元,折合 6.32 万元/年。

(2)收益。

系统投入使用可以提高工作效率,节省人力和物力,对合同及执行过程进行最优化的管理,以达到最佳的经济效率和社会效率。总的经济收益为50万/年。

支出收益分析:系统从投入的当年便可收回开发的投资成本。运行10年总的收益为500－63.2＝436.6万元。从经济上考虑,本系统开发完全有必要。

5.技术可行性分析

(1)主要技术路线。

开发的此系统将利用网络通信技术、信息系统开发方法、数据库技术、Java开发技术等来实现系统的功能,使用Java开发工具、SQL Server数据库进行开发。

(2)技术可行性分析。

小组成员都有熟练的软件开发基础,对软件开发的全过程都有全面的了解,对管理信息系统开发也非常熟悉。开发小组成员熟练地掌握面向对象的软件开发技术,在信息系统开发方法上不存在问题。开发小组有丰富的应用数据库开发经验,能够熟练用Java编程,而且也有专门的网络技术人员,有熟练掌握面向对象方法开发软件系统的资深的系统分析员和程序员。因此,本系统开发技术是完全可行的。

6.社会可行性分析

(1)社会法律政策可行性。

目前,国家鼓励创新、增强企业竞争力、提高企业效率。因此,开发此系统与国家的法律政策不存在任何的冲突和任何抵触之处。系统开发可以减少工作人员的工作量,也可以提高人员的素质,使职工掌握新的知识,适应社会的发展。

(2)社会公共环境可行性。

开发这样的一个信息系统,完全符合公司各方面人员的要求,也符合公司发展战略,它对改善公司的合同管理面貌,提高公司的信息化水平,提高企业的效率都有比较大的促进作用。而且,社会也需要企业现代化和信息化,目前也有成功的合同信息管理系统的先例。

(3)操作可行性。

制造企业定制合同管理系统的全面化和智能化是社会信息化和全球经济一体化的要求。另外,系统的操作和工作方式也符合管理人员的日常业务处理习惯,而且操作方便灵活,便于学习,也便于日常的维护和更新。因此,具有操作的可行性。

7.可行性研究结论

通过经济、技术和社会等方面的可行性分析,可以确定本系统开发全完必要,而且是可行的,可以立项开发。

本章小结

本章首先讨论了管理信息系统战略规划的作用,管理信息系统战略规划是一个组织的战略规划的重要组成部分,是关于管理信息系统长远发展的规划,它除了具有一般战略性计划的属性外,还具有自身特殊的性质和任务。管理信息系统战略规划的内容包括:制定信息系统的目标和战略、确定信息系统的结构、制订项目实施和资源分配计划等。管理信息系统的规划过程可分为成立规划工作小组、初步调查、分析企业战略、定义约束条件、明确战略目标、提出信息系统开发的技术方案、选择开发方案、提出实施进度计划、进行项目的可行性分析等基本步骤。

诺兰阶段模型把信息系统的成长过程划分为六个阶段，即初始、蔓延、控制、集成、数据管理和信息管理阶段，这个阶段模型能较好地说明企业级信息系统规划的时机是控制和集成阶段。

本章重点介绍了三种国际上比较常用的规划方法：企业系统规划法、关键成功因素法和战略目标集转化法。

企业系统规划法认为信息系统是支持企业运行，实现企业目标的，因此，开发信息系统可以通过自上而下地识别企业的目标、识别为完成目标需要企业做的工作(即企业业务过程)和识别在企业业务过程中处理的数据(即数据类)，然后对数据进行分析，自下上地设计管理信息系统。企业系统规划的基本思路：识别企业目标和战略；确定企业业务过程和完成企业业务过程的数据；分析业务过程和数据类之间的关系；根据业务过程和数据类的聚合关系导出信息系统的子系统构成和结构。

关键成功因素法认为对企业成功起关键作用的因素是关键成功因素。管理信息系统是对这些关键成功因素及其指标的管理。因此确定管理信息系统的管理目标可以通过确定关键成功因素实现。关键成功因素确定就是通过分析，找出使得企业成功的关键因素，然后再围绕这些关键因素来确定信息系统的需求，并进行规划。

战略目标集转化法认为企业或组织的整个战略目标是一个由使命、目标、战略和其他战略变量等组成的“信息集合”。管理信息系统辅助完成企业或组织的战略，因此，管理信息系统的战略规划过程是把组织的战略目标转变为管理信息系统战略目标的过程。用该方法可以确定管理信息系统的目标。

习题

一、简答题

1. 管理信息系统规划与企业计算机应用计划有什么区别？

2. 为什么要进行管理信息系统的总体规划？

3. 管理信息系统的战略任务是什么？

4. 管理信息系统总体规划的主要内容是什么？

5. 诺兰阶段模型有何实用意义？它把信息系统的成长过程划分为哪几个阶段？

6. 企业系统规划法、关键成功因素法和战略目标集转化法的作用有什么不同？

7. 如何确定子系统开发的优先顺序？

8. 不注重系统规划引起的后果是什么？

二、同步训练题

1. 瑞馨小区现有稳定住户 1530 户，流动住户 500 户，总住户 2030 户，总住人口达 7000 多人，是一个人口相对比较密集，管理比较繁琐的小区。该小区的物业管理部门主要负责该小区人口流动管理、新增新建住户管理、小区公共环境卫生管理、小区公共设施管理、小区宣传与活动管理、住户私有物品看管、住户物业管理费用的收取、小区安全管理等工作。小区目前虽然已有自己专门的物业管理部门，但在管理方面，仍存在不少缺陷：第一，分工不明确，责任不清楚，导致物业管理部门本身人员管理就十分混乱；第二，由于缺乏对管辖范围的明确界定，人员的安排没能到位，使得许多应该做的工作都被搁置；第三，在记录资料时，采用手工操作，由于不同的工作人员记录资料的格式各不相同，导致资料一致性差、可读性差；第四，大量手写的资料不易保存，由于此小区人口较多，流动性强，所以记录的资料也比较多，而物业管理部门又没有足够的人力、财力专门保存这些资料，使得许多有用的资料被无情地丢弃。存在的主要问题如下：

(1)物业管理架构不完善，政府、管委会、物业管理公司责、权、利关系需要进一步明确。

(2)配套设施运作不理想。小区的投资建设与物业管理脱节，没有从物业的生产、流通与消费的全过程来通盘设计和全方位运作，配套设施运作不理想，物业管理滞后于住房消费使用。

(3)维修保养不得力。小区或写字楼一旦发生故障性事件而向物业管理公司反映(诸如电梯损坏、水管泄漏、电闸破坏、防盗门失灵、墙灰剥落等)，往往不能得到及时解决。其原因是物业管理公司在这些方面无能为力。一不具备各方面的专业知识，二没有配备必要的维修队及设施，一旦接到维修投诉，只能向其他相关单位报告或申请维修，这显然不符合专业物业管理规范。

(4)物业管理经费及收费项目管理混乱。伴随着小区的的规模不断扩大和住户的不断增多，像小区中的汽车，小区附带设施，小区的各项维修、投诉等都将越来越复杂，工作量也将越来越大。但一直以来人们使用传统人工的方式管理各种数据，这种管理方式存在着许多缺点，比如：效率低、保密性差，另外，时间一长，将产生大量的文件和数据，这对于查找、更新和维护都带来了不少的困难。

小区管理用手工操作，工作非常繁琐，需要大量的人力、物力和财力，极大地浪费了小区物业的资源，随着科学技术的不断提高，计算机科学技术日渐成熟，其强大的功能已为人们深刻认识，它已进入人类社会的各个领域并发挥着越来越重要的作用。作为计算机应用的一部分，使用计算机对企业单位的各项信息进行管理，具有手工管理所无法比拟的优点。例如：检索迅速、查找方便、可靠性高、存储量大、保密性好、寿命长、成本低等。这些优点能够极大地提高工作的效率，也是企业的科学化、正规化管理与世界接轨的重要条件。

因此，开发这样一套小区物业管理系统软件成为很有必要的事情，瑞馨小区物业管理系统使管理者和业主对住宅小区中的事务能更方便、更快捷、更满意地得到解决，将小区管理人员从复杂的物业管理之中解放出来。

请对“瑞馨小区物业管理系统”进行系统规划和可行性分析。

2.请编写“定制合同管理信息系统”系统规划及可行性分析报告。

第5章 领域调查与分析

学习目标

通过本章学习掌握领域调查与分析的任务，掌握领域调查与分析及业务流程图的绘制，掌握实体调查与分析方法及实体关系图的绘制。

重点难点

领域调查与分析及业务流程图的绘制，实体调查与分析方法及实体关系图的绘制。

5.1 任务导入

进行系统规划后，如果项目的可行性分析结论是可行的，是值得开发而且也是有必要开发的，那么就要投入一定的人力、物力和财力深入系统应用现场详细调查分析目前系统的业务，掌握拟建立的系统将要代替目前系统的哪些工作，完成这些工作需要存储和处理哪些人、事、物的信息。

5.2 领域调查与分析概述

领域调查与分析的目的是分析和认识现行组织系统。领域调查与分析是在系统分析员的主持下，由开发人员和用户一起，对现行组织系统的目标、组织机构、职能作用、业务流程、管理模型、现有信息系统的状态及存在的问题等进行深入分析，以建立起反映现行组织系统的业务模型，为新系统的开发建立基础。

领域调查要周密计划，精心安排。第一，应该明确调查的任务和范围以及调查的对象，并对调查的工作作出基本估计；第二，组织调查小组，并对参加人员进行必要的培训，明确分工，落实任务，责任到人；第三，确定调查采用的方法、工作规程、描述规范以及所采用的工具；第四，制订详细的调查计划。

领域调查采用自上向下逐步展开的调查策略，对于大型复杂的组织系统进行调查，原则上应该采用自上而下、由粗到细、步步深入的调查策略。可以采用以组织目标为基准、以组织机构为脉络、以业务流程为主线的调查路线。

业务调查方法可以采用：面谈、走访、问卷调查、召开座谈会、采用调查网站进行调查、在企业 QQ 群或微信平台咨询征求意见等，可以采用单个方法或多个方法的综合。

5.3 组织目标、机构及职能调查与分析

调查组织目标、规模、机构、职能、产品、市场、技术、设备、业务、信息、企业管理、人员素质、组织文化、组织信息系统建设现状等。通过对组织的使命、目标、策略和制约条件的分析，全面地认识组织系统，为下一步确定信息系统目标奠定基础。

组织目标是组织的奋斗方向，组织的一切工作都将围绕着组织目标展开。信息系统是直接为组织目标服务的，信息系统建设的目标、规模、速度都应该根据组织目标而定。因此，在业务分析时，首先应该分析组织目标。组织目标分析主要包括组织使命分析、组织目标结构分析和组织目标的实现策略分析等内容。

组织机构是组织的结构框架，是组织为了实现其目标，根据管理的需要，依据组织职能和组织实际所划分的组织系统的结构模式。组织机构呈层次结构，一般分为两层、三层或多层。

组织机构既是组织管理的需要，也是组织目标和职能的集中反映，是组织的骨架和纲线。抓住组织机构，也就抓住了组织的主脉。根据组织机构可以搞清楚组织的其他问题。

用组织机构图来表现组织机构调查结果。组织机构图一般仅能够反映组织的部门设置，以及各部门之间的行政隶属关系。隶属关系是线形层次关系。图 5-1 是某制造企业的组织机构图。

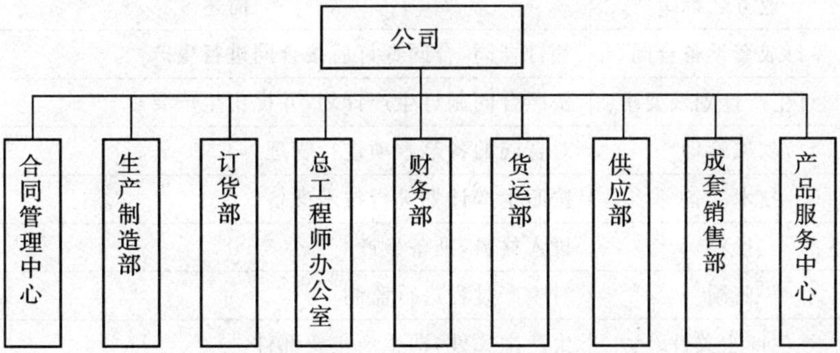

图 5-1 组织结构图

组织职能是为了实现组织使命和目标，赋予组织的职责和功能，也称为组织功能。各部门之间除存在隶属领导关系之外，还存在着职能指导关系，而且职能指导关系纵横交织在各部门之间。要全面理清组织管理，就需要理清这些关系。

从组织使命和目标出发进行组织职能分析，通过考虑以下问题确定组织职能及关系：为了实现组织的使命和目标，组织应该具备哪些职能？所确定的组织职能与组织使命和目标是否存在相互抵触的地方？所确定的职能是否一定必要？组织使命和目标是分析和筛选组织职能的重要准则。

可以采用用例图描述组织职能，它是从参与者的角度观测到的组织功能，它能够清楚地反映组织的功能结构和参与者与组织职能的交互关系。

5.4 业务调查与分析及业务流程图

业务是为了实现组织的目标和职能，组织实体的有序活动过程。组织通过实体的有序活动来完成赋予组织的职能。比如某设备制造公司的合同管理、生产制造、入库、发货、出库、点件、安装及服务是公司中的业务。业务过程交织着组织的人流、物流、资金流和信息流。有简单、单一的业务，也有复杂、综合的业务。

业务分析的第一项工作是确定组织中都有哪些业务。只要是为实现组织职能的组织实体的有序活动过程就是组织业务。因此，对于业务判定的唯一准则是它是不是为实现组织职能的组织实体的活动过程。另外，还需要判定业务与组织目标是否有关，与组织目标无关的业务可以忽略。

业务的确定建立在全面调查和分析组织现状的基础之上，只有对组织管理进行了深入分析，才能抽取出全面、正确的组织业务。对已经确定的组织业务应该记录在“业务明细表”中，标明各个业务的名称和简要描述。表 5－1 是制造企业业务活动明细表。

表 5－1　制造企业业务活动明细表

编号	业务名称	描述
1	签订成套设备合同	签订合同，合同签订后按合同进行生产
2	制订生产计划及要求	按照合同制订生产计划，并提出生产要求
3	款项管理	对合同的各笔款项进行管理
4	技术准备	按照生产计划进行技术准备
5	投料	投入材料，准备生产
6	监制	对生产过程进行监制
7	生产主关件	生产主关件，即生产主要部件
8	用户产品进场	组织用户进场件进场，并投入生产
9	产品入库	生产出来的产品入库
10	发运审批	发运之前检查产品数量和质量是否合格
11	产品出库	根据发运审批单将相关产品出库
12	发运	根据不同的产品体积、数量，选择交通工具，将产品发运到安装地点
13	点件	产品都到达发运地点后，检查产品数量是否正确，各种产品质量是否满足要求
14	安装调试及服务	产品都运达用户要求的安装现场，而且经过点件，所有到达的产品数量与质量全部满足要求，进行安装调试与服务工作

业务确定之后，接下来需要确定各个业务与组织机构的关系。业务一般分属于一个部门或涉及几个部门，需要分析各个业务所属或所涉及部门，以便于分析业务的功能和业务流程。可以通过业务与部门关系分析表来描述部门和业务的关系，如表 5-2 所示。

表 5-2 业务与部门关系分析表

业务名称 \ 部门	合同管理中心	生产制造部	订货部	总工程师办公室	财务部	货运部	供应部	成套销售部	产品服务中心
签订成套设备合同	*	*	*	*	?	?	?	*	?
制订生产计划及要求	*	*	?	*	?	?	?	?	?
款项管理	*	?	?	?	*	?	?	?	?
技术准备	*	*	?	*	?	?	?	?	?
投料	*	*	?	?	?	?	*	?	?
监制	*	*	?	?	?	?	?	?	?
生产主关件	*	?	?	*	?	?	?	?	?
用户产品进场	*	*	?	?	?	?	?	?	?
产品入库	*	?	?	?	?	?	*	?	?
发运审批	*	*	?	?	?	*	?	?	?
产品出库	*	?	?	?	?	*	?	?	?
发运	*	?	?	?	?	*	?	?	?
点件	*	?	?	?	?	?	?	?	*
安装调试及服务	*	?	?	?	?	?	?	*	*

说明：* 表示该部门的主要业务；? 表示与该部门有关系的业务。

业务流程分析是业务分析中的一个很重要的内容。只有对业务流程进行深入分析，才能够深入地理解业务的活动过程，了解业务活动所涉及的各种组织实体，了解业务的过程、步骤、规则和方法。业务流程分析最终要画出业务流程图，业务流程图可用活动图表示。例如，某制造企业产品制造的过程是：企业先与客户签订制造产品合同。由于产品由多个小产品（为方便起见，大小产品通称产品）组成，合同签订后，企业分析合同内容，决定哪些产品本企业可以自行生产，哪些产品需要外包。若客户所有产品全部自行生产，则安排生产计划和款项拨付计划，进行技术准备，然后开始生产。生产过程要进行监制。部件生产完成后入库存放，当某客户所需产品的所有部件都生产完成后，开始发运部件到客户所需要的安装地点，在安装地点完成点件（即清点部件）工作后开始安装产品。若客户产品的部分部件需要外包，则通过招标，签订外包合同，由其他单位生产。外包部件的生产过程与自行生产过程一样。业务流程图如图 5-2 所示。

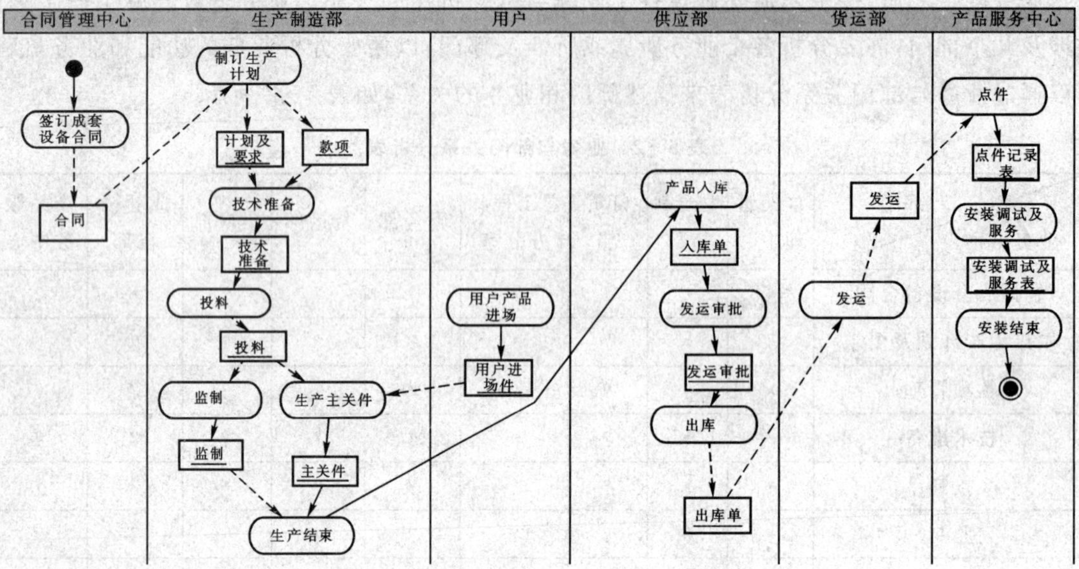

图 5-2　某制造企业业务流程图

5.5　实体调查与分析

5.5.1　实体概述

实体是组织中的各种人、事、物。组织由各种实体构成,通过实体的活动和状态的变化构成组织的活动,由实体的活动构成组织业务,以实现组织的目标和使命。因此,认识组织必须认识组织中存在的各种实体、实体的特征、实体的状态和变化过程。信息系统通过对实体信息的管理实现组织管理目标。实体是开发信息系统的基础,在面向对象方法中,信息系统中的类很大一部分来源于对组织实体的抽象,实体也是信息系统数据库设计的概念设计的实体的来源。

实体的性质是实体所固有的本质特性。实体性质分为静态和动态两类。静态特性(也称为属性)是指实体所具有的比较稳定的特性,不明显具有动作、变化、活动等动态性。例如,合同实体的静态特性有合同序号、合同发运方式、用户、用户装置名称、用户行业、买方、合同价、用户重要度等。动态特性是指实体的动作、变化、活动等特性。例如,合同的动态特性就有添加、删除、修改和保存等。

实体之间必然存在各种关系。要准确地把握所认识的实体,还需要认识实体相互之间的关系。实体具有层次结构性,即实体中包含着实体,并且可以层层细化。例如,公司是实体,而公司中有很多职能部门,每个职能部门下有多个科室等实体。

实体的确定要从业务入手,一个业务会涉及多个实体。业务流程伴随着实体的活动和实体状态的变化。组织中的每一个业务都会关联到多个实体,认识各业务所关联的实体对认识业务过程以及业务与实体之间的关系有重要意义。业务所关联的实体可以通过业务实体表来描述,如表 5-3 所示是某制造公司业务与实体关系表。

表 5-3 业务与实体关系表

编号	业务名称	关联的实体
1	签订成套设备合同	合同
2	制订生产计划及要求	生产计划及要求表
3	款项管理	合同进度货款
4	技术准备	技术准备表
5	投料	投料表
6	监制	监制表
7	生产主关件	主关件表
8	用户产品进场	用户进场件表
9	产品入库	入库单
10	发运审批	发运审批单
11	产品出库	出库单
12	发运	发运单
13	点件	点件业务表
14	安装调试及服务	安装调试及服务表

业务流程是组织业务的活动过程。业务活动过程也是组织实体围绕着实现组织的某些目标的活动过程，在业务流程中伴随着组织中大量的人流、物流、资金流等实体流和信息流。但所有的实体流最终都要反映为能够被人们接收和处理的信息流。如在图 5-2 业务流程图中就有业务实体对象。

5.5.2 实体分析

通过业务分析可能找出很多个实体，实体分析就是分析系统有哪些人、事、物的信息需要由信息系统进行存储和加工，需要信息系统存储和加工的人、事、物之间是什么关系。实体分析有发现实体、筛选实体、确定实体的属性和实体关系分析等步骤。

1. 发现实体

实体分析的第一项工作是发现组织中所存在的各种实体。发现实体可以采用以下某种方法或多种方法的综合从多个角度去发现。

(1)从组织目标、机构职能和业务中发现实体。在组织目标、机构、职能、业务的分析中会涉及大量的实体，在分析过程中随时把所涉及的实体记录下来，它们就是所要发现的实体，表 5-3 就是从业务中找到的实体。

(2)从现有文档中发现实体。实体的名称一般都是名词或名词短语。可以从组织现存的各种文档中搜索各种名词和名词短语，作为候选实体。

(3)直观分析实体。可以通过直观分析发现组织中所存在的客观事物，作为发现的组织实体。

(4)名称分析法。需要对实体名称进行分析，杜绝同名异体和同体异名的现象。例如，合同管理信息系统的实体有：合同、客户、人员、产品、计划及要求、技术准备、投料、主关件、监制、用户进场件、入库单、发货审批、出库单、发运、点件记录表、设备安装及服务等。

2. 筛选实体

从多个角度发现的实体可能很多，因此，要把冗余的实体和不需要信息系统管理其信息的实体筛选掉。

3. 确定实体的属性

确定实体的属性就是确定实体的哪些信息需要信息系统来管理，例如，合同实体需要由信息系统管理的属性有：合同序号、合同发运方式、用户、用户装置名称、用户行业、买方、合同价、用户重要度、签订日期、接交日期、交货地点、合同编号、运费负担、到货地点、安装方式、违约处罚条款、合同规定发货条件、生产制造单位、二次价等。

4. 实体关系分析

组织中的各个实体总是通过与其他实体所存在的相互关系而表现出自己存在的价值和意义。组织中的实体之间存在着多种联系，在实体关系分析中应该反映实体之间存在的本质的、核心的、主要的关系，实体分析只需要把与所要开发的信息系统相关的实体之间的关系都描述出来。例如：一份合同与多个产品关联，个人与合同的关系是多对多的关系等。

5.5.3 基于 Rational Rose 的业务对象建模

业务对象模型也叫实体关系模型，可以用 UML 中的类图来描述组织中的主要实体以及实体之间的相互联系所呈现的静态结构。组织实体关系模型反映了组织中的主要事物以及事物间的相互关系，相当于组织的一个静态构成框架模型。组织中存在各种各样的客观实体，组织实体模型一般需要由多张图描述，一张图可以描述组织的一个部门、一个业务或一个用例的实体结构。

Rational Rose 可以对开发一套系统所有的模型进行管理，打开 Rational Rose 选择“Rational unified process”，如图 5－3 所示，就可以建立空的模型文件，将模型另存，例如，文件名为“合同管理信息系统 Rose 模型”。

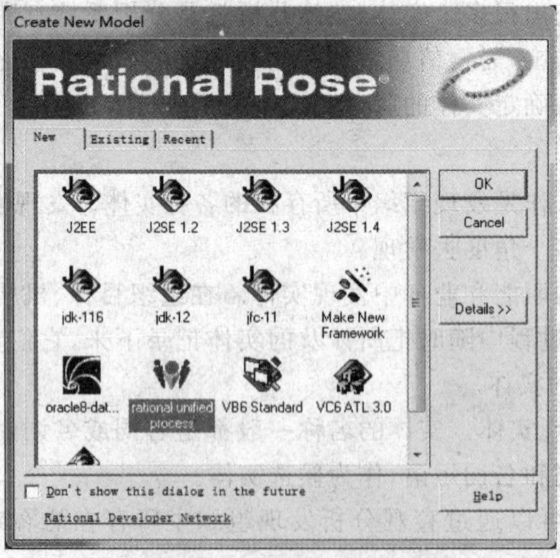

图 5－3　建立 Rational Rose 模型文件

在浏览器窗口，选择“Logical View”，选择“Business Object Model”，可以建立相关的业务对象模型，如图 5-4 所示。

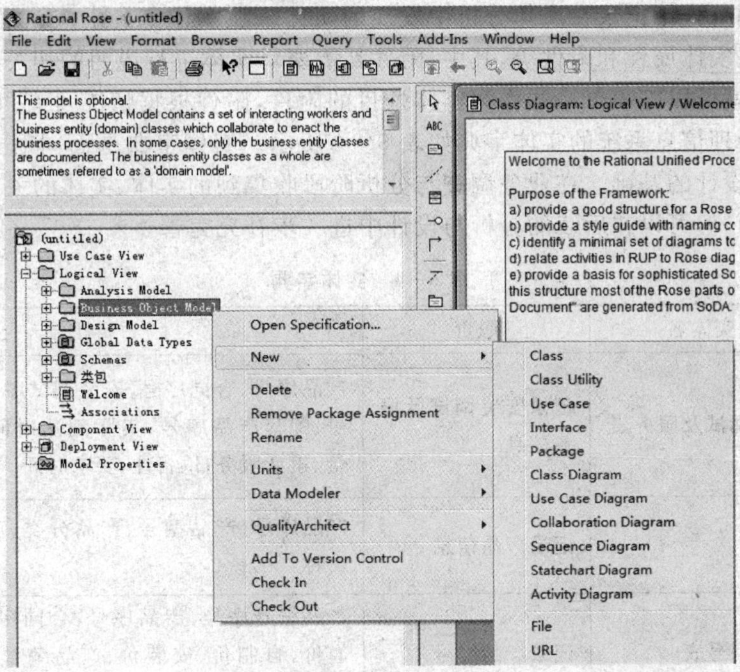

图 5-4 建立业务对象模型

图 5-5 是采用 Rational Rose 建立的制造企业定制合同管理信息系统业务对象模型。

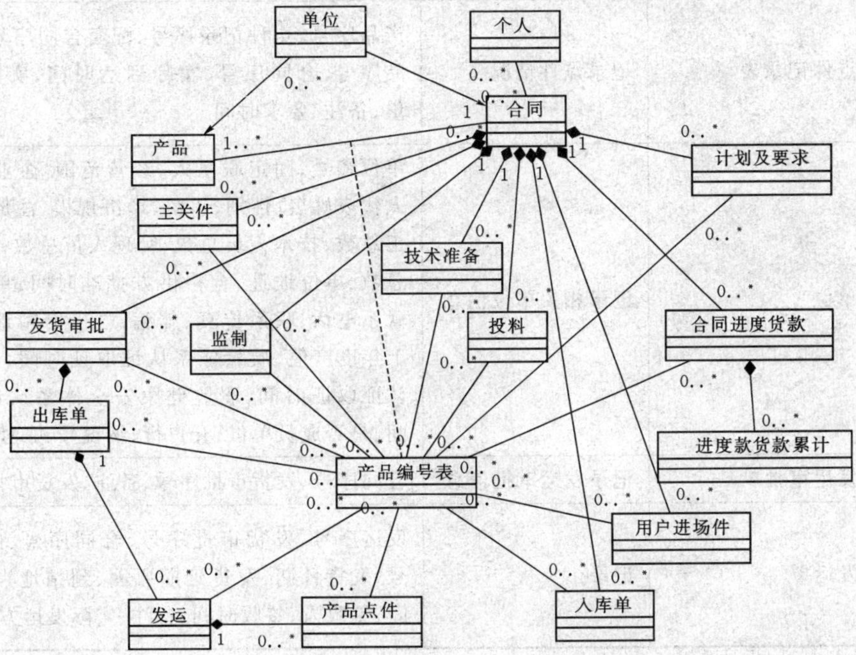

图 5-5 制造企业定制合同管理信息系统实体关系图

5.5.4 实体字典

实体字典用来详细记录在实体分析中发现的实体。在实体字典中应该描述实体编号、实体名、实体职责、实体属性和附件等，其中，附件是需要对实体进行说明的相关材料，例如，对复杂表单类实体，就可以把表单格式作为实体条目的附件，附件根据情况可有可无。例如，制造企业定制合同管理信息系统的实体字典如表 5－4 所示。实体字典是面向对象开发中类的来源，也是数据库设计的基础。在业务调查与分析阶段收集到的实体、实体的关系和实体的属性可能不是很全面，但可以在后续的分析与设计中进一步补充完善。

表 5－4　实体字典

编号	实体名	职责	属性
E1	安装调试及服务表	记录安装调试及服务信息	产品序号、合同序号、安装调试序号、配套合同序号、配套产品序号、实际到达时间、实际到达数量、累计服务日、备注、要求时间
E2	产品	记录产品信息	产品序号、产品型号、产品分类、产品属性、产品名称
E3	产品编号表	记录产品编号	产品编号序号、产品序号、合同序号、合同价、配套价、自制价、安装价、产品编号、新老产品、图号、细分市场、备注
E4	出库单	记录出库信息	合同序号、出库单序号、发货审批序号、出库日期、出库数量、实现销售金额、备注、出库单编号
E5	点件记录表	记录点件情况	产品序号、点件记录序号、配套合同序号、配套产品序号、合同序号、实际到达时间、实际到达数量、备注、要求时间
E6	单位	记录相关单位信息	单位编号、固定联系人、经营范围、企业性质、法人代表姓名、性别、年龄、经济规模、注册资金、职工总数、技术人员总数、管理人员总数、生产工人总数、单位地址、合格供方批准时间、单位名称、联系电话、联系传真、邮编、电子信箱地址、企业上年度产值、质量体系认证取证时间、环境体系认证取证时间、职业健康安全体系认证取证时间、是否成员单位、开户行、纳税号、账号
E7	发运审批单	记录发运审批信息	合同序号、发货审批序号、备注、发货审批日期
E8	发运单	记录	发运序号、发货审批序号、合同序号、出库单序号、发货日期、发货延期原因、到站地点、到站时间、签收人、签收时间、备注、实际发运方式

续表 5-4

编号	实体名	职责	属性
E9	个人	记录相关人员信息	个人编号、证件类别、性别、年龄、电子信箱地址、邮编、联系传真、联系电话、个人名称、证件号码、民族、政治面貌、生日、个人住址、单位编号
E10	合同	记录合同信息	合同序号、合同发运方式、用户、用户装置名称、用户行业、买方、合同价、用户重要度、签订日期、接交日期、交货地点、合同编号、运费负担、到货地点、安装方式、违约处罚条款、合同规定发货条件、生产制造单位、二次价
E11	合同进度货款	记录款项信息	进度款货款序号、合同序号、合同规定预付款时间、合同规定预付款金额、实际到预付款时间、实际到预付款金额、合同规定定金时间、合同规定定金金额、合同规定进度款时间、合同规定进度款金额、实际到进度款时间、实际到进度款金额、合同规定货款时间、合同规定货款金额、实际货款金额、实际货款时间、合同规定质保金时间、合同规定质保金金额、实际质保金时间、实际质保金金额、合同规定试车费用、备注
E12	技术准备表	记录技术准备情况	时间序号、合同序号、技术准备名称、初步资料总体计划时间、初步资料总体完成时间、最终资料名称、最终资料主机计划时间、最终资料主机完成时间、初步资料名称、技术准备主机计划时间、技术准备主机完成时间、审查会召开计划时间、审查会召开实际时间、备注
E13	监制表	记录监制情况	监制序号、合同序号、要求时间、实际进行时间、备注、监制项目
E14	入库单	记录入库情况	合同序号、主机是否履约、主机完成数量、主机完成日期、配套完成数量、配套完成日期、入库单编号、主机未履约原因、配套是否履约、配套未履约原因、库存情况、备注
E15	投料表	记录投料情况	执行序号、合同序号、投料批次、产品编号、库存情况、备注、投料日期
E16	生产计划及要求表	记录生产计划及要求情况	计划序号、产品编号序号、产品序号、合同序号
E17	用户进场件表	记录用户进场件信息	进厂件序号、合同序号、计划进厂时间、实际进厂时间、备注、进厂件名称
E18	主关件表	记录主关件的信息	主关件序号、合同序号、生产阶段、计划时间、调整时间1、调整时间2、实际时间、生产实施状态、备注、主关件名称

5.5.5 管理模型调查与分析

管理信息系统至少要模拟现行系统，最好高于现行的管理系统。现行的管理系统很多地方存在一些具体的管理模式和方法，这些模式和方法可以通过某些公式、算法、图表等抽象形式进行描述，这就是管理模型。组织在管理过程中要运用到多种管理模型，诸如计划模型、生产模型、财务模型、库存管理模型、经营决策模型、市场预测模型等。为了方便管理信息系统的模拟，必须对现行的管理模型进行分析，要高于现行的系统还必须引入新的管理模型。不同的组织管理模型会有很大差异，像企业、学校、商场、医院、银行的管理模型是完全不一样的。同一组织内部也存在不同的管理模型。例如，在工厂中就会用到综合计划模型、生产模型、财务模型、库存模型、成本管理模型、经营决策模型、统计分析模型、预测模型等，而在高校中就会有教学管理模型、科研管理模型、招生管理模型、库存管理模型、预测管理模型等管理模型。因此，管理模型的分析应该针对具体的组织进行。

5.6 业务流程重组

组织的业务流程是组织实现其使命和目标的关键业务处理顺序和步骤。新开发的系统要源于原有系统又要高于原有系统，因此，在进行业务调查与分析后，要掌握原有系统为什么不好用，要实现的业务流程目前是怎么样的，新系统该怎样实现相应功能流程，这就是业务流程重组工作。业务流程重组是为了适应经济全球化、市场国际化、需求个性化和社会信息化的社会大环境以及组织现有的信息系统及拟开发的信息系统新环境，对原有的业务流程进行重新设计，以使企业的成本、质量、服务和效率获得更大的提高。业务流程重组必须在系统开发之前进行，只有重组好业务流程，信息系统的处理流程才会顺畅。

本章小结

本章重点介绍领域调查与分析的任务。介绍组织目标、机构及职能调查与分析，领域调查分析及业务流程图的绘制，实体调查与分析方法及实体关系图的绘制，管理模型调查与分析、业务流程的重组。

由于管理信息系统要辅助完成现行的管理，因此在开发初期必须对现行的管理系统进行深入的调查研究。

组织目标、机构及职能调查与分析工作主要掌握组织目标，组织机构及其物流、资金流和信息流之间的关系，掌握组织各部门的责职。组织目标调查与分析有助于信息系统开发目标的确定，机构与职能调查与分析有助于掌握信息系统服务的对象、信息之间的传递关系和信息系统的任务。

业务调查分析有助于掌握信息系统要辅助完成的具体业务，业务流程图的绘制有助于理解现行系统的业务处理过程，为信息系统的处理过程提供依据。

信息系统主要是对组织中的人、事、财、物（统称实体）的信息进行管理，实体调查与分析就是把需要用信息系统管理的实体的特性及它们之间的关系调查清楚，这样在后续的工作中再进一步地考虑如何用信息系统管理这些实体。

实体调查与分析结束后要绘制实体关系图并编写数据字典。实体关系图展示现实系统的实体及其关系，实体字典是对实体的详细描述。实体关系图和实体字典是面向对象开发类图的基础，也是数据库设计的基础，因此非常重要。

管理过程需要用很多模型，模型是决策方案的信息来源，在信息系统中要将模型变成算法，让系统自动调用，因此要调查与分析所需要的管理模型。

业务流程重组是根据已有的信息系统及拟开发的信息系统新环境，对原有的业务流程进行重新设计，以使企业的成本、质量、服务和效率获得更大的提高。业务流程重组必须在系统开发之前进行，只有重组好业务流程，信息系统的处理流程才会顺畅。

习题

一、应用题

1. 某超市欲采用面向对象方法建立一个超市管理信息系统，实现超市中的人、财、物管理。请找出超市管理信息系统中的实体及其属性，画出超市管理信息系统的实体关系图。

2. 画出以下问题的实体关系图。小王是一个爱书之人，家里各类书籍已过千册，而平时又时常有朋友外借，因此需要一个个人图书管理系统。该系统应该能够将书籍的基本信息按计算机类、非计算机类分别建档，实现按书名、作者、类别、出版社等关键字的组合查询功能。在使用该系统录入新书籍时系统会自动按规则生成书号，可以修改信息，但一经创建就不允许删除。该系统还应该能够对书籍的外借情况进行记录，可对外借情况列表打印。另外，还希望能够对书籍的购买金额、册数按特定时间周期进行统计。

3. 某书店销售图书过程如下：读者先从书架上找到所要购买的图书，然后把所要的图书拿到售书员面前，由销售员开售书单，售书单一式三联。读者持售书单到收款台交款。收款员收书款，给售书单上盖章，并给自己留存一联。如果读者需要，再给读者开发票。接着读者持交过款的售书单到售书台前领书。读者把售书单交给销售员，销售员给自己留存一联，并将另外一联连同图书交给读者，并给图书盖章，售书业务结束。请用名词法从上述文字描述中，找出建立一个图书销售系统的实体，并建立实体关系图。

二、同步训练题

1. 请对“瑞馨小区物业管理系统”进行领域调查与分析，编写领域分析报告。

2. 请编写“定制合同管理信息系统”领域分析报告。

第6章 面向对象的需求工程

学习目标

通过本章学习，具备与用户沟通交流、分析整理用户需求的能力，具备采用面向对象方法建立需求分析模型(建立用例图并对用例进行说明)和编写需求说明书的能力。

重点难点

如何获取需求及建立需求分析模型。

6.1 任务导入

对业务进行分析后，掌握了拟开发的管理信息系统将要代替的现实工作和为了完成该工作需要处理的相关人、事、物的信息后，为了开发出让用户满意的管理信息系统，在开发初期，分析人员需要清楚：用户希望建立怎样一个信息系统，系统能够为用户解决哪些问题，信息系统应该具备哪些功能，用户与信息系统会交互哪些信息，用户使用信息系统的方式，等等，回答上述问题的工作就是需求工程。

信息系统开发过程中，由于错误有水波效应，改正错误或在改正错误时引入的附加错误的代价是按指数阻尼正弦曲线增长的。需求工程作为信息系统开发的前期工作，需求定义不准确或错误会导致信息系统产生许多错误，修改这些错误的代价非常高，因此需求工程是信息系统开发中关键的工作。

6.2 需求工程的工作

6.2.1 需求的概念

需求就是用户和开发人员对系统的需要和要求。需求有抽象、宏观的需求，也有具体的需求，因此，需求是有层次的，需求分为业务需求、用户需求、功能需求和非功能需求四个层次。

1. 业务需求

业务需求反映了组织机构或客户对系统和产品高层次的目标要求，定义项目的远景和范围。业务需求内容包括：业务即产品完成的工作；客户即产品为谁服务；特性即产品与其他同类产品相比的特点；优先级即产品功能的优先级是什么；价值即产品的价值体现在何处。例如，制造企业定制合同管理信息系统其业务需求为：系统能打通信息流，将合同管理中心、财务管理处、供应处等部门及下属子公司业务串联起来，对合同及执行过程进行管理，能实现数据共享、信息处理的速度快和质量高。

2. **用户需求**

用户需求表示为了完成业务需求，用户希望系统所必须完成的任务，它从用户的角度描述系统的功能需求和非功能需求。例如，制造企业定制合同管理信息系统用户需求为：要求合同管理信息系统能快速高效地提供合同相关信息。

3. **功能需求**

功能需求表示为了满足用户需求，开发人员必须实现的系统功能，即系统需要完成的事情，也就是向用户提供的一些功能。功能需求通过对系统特性的描述来表现，表示系统为用户提供某项功能使系统业务目标得以实现。例如，为完成制造企业定制合同管理信息系统用户需求，要求合同管理信息系统提供合同基本信息管理、合同执行信息管理、基础数据管理等功能。功能需求可以采用用例图中的用例描述。

4. **非功能需求**

非功能需求描述了系统功能所应具备的性能要求，反映了软件系统质量和特性的额外要求。比如，可用性、功能性、可维护性、可靠性、可扩展性、可移植性、有效性、安全性等。例如，因为合同管理信息系统登陆的用户很多，而合同信息是公司的核心机密，不能泄露给竞争对手，因此，要求合同管理信息系统有严格的权限管理，以保证信息的安全。非功能需求在用例规约中描述。如图 6－1 是需求的层次、获取及应用图。

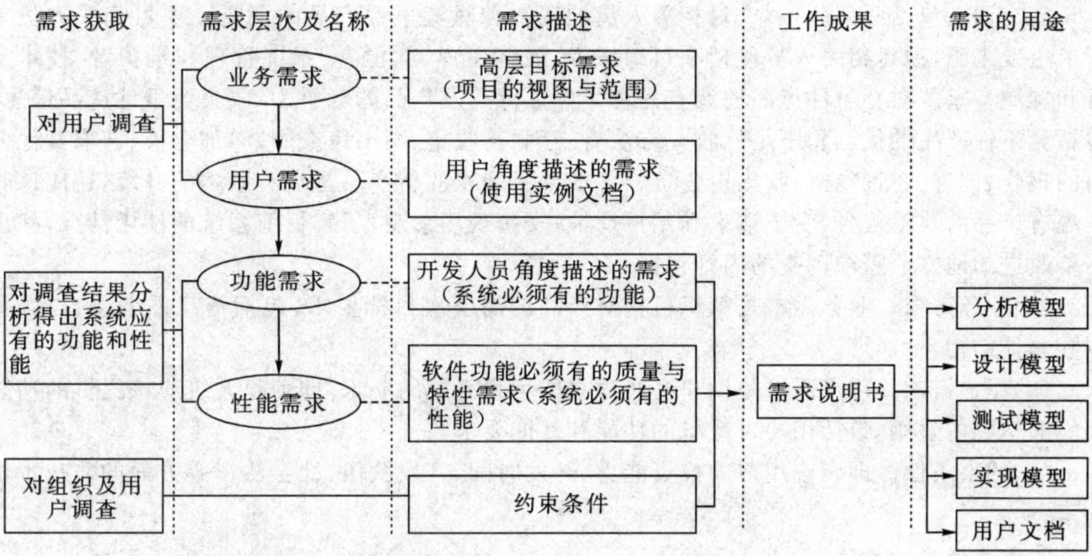

图 6－1　需求的层次、获取及应用图

6.2.2　需求工程的概念及工作步骤

需求工程包括需求调查、需求分析与建模、需求说明书编写和需求评审等工作。需求调查是调查用户对新开发的信息系统的需要和要求。需求分析与建模是根据调查结果结合组织的目标、现状、实力和技术等因素，通过深入细致的分析，确定出合理可行的信息系统需求，并通过规范的形式(即需求模型)描述需求的过程,即根据识别的用户需要和要求,确定管理信息系统应该有哪些功能和性能才能完成相应的工作和相关信息处理工作,才能让用户满意。需求工程的最终成果要为后续开发的各个阶段提供依据,因此必须编写需求规格说明书。由于需求对系统开发有非常重要的作用,因此需要对需求进行评审与确认。

业务需求和用户需求是用户的需求,因此通过需求调查得到。功能需求和性能需求是开发人员根据用户的需求确定的信息系统的功能和性能,它们是对需求进行调查和分析的结果。

需求工程的工作就是从宏观到微观,从用户到开发人员进行需求描绘,逐步精细化,为后续的开发工作服务的过程。需求工程的步骤如下:

(1)需求调查:对业务进行分析,确定系统边界,收集项目相关人员对信息系统在功能、性能、行为、设计约束的需求。这一步是通过调查掌握业务需求和用户需求。

(2)需求分析及建模:对项目相关人员提出的需求进行归纳、分析和审查,建立需求分析模型。这一步是对需求调查的结果合理化,用需求模型表达开发人员必须实现的功能和性能。

(3)编写需求说明书:将需求分析模型转换成需求规格说明书。

(4)需求评审:对需求分析结果进行评审、测试来验证其正确性、完整性和一致性。

6.3 需求调查

1. 需求调查的内容

需求调查包括两部分:对项目相关人员的调查和对竞争性产品的调查。项目相关人员是需求主要来源,项目相关人员包括项目组织者、最终用户、承担者、系统管理和维护者、技术支持和领域专家。对竞争性产品的调查是为了保证待开发产品的竞争力,收集竞争性产品信息,包括竞争性产品的优点和不足。收集方法有:互联网收集、图书馆查阅、参加会议、获取其他公司的报告、调查、咨询专家、收集广告资料。如果所开发的新产品是现有版本的升级,还应该收集现有产品的缺陷报告、变更请求和用户反馈,安排现场参观,了解目前系统的使用情况,找出需要改进的地方。需求调查的内容包括:

(1)业务需求。业务需求是组织机构对产品的高层次目标要求,包括信息系统总目标、范围和总体结构。

(2)用户需求。用户需求是用户对所建立的信息系统的要求,即信息系统应该提供的功能和能够达到的效用,包括用户对系统的功能和性能要求。

(3)约束条件。即调查用户的投资能力、开发时间、开发队伍、社会法律等方面的非技术性约束。

2. 需求调查的方法

需求调查的方法与业务调查方法很类似,需要通过面谈、走访、问卷调查、召开座谈会、建立调查网站、电话咨询、发电子邮件、QQ群和微信平台咨询与调查等正式或非正式的方法进行,各种方法都有其优点。例如,面谈是开发方与项目相关人员,尤其是用户方领导层和业务人员交谈,这种方法能从宏观上掌握用户的具体需求方向,了解现有的组织架构、业务流程、软硬件环境。当需要考虑大量用户的需求意见时,问卷调查可以获得大量的定量数据。为了快速、准确地获取用户需求,一般采用多种方法进行全方位综合调查。在调查过程中同时采用以下手段:

(1)启发式。调查人员在需求调查过程中,需要对用户进行引导和启发,让用户对信息系统产生感性认识,启发和引导用户发现现行组织管理和业务处理中所存在的问题,发现潜在的需求。

(2)参观法。让用户参观同行业或同类型成功的信息系统。

(3)原型法。原型法是根据用户的初步需求,构造出信息系统的初步原型。用户和调查人员针对所生成的原型进行讨论,分析原型是否准确地反映了用户的初衷,哪些方面还应该改进和加强。原型给用户和开发人员的交流和讨论提供了一个具体的参照物,有原型作为对象,需求调查就有针对性,可以澄清和纠正许多模糊和矛盾的用户需求。目前采用的原型法采用Visual Basical 或 Visual Foxpro 等快速构造原型界面,或用自有软件快速集成用户界面。大量的项目开发实践说明,原型法由于形象直观,易于与用户沟通,因此是快速获取用户需求,消除用户和开发人员之间对系统理解歧义的最好的方法。

(4)基于用例的方法。采用面向对象的用例模型建模技术获取用户的需求。首先,找出系统的参与者,然后找出每个参与者使用的用例,画出用例图,对用例进行描述。该方法参见本书 3.3 节。

任何独立用例都不能在缺少参与者的情况下独立存在。同样,任何参与者也必须要有与之关联的用例。所以识别用例的最好方法就是从分析系统参与者开始,在这个过程中往往会发现新的参与者。先在系统范围和边界、现有系统(如果有的话)的文档和用户手册、项目会议和研讨会的记录以及现有的需求文档、工作手册等资料中确定参与者。

3. 需求调查的 Rational Rose 建模

需求调查过程中,有时需要将用户的意图用图形表示,这时可以采用 Rational Rose 建模。操作步骤如下:打开在 5.5.3 小节中为管理本系统所有模型所建立的工程"合同管理 Rose 模型",选择"Use Case View",单击鼠标右键,选相关模型就可以绘制需求调查中的相关模型,如图 6-2 所示。

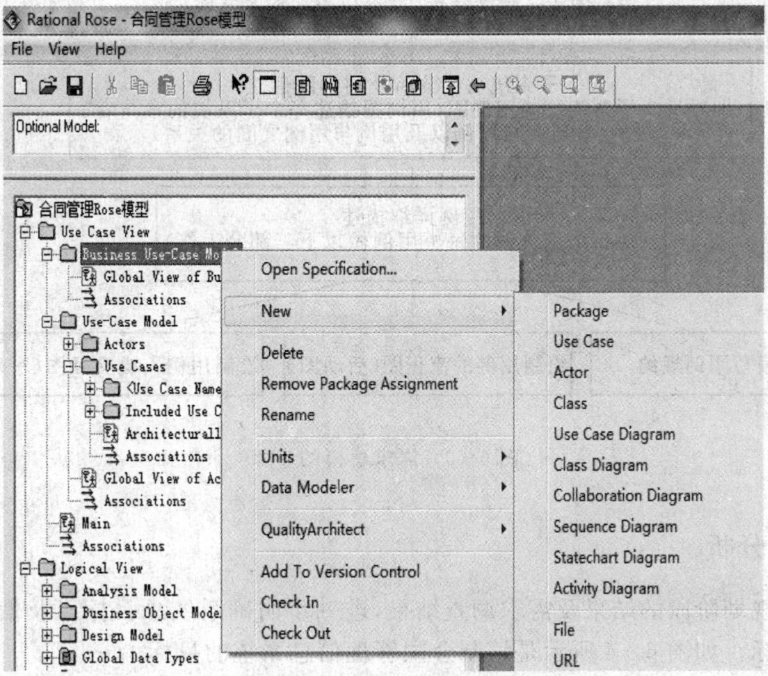

图 6-2 需求调查的建模

6.4 需求分析与建模

6.4.1 概述

需求建模的任务是在需求调查的基础上，结合组织目标、业务现状、技术水平、投资能力等因素，对用户提出的需求从信息系统目标、宏观结构、业务功能、技术性能等方面进行深入分析，最后确定出全面、合理、可行的信息系统需求。用户所提出的需求一般具有模糊、片面、脱离实际等问题。需求建模是对现实进行抽象，用清晰、简明的方式表达需求调查获得的信息，对用户需求的合理化过程，即：通过对用户需求的修改、补充、细化、删减、重整等工作，最后得出全面、合理、可行的信息系统需求。需求模型是用户和开发者之间的共同语言基础，可以消除理解上的歧义。需求建模应该有用户参加，随时与用户沟通思想，了解情况，最终所确定的需求分析结果应该征得用户的认可。需求建模帮助开发人员理解系统的信息、功能和行为，是评审的依据，也是设计的基础。需求模型主要描述系统必须做什么，不需要描写如何做。面向对象的需求建模主要是确定系统目标，进行需求结构分析（即子系统划分），对每个子系统建立用例图，对每个用例进行详细描述（包括编写用例规约，对每个用例绘制流程图及绘制用例人机交互图）。需求分析与建模的步骤如图 6－3 所示。

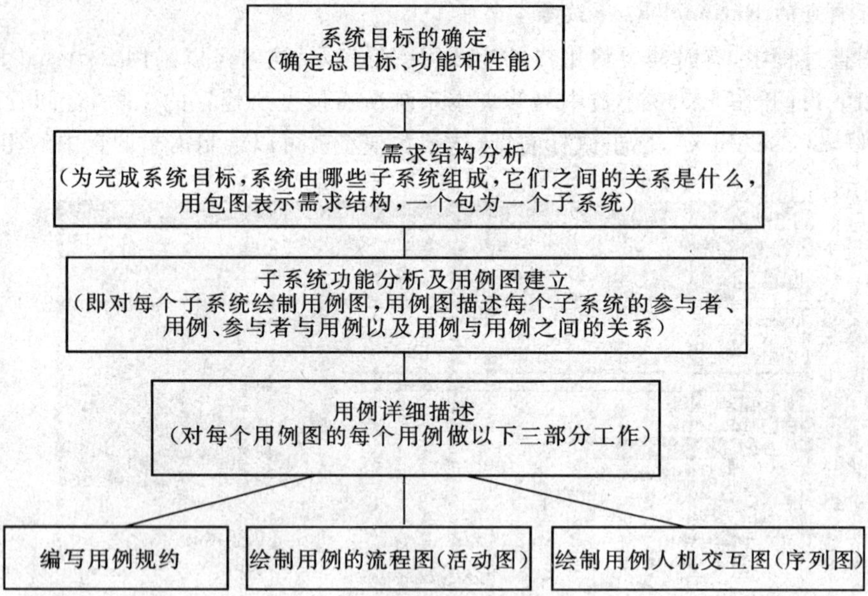

图 6－3 需求建模的步骤

6.4.2 目标分析

根据系统规划阶段的结果及需求调查结果，进一步明确系统总目标以及信息系统的功能目标和性能目标。如图 6－4 所示是订制合同管理信息系统的目标。

定制合同管理信息系统的目标

1. 总目标

对企业定制合同的相关信息,如合同基本信息、合同执行信息、基础数据进行全面管理。提供对合同各种信息的全面、一致、快速查询和报表输出功能。系统安全、可靠、易于操作。

2. 功能目标

(1)合同基本信息管理。提供合同的增加、查重、过滤、排序等功能。

(2)合同执行信息管理。主要对合同执行过程:生产计划、技术准备、投料、主关件、监制、用户进场件、入库单、发货审批、出库单、发运、点件、设备安装及服务管理等产生的信息流(即:各种数据信息)、物资流及资金流(款项)进行管理。

(3)基础数据维护。在合同管理系统中需要大量的基础数据,例如:公司信息、个人信息、产品信息、买方及用户基本信息、代码等,这些信息需要事先输入系统,而且需要根据情况的变化及时更新维护,这样合同管理过程才能方便调用这些数据。

(4)数据查询。为了各有关部门及领导能通过合同管理信息系统了解公司签订的合同情况及合同执行情况,实现对合同执行过程的监督,保证合同按期完成,系统要提供各种各样的合同信息查询,包括指定合同信息汇总查询、合同执行信息查询、日常快捷查询、自定义信息查询、固定信息查询、公共信息查询。

(5)报表输出管理。按年、按月进行订货统计;按年、按月进行合同拥有量统计;公司产值统计;公司销售产值分类统计;合同拥有量统计。

3. 性能目标

(1)便于员工进行各种操作,系统可操作性强。

(2)系统处理效率比手工至少提高95%。

(3)系统具有一定的容错能力,不应经常出现故障。

(4)系统可提供各种方便的查询、插入、修改、删除等功能。

(5)系统稳定性好,长期使用比较安全。

(6)系统具有安全检查机制,非法用户不能进入系统。

(7)系统反应时间最慢不能低于5秒,能为用户每天提供24小时服务。

(8)系统界面设计友好,美观大方,布局合理,功能完善,色调平和,操作方便、灵活。

(9)操作过程中出现错误的话要给予提示。

(10)管理系统的管理流程要符合公司的合同执行流程,合同信息不允许出错,计算信息不允许出错。

(11)系统要有较好的并发能力,在大量用户使用的情况下不能出现故障,具有并发响应能力。

(12)系统应具有良好的可扩充性和可移植性。系统要提供与公司现在正在使用的平台统一的接口,要能与公司现在正在使用的其他系统能够很好地衔接。

图6-4 定制合同管理信息系统的目标

6.4.3 需求结构分析

按照系统规划结果和系统目标,从总体上把信息系统的需求划分成为若干个子系统(每个子系统用包表示),由这些包相互关联构成信息系统的需求结构。子系统划分时,要求子系统内部联系紧密,子系统之间的依赖要减少。需求结构是对需求的一种有效组织方法。通过需求结构把需求划分成为若干子系统,再对各子系统进行分解和细化,这样便于开发人员把握、组织和管理需求。需求结构既是组织需求的方法,同时也为系统分析时确定信息系统结构提供了依据。如图6-5所示是定制合同管理信息系统的需求结构。

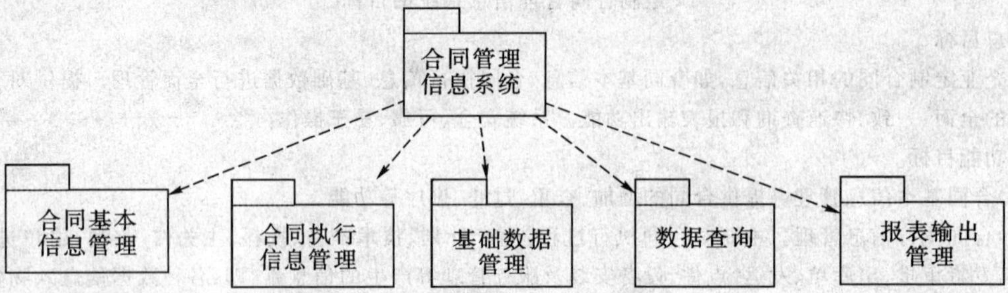

图 6-5　定制合同管理信息系统的需求结构

6.4.4　子系统功能分析及用例图建立

用户需求是信息系统功能的主要来源。组织的业务、管理和决策活动最终反映为组织中各种人员的活动，信息系统将提供给组织的各种人员，辅助完成他们各自所承担的业务工作。子系统是通过用例完成其功能的，因此，用例分析是进行功能分析的主要手段。可以通过信息系统参与者与信息系统的交互过程来确定信息系统的功能。用例建模过程如下：

(1)参与者的确定。参与者是参与完成子系统功能的系统之外的人或其他子系统。参与者必须与系统有信息交换，参与者可能输入信息到子系统或接受系统输出信息。寻找参与者需要考虑以下问题：

①系统的使用者是谁？

②系统需要从哪些人或其他系统中获取数据？

③系统会为哪些人或其他系统提供数据？

④系统是由谁来维护的？

⑤谁对本系统产生的结果感兴趣？

(2)用例识别。用例为系统执行的一个动作序列，这些动作必须对某个特定的执行者产生可观测的、有价值的结果。识别用例的方法基于每个执行者希望从系统得到的结果。因此，基于参与者找用例的方法是：

①参与者希望系统提供什么功能？

②参与者是否会读取、创建、修改、删除、存储系统的某种信息？如果是的话，参与者又是如何完成这些操作的？

③参与者是否会将外部的某些事件通知给系统？

④系统中发生的事件是否通知参与者？

⑤是否存在影响系统的外部事件？

用例名称要体现它给执行者带来的价值。一个用例是系统和执行者之间一次完整的交互，是完整的动作序列。因此，独立的用例是有价值的，是与执行有关联的，而非独立用例，例如，包含用例、扩展用例、继承用例是非独立用例，是不提供给参与者有价值的结果的，不能与参与者有联系。

(3)用例图的建立。

对需求结构图的最底层子系统，需要用用例图描述其内部有哪些功能，功能之间的关系是什么。例如，如图 6－6 所示是合同基本信息管理子系统的用例图。

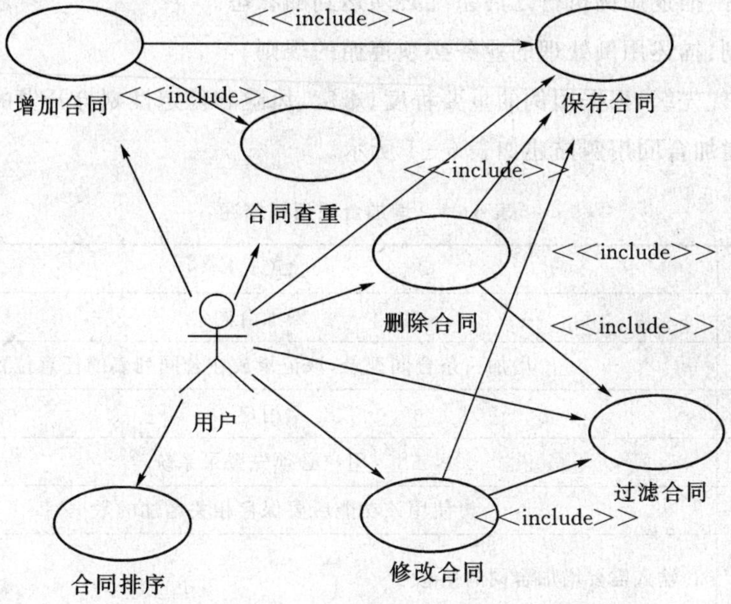

图 6－6　合同基本信息管理子系统的用例图

6.4.5　用例详细描述

用例图直观地描述了参与者与用例之间以及用例与用例之间的关系，描述了信息系统功能，但用例图不能反映各功能的详细内容，以及用户在使用这个功能时与信息系统交互的内容和交互过程。为了让开发人员对用例不产生歧义，还需对每个用例进行详细描述，详细描述的方法为：用例规约、用例流程图（活动图）和用例人机交互图（序列图）。

1. 用例规约

用例规约是用文字形式对用例名称、事件流、用例场景、前置条件和后置条件的说明。用例规约一般描述以下内容：

(1)用例编号。同一个项目，按一定的规则编号。

(2)用例名称。用例名称与用例图中的名称一致，用例是要完成各功能，因此，用例名称必须让人见名思义，必须是动宾或主谓词组，不能为动词或名词。

(3)用例概述：描述用例的参与者使用用例要达到的目的。

(4)基本操作步骤和备选步骤：描述执行者和用例之间发生的动作序列。包括基本事件流和备选事件流两部分。基本事件流是执行用例时“正常”情况下会发生的事件。备选事件流是与正常行为相关的可选行为，不是必须的行为。例如，增加合同信息的基本事件流是：输入合同信息，保存合同信息。备选事件流是：①合同信息的必填项目未填，不能保存，合同增加失败。②输入的合同在数据库中已有，不能保存，合同增加失败。

(5)用例场景：描述用例实例成功或失败的情况。

(6)特殊的需求：描述对该用例的特别要求。

(7)前置条件:描述用例执行之前系统必须达到的状态。

(8)后置条件:描述用例执行之后系统必须达到的状态。

(9)业务规则:描述用例处理的业务必须遵循的规则。

(10)用例的优先级:根据用例的重要程度、难度、风险和稳定性划分开发的优先级。

图 6-6 中增加合同用例描述如表 6-1 所示。

表 6-1　增加合同用例描述

<table>
<tr><td>用例编号</td><td colspan="2">UC1.1</td></tr>
<tr><td>用例名称</td><td colspan="2">增加合同</td></tr>
<tr><td>用例概述</td><td colspan="2">增加一条合同记录,该记录放在合同列表的任意位置</td></tr>
<tr><td>主参与者</td><td colspan="2">用户</td></tr>
<tr><td>前置条件</td><td colspan="2">用户必须先登录系统</td></tr>
<tr><td>后置条件</td><td colspan="2">使用该功能后要保存相关增加的数据</td></tr>
<tr><td>主要的操作步骤</td><td colspan="2">1.输入需要增加合同的信息
2.检查合同的必填项是否已经填,若已填,转到第 3 步;若必填项目未填,则提示继续输入,返回第 1 步
3.查询数据库中的表,检查该合同是否已经存在
4.若数据库的合同表中无该记录,进行增加处理;若数据库的合同表中有该记录,则提示“该合同已经输入”,返回第 1 步继续输入其他合同
5.更新数据库中的合同信息表
6.提示增加成功
7.返回合同管理界面</td></tr>
<tr><td rowspan="3">可选的操作步骤</td><td>4</td><td>1.若合同信息的必填项目未填,提示“请输入合同必填项目”
2.若数据库的合同表中有该记录,提示“该合同已经输入,本次增加不成功,是否继续?”</td></tr>
<tr><td>2a</td><td>若选择继续,返回窗口,继续输入合同信息</td></tr>
<tr><td>2b</td><td>若选择不继续,则退出用例</td></tr>
<tr><td>非功能需求</td><td colspan="2">输入界面方便,系统响应时间快</td></tr>
<tr><td>业务规则</td><td colspan="2">合同的必填项目有:合同序号,订货部门,买方,合同价,产品编号</td></tr>
<tr><td>优先级</td><td colspan="2">高级</td></tr>
</table>

2.用例处理流程的描述

采用活动图对用例的执行过程进行描述,图 6-7 是增加合同用例的流程图。

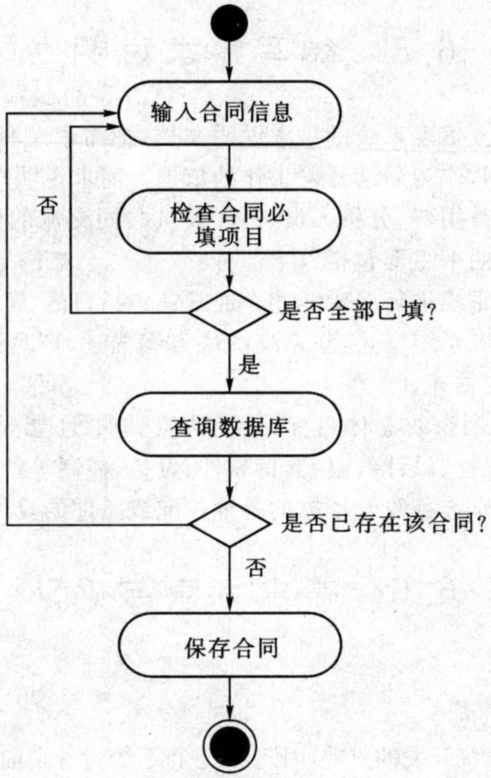

图 6-7 增加合同用例的流程图

3. 用例的人机交互信息

采用序列图对用例的人机交互信息进行描述，在需求分析阶段，绘制序列图时，把整个系统看成一个黑盒子，重点描述参与者向系统的输入和系统向外部的输出。在需求分析阶段，不需要把系统内部的消息传递绘制出来，该工作在系统分析阶段完成。如图 6-8 所示是增加合同的人机交互图。

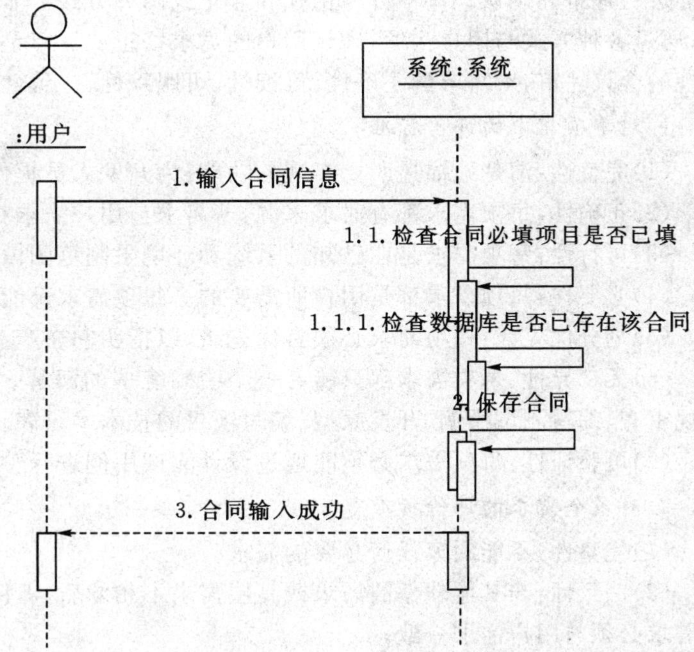

图 6-8 增加合同的人机交互图

6.5 编写需求说明书

编写需求说明书是建立信息系统的需求说明文档，把需求工程的结果采用规范的形式描述出来，形成需求规格说明，作为后续开发工作的依据。需求说明书是需求分析阶段的最终成果，也是需求评审的依据，是用户、分析人员、设计人员共同交流的媒介，是系统设计与编码以及测试和验收的依据。说明书主要包括以下部分：

(1)系统简介：对整个系统进行概要描述。通常还包括目的、范围、术语定义等。

(2)系统说明：包括原有系统描述，新系统解决方案描述，产品用途，产品功能，用户特点，局限性，前提和假设等概要描述。

(3)软件规格说明：说明系统总体目标、系统功能要求、性能要求、输入和输出要求、可用性、可维护性、灵活性、安全性、设计约束、支持软件、设备、控制等。

(4)验收标准：明确规定产品验收依据的各种标准或条件的具体内容。

6.6 需求评审与确认

6.6.1 需求评审

需求的正确与否决定系统开发的成败，因此，在进行系统设计之前，要对需求进行检查，以便发现需求的遗漏之处或不规范之处，并进行修改，确保需求的正确性。需求评审是根据需求说明书，对需求的正确性、可行性、必要性、优先级、完整性、一致性、可修改性、可跟踪性、可验证性、无二异性等进行评审和确认。评审分为正式和非正式两种方式。非正式评审是在需求说明书写完之后，通过各种方式与用户沟通，确认用户的需求。正式评审是组织专家及相关的参与人员进行正规的会议评审，对需求的正确性、可读性、可跟踪性、一致性和完备性、清晰性等认真分析。

1.对单项需求的评价标准

(1)完整性：清楚地描述所要实现的功能，为开发人员提供实现这些功能的必要信息。

(2)正确性：每项需求都有需求来源，若需求与用户需求相抵触则是不正确的。

(3)可行性：每项需求是在已知的系统和环境限制范围内可以实施的。

(4)必要性：每项需求都是用户所需要的。每项需求都能回溯到客户的某项输入。

(5)划分优先级：每项需求必须有优先级，以指明它在产品中的重要性。

(6)无二异性：每项需求都只能有一个明确统一的解释。避免二义的办法有：需求文档的正规审查、编写测试用例、开发原型、编写项目的技术术语表。

(7)可验证性：每项需求必须能通过设计测试用例进行验证。

2.对多个需求的评价标准

(1)完整性：不能漏掉任何必要的需求。

(2)一致性：与其他软件的需求或高层需求不相矛盾，即用户需求必须与业务需求一致，功能需求必须与用户需求一致。

(3)可修改性：方便需求的修改。

(4)可跟踪性：每项需求与其来源、设计元素、源代码、测试用例要能够建立联系。

6.6.2 基于原型的需求确认

由于需求的复杂性和不确定性，为了在早期有效防范风险并降低成本，可以开发简单的原型系统来验证用户需求的有效性，避免对需求理解的歧义性，避免错误引起后期的返工。原型一般采用用户界面原型。有关原型的原理、种类、设计方法请参见 2.2.2 节和 6.3 节。

6.7 需求分析成果的作用

UML 是统一的面向对象的建模语言，用 UML 建模后可以采用不同的面向对象开发过程，本书采用目前使用较为广泛的用例驱动的开发过程。它是从需求分析开始，然后分析和设计类，最后编代码。过程的每一步都是迭代的，迭代就是反复进行。例如，需求可以逐步完成，每次找出部分功能(或初步的功能)，反复进行需求工作后把需求全部做完善。开发过程总体来说都遵循需求、分析、设计、编码和测试这几个主要步骤。系统需求说明书是需求工程的成果，需求分析得到的每个用例都要进行后续的系统分析、系统设计、编码和测试。开发过程是以用例驱动的、以体系结构为中心、迭代和增量的过程。如图 6-9 所示是以用例指导分析、设计、编码和测试的用例驱动开发过程。其中，需求分析的用例图可以指导系统的菜单体系设计，用例流程图、用例交互图和用例说明指导菜单的实现。表 6-2 是需求之间以及需求与分析、设计、测试之间的跟踪关系，该表说明后续工作与需求的关系，在后续工作中一定要注意各种工作的依据及相互关系。这种关系是双向的，从需求开始要检查需求在后续开发中是否实现了。

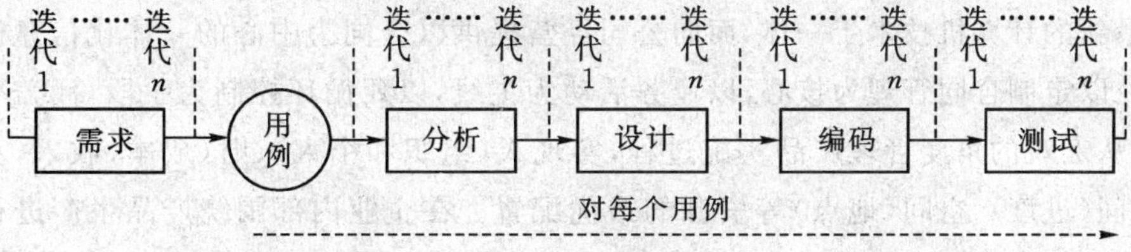

图 6-9 用例驱动的开发过程

表 6-2 需求之间以及需求与设计、测试之间的跟踪关系举例

需求	其他工作
用户需求中的一项	用例模型中一个用例
每一个用例	建立分析类图、交互图
用例中的"特殊需求"	设计模型中的一个元素
用例中的"工作步骤"	设计模型中的一个元素
需求规约中的一项	设计模型中的一个元素
用例中的"特殊需求"	测试模型中的一个元素
用例中的"工作步骤"	测试模型中的一个元素
需求规约中的一项	测试模型中的一个元素

6.8 “定制合同管理信息系统”需求分析

6.8.1 综合需求调查

公司一个产品的开发就是一项复杂的系统工程，从产品订货、组织生产、入库、出库、发运、点件到产品交付用户等涉及面极广，参与单位和人员多，因此产品开发过程有一定的不确定性和风险性。而传统的以纸为载体的径向沟通方式层次多，效率低，费用高，而且极易因信息沟通失误造成损失。一份美国 BRISCNET 公司的调查报告显示：产品成本中的3%～5%是由于信息失误导致的。目前该制造企业定制合同管理中心的现状是：各业务人员对合同的基本信息都要自己输入（其重复字段近十几项），然后做出自己业务段的各类报表，重复工作量大，信息数据的稳定性差。最主要是信息不能够共享，合同的电子信息档案也不完整。公司内与合同有关的职能部门的现状是：财务管理处、会计核算中心、总师办（新产品）、技术处或研发中心、供应处、生产处，每部门都各自建立合同台账，重复输入合同基本信息，既浪费人力、物力，信息数据又不稳定。为了解决合同信息无法共享的这一突出矛盾，实现重要数据的电子化和数据共享，需要开发合同管理信息系统。

合同管理信息系统在该企业业务特点基础上，融合企业资源计划、全面质量管理、项目管理、客户关系管理、知识管理等多种现代管理思想，集 B/S、Web Service、面向对象、工作流、业务智能等最新的计算机技术于一体，面向公司经营提供以合同为中心的一体化信息管理解决方案。软件以定制合同管理为核心，以业务活动为主线，以死循环控制为手段，涵盖整个产品生命周期，从宏观的角度管理产品实施过程，实现人（组织和个人）、财（成本、收入、利润）、物（产品）、时间（进度）、空间（地点）等资源的最优配置。在企业内部围绕产品生产进行全盘计划、实时反馈、动态跟踪、精深分析，将企业的业务活动既按多个产品进行协同管理又能够全面共享整体资源，有效地追踪和控制产品的成本、进度、质量。

通过对制造企业各个部门的调研，我们对制造企业的定制合同管理信息系统的需求进行了总结：

1. 业务需求

(1)系统能打通信息流，将合同管理中心、财务管理处、供应处等部门及下属子公司业务串联起来，对合同及执行过程进行管理，能实现数据共享，信息处理的速度快和质量高。

(2)合同管理中心能通过软件编制各种计划并下发，能监控计划的执行。

(3)能进行公文、档案等的编制、审批、发送、查询管理。

(4)促进信息的时效性，避免信息滞后问题。要求合同管理信息系统能快速高效地提供合同相关信息。

2. 用户需求

合同管理信息系统的使用者是用户，用户功能如下：

(1)合同基本信息管理。用户输入合同相关操作:增加、排序、过滤、查重、删除和保存、复制、粘贴等。

(2)合同执行信息管理。主要对合同执行过程:生产计划、技术准备、投料、主关件、监制、用户进场件、入库单、发货审批、出库单、发运、点件、设备安装及服务管理等产生的信息流(即各种数据信息)及资金流(款项)进行管理。

(3)基础数据维护。在合同管理系统中需要大量的基础数据,例如:公司信息、个人信息、产品信息、买方及用户基本信息、代码等,这些信息需要事先输入系统,而且需要根据情况的变化及时更新维护,这样合同管理过程才能方便调用这些数据。

代码是指公司常用的一些基础数据的取值。例如:安装方式有调试安装、指导安装和工程成套三种。把安装方式的各种取值定义好,使用时可以从下拉框中弹出,方便用户操作。代码属性包括分类序号、分类名称、父级分类序号、结点类型、结点序号、代码类别。

(4)数据查询。为了使各有关部门及领导通过合同管理信息系统了解公司签订的合同情况及合同执行情况,实现对合同执行过程的监督,保证合同按期完成。系统要提供各种各样的合同信息查询,包括指定合同信息汇总查询、合同执行信息查询、日常快捷查询、自定义信息查询、固定信息查询、公共信息查询。

(5)报表输出管理。按年、按月进行订货统计,按年、按月进行合同拥有量统计,公司产值统计,公司销售产值分类统计。

(6)用户权限管理。由于合同管理系统涉及企业的所有部门,使用的用户有上万人,同时在线的用户达5000人以上,而合同管理系统几乎存储整个企业的核心竞争力数据,决定企业的生死存亡。因此,系统要求有高的安全保密机制。安全保密机制的实现除了通过硬件、网络系统和数据库等方面实现外,在系统开发时要开发用户权限管理功能,让不同种类、不同的人员拥有不同的权限。(本书因为篇幅有限,为了教学方便,此部分功能省略,本书把所有的用户简称用户。)

6.8.2 定制合同管理信息系统的需求分析与建模

定制合同管理信息系统的目标及需求结构分别参见6.4.2和6.4.3节。

1.子系统功能分析与用例图的建立

确定参与者。主要确认与系统发生信息交互的所有用户。合同管理信息系统的主要操作员是用户。用户的主要职责是:对合同基本信息进行管理、对合同执行信息进行管理、对基础数据进行管理、进行数据查询、对报表输出进行管理。

2.用例图

根据用户需求绘制用例图,部分用例图如图6-6和图6-10至图6-13所示。

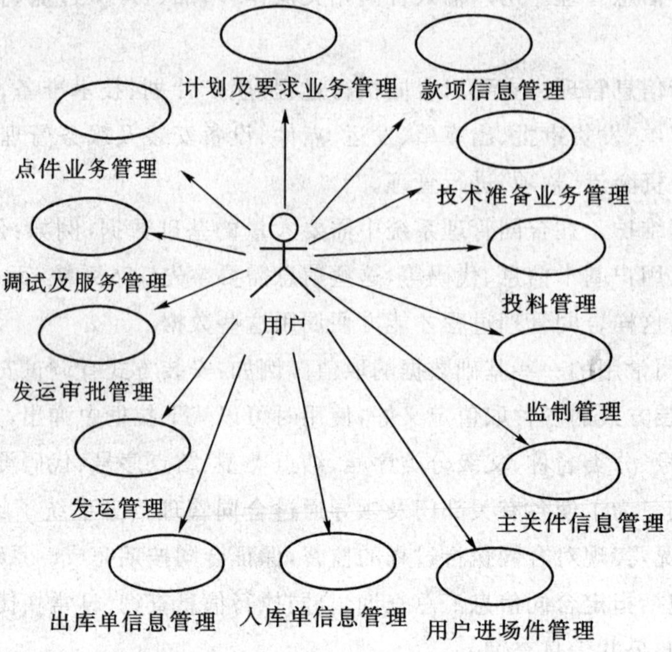

图 6－10　合同执行信息管理子系统用例图

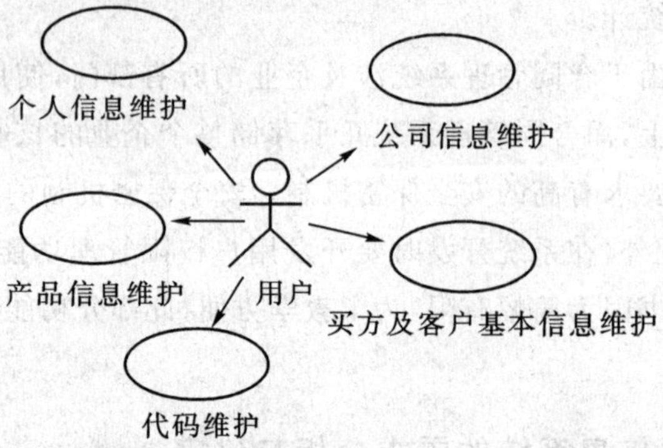

图 6－11　基础数据管理子系统用例图

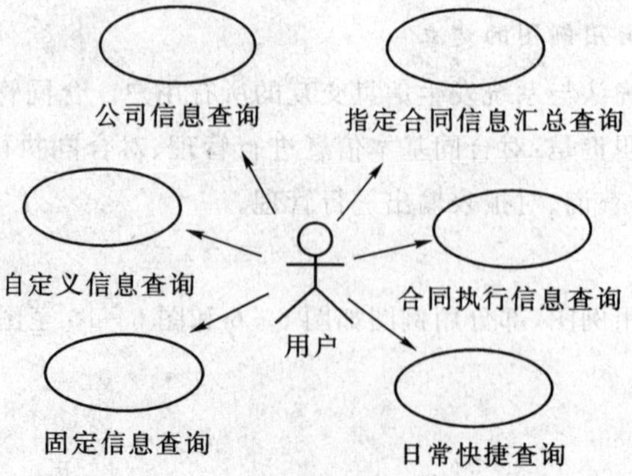

图 6－12　数据查询子系统用例图

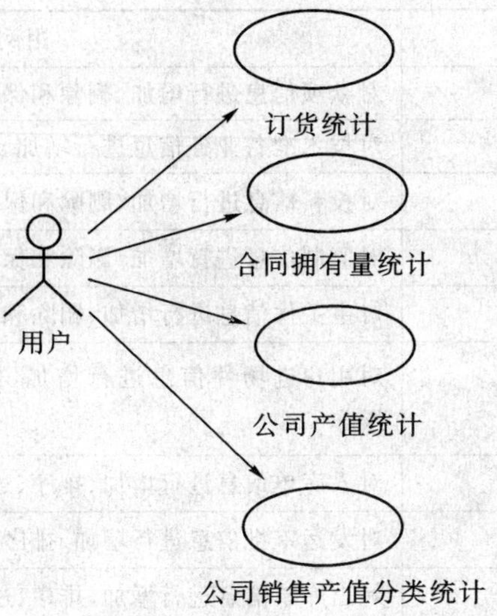

图 6-13 报表管理子系统用例图

因为篇幅有限,在此不给出所有的用例图,表 6-3 是主要用例清单表。

表 6-3 主要用例清单表

编号	用例名称	用例描述
UC1	合同基本信息管理子系统	对合同信息进行增加、排序、过滤、查重、删除、保存等操作
UC1.1	增加合同	增加一条合同记录,该记录放在合同列表的任意位置
UC1.2	插入合同	增加一条合同记录,该记录放在现有记录的前面
UC1.3	合同补行	在“合同信息”窗口的某行上,点击“补行”按钮,则新增加的“合同信息”行在当前所有“合同信息”行之后
UC1.4	删除合同	选择某条合同,对该合同及其相关执行信息进行删除
UC1.5	修改合同	对选择的合同信息进行修改
UC1.6	过滤合同	输入过滤条件,从数据库的合同信息表中过滤满足条件的合同
UC1.7	合同排序	对数据库合同信息表的合同按排序条件进行合同排序
UC1.8	合同查重	检查数据库合同信息表中有无重复的合同记录
UC1.9	合同保存	将合同信息保存到数据库的合同信息表中
UC2	合同执行信息管理子系统	主要对合同执行过程:生产计划、技术准备、投料、主关件、监制、用户进场件、入库单、发货审批、出库单、发运、点件、设备安装及服务管理等产生的信息流(即各种数据信息)及资金流(款项)进行增加、排序、过滤、查重、删除、保存等操作管理
UC2.1	计划及要求业务管理	对计划及要求业务信息进行增加、删除和保存等操作

续表 6-3

编号	用例名称	用例描述
UC2.2	款项信息管理	对款项信息进行增加、删除和保存等操作
UC2.3	技术准备业务管理	对技术准备业务信息进行增加、删除和保存等操作
UC2.4	投料管理	对投料信息进行增加、删除和保存等操作
UC2.5	监制管理	对监制信息进行增加、删除和保存等操作
UC2.6	主关件信息管理	对主关件信息进行增加、删除和保存等操作
UC2.7	用户进场件管理	对用户进场件信息进行增加、排序、过滤、查重、删除、保存等操作
UC2.8	入库单信息管理	对入库单信息进行增加、排序、过滤、查重、删除、保存等操作
UC2.9	发运审批管理	对发运审批信息进行增加、排序、过滤、查重、删除、保存等操作
UC2.10	出库单信息管理	对出库单信息进行增加、排序、过滤、查重、删除、保存等操作
UC2.11	发运管理	对发运信息进行增加、保存和删除等操作
UC2.12	点件业务管理	对点件业务产生的信息进行增加、保存和删除等操作
UC2.13	安装调试及服务管理	对安装调试及服务过程产生的信息进行增加、保存和删除等操作
UC3	基础数据维护子系统	对合同管理系统中需要大量的基础数据进行增加、删除和保存等操作
UC3.1	公司信息维护	对公司信息进行增加、删除和保存等操作
UC3.2	个人信息维护	对个人信息进行增加、删除和保存等操作
UC3.3	产品信息维护	对产品信息进行增加、删除和保存等操作
UC3.4	买方及用户基本信息维护	对买方及用户基本信息进行增加、删除和保存等操作
UC3.5	代码维护	对代码信息进行增加、删除和保存等操作
UC4	数据查询子系统	为了使各有关部门及领导通过合同管理信息系统了解公司签订的合同情况及合同执行情况，实现对合同执行过程的监督，保证合同按期完成，系统要提供各种各样的合同信息查询
UC4.1	指定合同信息汇总查询	对指定的合同查询合同执行情况，输出产品合同执行进度
UC4.2	合同执行信息查询	对合同信息进行快速查询
UC4.3	日常快捷查询	输入查询条件，快速查询满足条件的合同信息
UC4.4	自定义信息查询	根按用户查询合同、按产品型号查合同、按图号查合同、按产品编号查合同
UC4.5	固定信息查询	按人员查询所负责的项目进展
UC5	报表输出管理子系统	生成并输出订货统计、合同拥有量统计、公司产值统计和公司销售产值分类统计报表

续表 6-3

编号	用例名称	用例描述
UC5.1	订货统计	生成并输出订货统计报表
UC5.2	合同拥有量统计	生成并输出合同拥有量统计报表
UC5.3	公司产值统计	生成并输出公司产值统计报表
UC5.4	公司销售产值分类统计	生成并输出公司销售产值分类统计报表

3. 用例详细描述

部分用例规范如表 6-4 至表 6-9 所示。用例流程图与用例交互图因篇幅关系省略。

表 6-4 删除合同用例规范

<table>
<tr><td>用例编号</td><td colspan="2">UC1.4</td></tr>
<tr><td>用例名称</td><td colspan="2">删除合同</td></tr>
<tr><td>用例概述</td><td colspan="2">选择某条合同，对该合同及其相关执行信息进行删除</td></tr>
<tr><td>主参与者</td><td colspan="2">用户</td></tr>
<tr><td>前置条件</td><td colspan="2">用户必须先登录系统</td></tr>
<tr><td>后置条件</td><td colspan="2">使用该功能后要保存相关删除的数据</td></tr>
<tr><td>主要的操作步骤</td><td colspan="2">1. 输入需要删除合同的关键信息，单击过滤合同，显示满足条件的合同列表
2. 选择需要删除的记录，单击删除合同，提示与合同相关的执行信息将会删除
3. 单击确认，进行删除处理
4. 更新数据库中的合同信息表
5. 提示删除成功
6. 返回合同管理界面</td></tr>
<tr><td rowspan="3">可选的操作步骤</td><td>1</td><td>若没有过滤出满足查询条件的合同，提示是否继续过滤</td></tr>
<tr><td>1a</td><td>若选择继续，清空过滤条件输入窗口，继续输入过滤条件</td></tr>
<tr><td>1b</td><td>若选择不继续，则退出用例</td></tr>
<tr><td>业务规则</td><td colspan="2">删除合同，与合同相关的部门、个人及合同执行信息全部删除</td></tr>
<tr><td>优先级</td><td colspan="2">高级</td></tr>
</table>

表 6-5 修改合同用例描述

用例编号	UC1.5
用例名称	修改合同
用例概述	对选择的合同信息进行修改
主参与者	用户
前置条件	用户必须先登录系统
后置条件	修改合同结束后要保存相关修改的数据

续表 6-5

用例编号	UC1.5	
主要的操作步骤	1.输入需要修改合同的关键信息,单击过滤合同,显示满足条件的合同列表 2.选择需要修改的记录,单击修改合同 3.进行修改处理 4.更新数据库中的合同信息表 5.提示修改成功 6.返回合同管理界面	
可选的操作步骤	1	若没有过滤出满足查询条件的合同,提示是否继续过滤
	1a	若选择继续,则继续输入过滤条件
	1b	若选择不继续,则退出用例
业务规则	更新数据库中的合同信息表是要进行查重工作	
优先级	高级	

表 6-6　过滤合同用例规范

用例编号	UC1.6	
用例名称	过滤合同	
用例概述	输入过滤条件,从数据库的合同信息表中过滤满足条件的合同	
主参与者	用户	
前置条件	用户必须先登录系统	
后置条件	过滤合同结束后要显示相关过滤结果的数据	
主要的操作步骤	1.单击过滤,弹出设置过滤条件界面,在该对话框中设置过滤条件,方法条件可以是单个条件或多个条件的组合 2.单击确定 3.显示满足条件的合同列表 4.浏览满足条件的合同的详细信息 5.返回合同管理界面	
可选的操作步骤	1	若没有过滤出满足查询条件的合同,提示是否继续过滤
	1a	若选择继续,清空过滤条件输入窗口,继续输入过滤条件
	1b	若选择不继续,则退出用例
业务规则	过滤合同相当于查询	
优先级	高级	

表 6-7 合同排序用例规范

用例编号	UC1.7
用例名称	合同排序
用例概述	对数据库合同信息表的合同按排序条件进行合同排序
主参与者	用户
前置条件	用户必须先登录系统
后置条件	合同排序结束后要显示相关排序结果的数据
主要的操作步骤	1.单击合同排序 2.在该界面上选择排序方式:按行或按列排序。选择排序主键,排序主键就是以其为主的排序。系统提供第1主键、第2主键和第3主键。系统优先按第1主键排序,如果某些行的第1主键相同,则这些行按第2主键排序 3.单击确定,显示排序结果的合同列表 4.浏览排序后的合同的详细信息 5.返回合同管理界面
业务规则	可以按要求输出相应列
优先级	中级

表 6-8 合同查重用例规范

用例编号	UC1.8
用例名称	合同查重
用例概述	检查数据库合同信息表中有无重复的合同记录
主参与者	用户
前置条件	用户必须先登录系统
后置条件	合同查重结束后要显示相关查重结果的数据
主要的操作步骤	1.单击合同查重 2.显示查重结果的合同列表 3.浏览查重后的合同的详细信息 4.返回合同管理界面
业务规则	合同重复是指除合同序号外,其他列全部相同的合同
优先级	高级

表 6-9　合同保存用例规范

<table>
<tr><td>用例编号</td><td colspan="2">UC1.9</td></tr>
<tr><td>用例名称</td><td colspan="2">合同保存</td></tr>
<tr><td>用例概述</td><td colspan="2">将合同信息保存到数据库的合同信息表中</td></tr>
<tr><td>主参与者</td><td colspan="2">用户</td></tr>
<tr><td>前置条件</td><td colspan="2">用户必须先登录系统</td></tr>
<tr><td>后置条件</td><td colspan="2">使用该功能后要保存合同信息，尤其是相关增加、删除、修改后的合同数据必须保存，相关操作才算成功</td></tr>
<tr><td>主要的操作步骤</td><td colspan="2">1. 单击保存合同
2. 更新数据库中的合同信息表
3. 提示插入保存成功
4. 返回合同管理界面</td></tr>
<tr><td rowspan="2">可选的操作步骤</td><td>3</td><td>增加或修改一条合同记录，若数据库的合同表中有该记录，提示“该合同已经存在，本次保存不成功”</td></tr>
<tr><td>1a</td><td>退出用例</td></tr>
<tr><td>业务规则</td><td colspan="2">只要合同序号不同都可以保存</td></tr>
<tr><td>优先级</td><td colspan="2">高级</td></tr>
</table>

本章小结

本章主要讲述需求工程的概念、重要性以及需求工程的工作流程，详细介绍了需求模型的建立方法和步骤。

需求工程包括需求调查、需求分析与建模、需求说明书编写和需求评审等工作。

需求调查主要进行业务需求、用户需求和约束条件的调查。

需求分析与建模是根据需求调查的结果，结合组织目标、业务现状、技术水平、投资能力等因素，对用户提出的需求从信息系统目标、宏观结构、业务功能、技术性能等方面进行深入分析，最后确定出全面、合理、可行的信息系统需求并将需求用模型表达清楚。

面向对象的需求建模主要是确定系统目标，需求结构分析（即子系统划分），对每个子系统建立用例图，对每个用例进行详细描述，包括编写用例规约、对每个用例绘制流程图及绘制用例人机交互图。

系统需求说明书是需求工程的成果，需求分析得到的每个用例都要进行后续的系统分析、系统设计、编码和测试。

由于需求指导后续的开发工作，因此要对需求进行逐一的评审与确认。

习题

一、简答题

1. 系统需求包括哪四个不同的层次?

2. 简述用例模型的组成元素以及建模步骤。

3. 用哪些方法获取用户的需求?

4. 用例规约包括哪些内容?

5. 需求的评价标准是什么?

二、应用题

1. 某书店图书销售系统功能如下:图书销售系统应该向售书员和收款员提供领书、图书上架、销售图书、盘架、结账、资金结算等功能,其中:

领书:编辑出库图书、查询出库图书和打印出库单。

图书上架:编辑上架图书、查询上架图书和打印架存报表等。

盘架:盘架处理和打印盘架单。

结账:销售汇总和打印销售账单。

销售图书:售书处理、浏览图书销售信息、打印图书销售报表等。

资金结算:汇总收款数据和打印结算单。

请画出上述问题的用例图。

2. 旅行社订票系统的主要功能为预订机票和旅客取票。旅行社把预订机票的旅客信息(姓名、性别、身份证号码、旅行时间、目的地等)输入系统。系统为旅客安排航班,打印出取票通知单。旅客在飞机起飞的前一天凭取票通知单交款取票,系统检验无误,输出机票给旅客。请画出上述问题的用例图。

三、同步训练题

1. 对“瑞馨小区物业管理系统”进行需求分析,并编写需求说明书。

2. 请将本章“定制合同管理信息系统”需求中的省略部分补充完整,并编写需求说明书。

第7章 面向对象系统分析

学习目标

通过本章学习掌握面向对象分析的含义及特点，面向对象分析的主要工作；掌握面向对象系统静态建模的工作步骤和工作内容；掌握面向对象系统动态建模的步骤和工作内容。

重点难点

面向对象系统静态建模和动态建模的工作步骤和工作内容。

7.1 任务导入

需求工程确定了系统的功能和性能，接下来就要考虑为了完成这些功能和性能，新的系统应该由哪些类参与完成任务，类之间关系是什么，每个类要做什么，这就是面向对象系统分析的工作。

7.2 面向对象系统分析的主要任务

系统分析是在系统规划、业务分析和需求工程的基础上，确定新系统的逻辑模型的过程，即从抽象的概念层次上确定信息系统的要素、构成和结构，得出信息系统的分析模型，确定新系统应该“做什么”的问题，并为系统设计提供依据。系统分析工作是分析与建立逻辑模型。逻辑模型是对信息系统要素、构成和结构的抽象描述，它是系统分析的结果，因此也被称为分析模型。逻辑模型包括静态模型和动态模型。分析阶段需要建立的静态模型有分析类图、对象图、包图。分析阶段需要建立的动态模型有序列图、协作图。系统分析工作即为针对每个用例进行静态和动态分析与建模(即建立分析类图和交互图)两部分工作。图 7-1 是面向对象系统分析的流程图。其特点如下：

(1)内在性。系统分析是站在信息系统内部的角度，考虑信息系统应该具备哪些要素、要素之间的关系、要素的构成方式等问题。而需求工程则具有外在性，这是系统分析与需求工程的区别。

(2)概念性。①面向业务领域，反映业务概念；②在较宏观和抽象的层次进行分析工作，一般不过多涉及具体细节；③不涉及信息系统的实现。这是系统分析与系统设计的区别。

(3)一致性。系统分析所确定逻辑模型应该具有逻辑一致性，它要纠正需求模型中存在的冗余及错误。

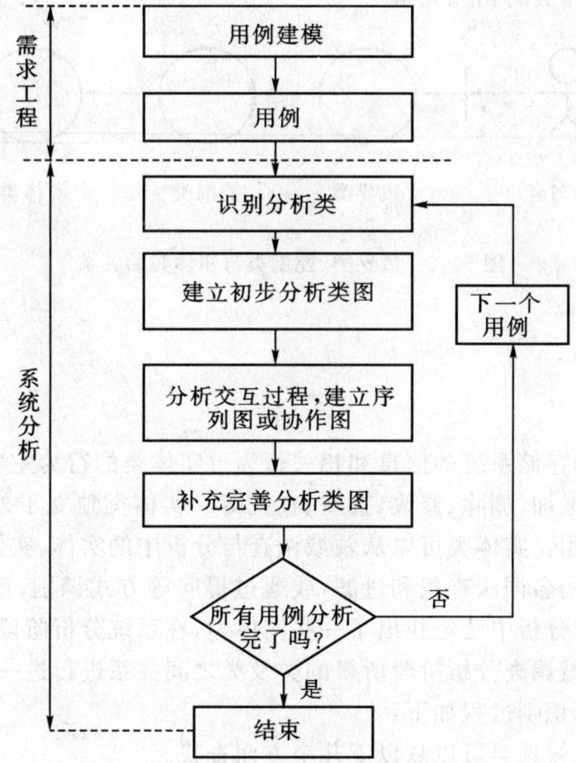

图 7-1　面向对象系统分析的流程

7.3　分析类图的建立

7.3.1　分析类概述

面向对象开发的核心工作是类，因此，在分析阶段要面向问题分析问题的类及相互关系，然后用模型表达出来。分析类图是描述分析阶段的类与类之间关系的模型。分析类分为实体类、边界类和控制类三种类型，分析类图描绘这三种类及相互关系。

1. 实体类

实体类是信息系统表示客观实体的抽象要素。例如，合同、产品等都属于实体类。实体类一般对应业务领域中的客观事物，或者是具有较稳定信息内容的系统元素，实体类的信息需要持久保存在系统数据库中，每个实体类可用关系型数据库中的一张二维表存储其对象。领域调查与分析中所确定的实体、实体字典和实体关系图是确定实体类的依据。

2. 边界类

边界类是描述系统与参与者之间交互的抽象要素。边界类只是对信息系统与参与者之间交互的抽象建模，并不表示交互的具体内容及交互界面的具体形式。

3. 控制类

控制类是表示信息系统对其他对象实施协调处理、逻辑运算的抽象要素。如图 7-2 所示是边界类、控制类与实体类的相互关系。

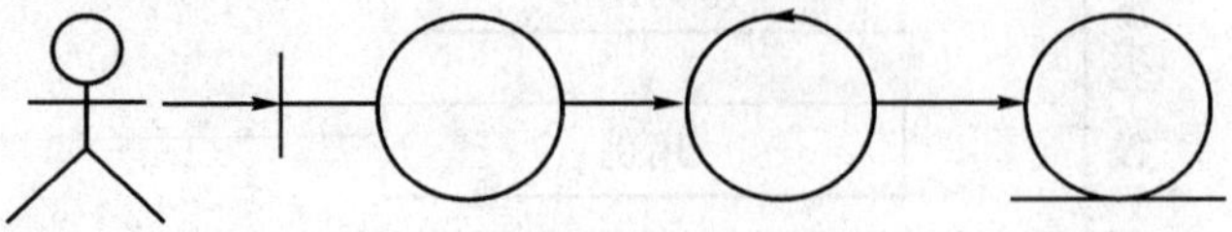

图 7-2　边界类、控制类与实体类的关系

7.3.2　识别类

1. 识别实体类

实体类用于管理和存储系统的信息和相关行为。实体类的行为主要包括与实体类自身信息直接相关的操作，如增加、删除、修改、查重、查找等。实体类独立于外部系统和特定的控制流，可以被多个系统利用。实体类可以从领域调查与分析中的实体、实体字典和实体关系图中查找，或从用例规约中用名词法查找和过滤，或通过提问等方式识别，或综合运用多种方式进行识别。在领域调查与分析中已经找出了一些实体类，在系统分析阶段，主要根据系统功能要求，按照上述原则对领域调查分析阶段所得的类及类之间关系进行进一步的修改、补充和完善（即查漏、补缺、优化）。识别过程如下：

(1)找出候选的类，候选类可以从以下几个方面查找。

①问题域中有意义的事物，即可见的物理实体或抽象的概念。例如，从以下方面去识别类：

A. 可感知的物理实体，如教学楼、教室等。

B. 人或组织的角色，如个人、单位等。

C. 应该记忆的事件，如点件、入库等。

D. 两个或多个对象的相互作用，通常带有交易或接触的性质，如合同等。

E. 需要说明的概念，如技术准备等。

②以自然语言书写的需求陈述、业务分析中的名词、实体作为类的候选者，用形容词作为确定属性的线索，把动词作为服务(操作)的候选者。

③可以根据用例描述和如下问题的提问辅助识别实体类：

A. 用例描述中出现了哪些实体？

B. 用例的完成需要哪些实体合作？

C. 用例执行过程中会产生并存储哪些信息？

D. 用例要求与之关联的每个角色的输入是什么？

E. 用例反馈与之关联的每个角色的输出是什么？

F. 用例需要操作哪些硬件设备？

(2)过滤候选的类，得出正式类。

①删除冗余的名词。

②删除执行者和系统本身。

③删除属于边界类的界面元素。

④删除类的属性。属性与类的区别是类有多个属性，而属性只有一个特征，即文本或数字。

2. 识别边界类

边界类表示系统与使用系统的参与者的接口，在每一个用例中，每个参与者至少与一个边界类进行交互。边界类从参与者收集信息，并将这些信息存入系统制定的结构中。边界类是对用户界面进行粗略的建模。边界类分为以下几种：

(1)用户边界类：与系统用户进行交互的类，如窗口、对话框等。

(2)系统接口类：与其他系统进行通信的类，主要是通信协议。

(3)设备接口类：与外部设备进行通信的类，主要是通信协议。

所有边界类都可以从用例图中识别，用户与每个用例之间有一个边界类，外部系统与每个用例之间有一个外部系统接口类，外部设备与每个用例之间有一个设备接口类。

3. 识别控制类

控制类对一个或多个用例的行为进行封装，只有操作，没有属性，不处理具体的事务，只是协调其他对象实现用例的功能。如果某个用例的事件流与一个实体对象相关，那么在边界对象与实体对象之间就需要有一个控制类来负责协调。因此，通常为每个用例确定一个控制类，接着当发现用例有更多的共性后再对控制类进行改进。控制类通常在一个用例的开始被创建，用例终止时就不存在了。控制类负责从界面类收集信息并将信息发送给实体类。

例如，合同基本信息管理的类有：

①实体类：合同，用于存储合同信息。

②控制类：数据连接，用于数据库操作。

③边界类：表格界面类，用于构造表格界面基本框架；主窗口类，用于构造与用户交互的主界面。

4. 识别类的联系

类之间存在关联、聚合、泛化和依赖关系。对提取的各个分析类，要分析并确定它们之间的相互关系。分析类之间关系必须是客观存在的关系，不能强加赋予。两个或多个对象之间的相互依赖、相互作用的关系就是关联。在业务分析中已经找出了一些实体类之间的联系，在系统分析阶段，主要根据系统功能要求，增加控制类和界面类，并表示各类之间的联系。标识关联的方法如下：

(1)检查指示状态的动词或动词短语，识别动作的主体和客体，从角色寻找关联；

(2)准确地命名关联和角色；

(3)尽量使用常用的修饰词标识出名字空间和关键属性；

(4)应消除导出其他关联的关联；

(5)在一组关联被稳定之前先不必考虑实例之间的多重性；

(6)注意关联也不要过多，过多的关联使得一个模型不可读。

5. 确定类之间的数量关系和受限关系

(1)确定类之间的数量关联。

①一对一的关联关系。若A类与B类的关联中，A类的一个对象只能与B类的一个对象发生关联，反过来，B类的一个对象只能与A类的一个对象发生关联，则A类与B类的关系就

是一对一的关联关系。

②一对多的关联关系。若A类与B类的关联中,A类的一个对象能与B类的一个以上的对象发生关联,B类的一个对象只能与A类的一个对象发生关联,则A类与B类的关系就是一对多的关联关系。

③多对多的关联关系。若A类与B类的关联中,A类的一个对象能与B类的一个以上的对象发生关联,B类的一个对象能与A类的一个以上的对象发生关联,则A类与B类的关系就是多对多的关联关系。

(2)确定类之间的受限关系。

类之间的受限关系是指定类中参与关联的对象的具体数量,尤其一对多关联中多端数量。例如,合同管理信息系统中,同一时间允许登录人数为5000人。

6.确定类之间的泛化和继承关系

泛化是一般化和具体化之间的一种关系。继承就是泛化关系,更一般化描述的类为父类,更具体化描述的类称为子类。

7.确定对象/类之间的聚集和构成关系

聚集(aggregation)用来表达整体—部分关系的关联。组合(构成)(composition)也是一种聚集,是关联更强的形式。

8.识别实体的属性

在面向对象方法中,一般讲,属性表示实体的特性或特征,表示对象的静态特性。属性项是构成对象静态特性的项目总称。属性值是每一个属性项中的具体值。在分析阶段应该仅考虑与具体应用直接相关的属性,不要考虑那些超出所要解决问题范围的属性。在分析阶段不要考虑那些纯粹用于实现的属性。在分析过程中应该首先找出最重要的属性,以后再逐渐把其余属性增添进去。

(1)不同类型类的属性。

①实体类。实体类属性可以直接根据事物本身的性质来确定,一般参考调查得到的实体字典确定。例如,对于"合同"属性,就可以通过对合同性质的分析和实体字典来确定。

②边界类。可以根据边界类所承担的交互信息项目来确定边界类的属性。例如,对于"登录管理"边界类,输入的信息是"用户名""密码""验证码"等,输出信息"当前登录用户数量",就可以把这四项信息项目作为"登录管理界面"的属性。

③控制类。控制类一般没有属性。

(2)属性的命名和类型。

①属性的命名。对属性命名使用名词或带定语的名词,像合同序号、产品的型号等。尽量使用问题域中规范、通用的词语,避免使用没有明确含义或自定义的词语。

②属性的类型。属性的类型是指属性值的类型,一般有数字型、字符型、逻辑型、日期型等。在系统分析阶段一般不需要确定属性的类型。

(3)属性分析的一般途径。

①从实体字典中查找属性;

②从常理上看,类所表示的事物有哪些静态特性;

③在业务领域中类所具有的属性;

④实现信息系统功能要求,类应具有的属性;

⑤类需要记录和保存的信息;

⑥实现操作应该有哪些属性。

(4)检查属性正确与否的规则。

①每个对象至少需包含一个属性,例如,id。

②属性取值必须适合类的所有实例。例如,属性"入党时间"并不属于所有的学生,小学生没有入党时间,因此可以建立学生的泛化结构,把不同的学生划分到"小学生""中学生""大学生"和"研究生"等子类。

②出现在泛化关系中的类所继承的属性必须与泛化关系一致。

③系统的所有存储数据必须定义为属性。

④类的导出属性(也叫派生属性)应当略去,只保留原始属性。例如,"正方形的面积"是由属性"边长"导出,它不能作为基本属性存在。

⑤在分析阶段,如果某属性描述了对象的外部不可见状态,不要外界观察到,应将该属性从分析模型中删去。

(5)属性和类的转化。

如果一个类的某一属性项过于复杂,说明这个属性包容的内涵很丰富,属性本身就表示一个复杂的事物实体,可以把这个属性作为一个类来看待。如果一个类中因属性项目过多,使得类过于庞大,可以根据这些属性的相关性,把一个类分成多个类,以简化类的规模。

实体类的属性在业务分析阶段已经初步得到,即可从实体字典中找到,在系统分析阶段要对实体类的属性进行补充、修改和完善工作。

9.识别操作

操作定义了类的行为,是改变对象的属性或系统状态的方式。

(1)操作的种类。

①简单的服务。即每一个对象都应具备的服务,这些服务包括:建立和初始化一个新对象,建立或切断对象之间的关联,存取对象的属性值,释放或删除一个对象。这些服务在分析时是隐含的,在图中不标出,但实现类和对象时有定义。

②复杂的服务。它分为两种:

A.计算服务:利用对象的属性值计算,以实现某种功能;

B.监控服务:处理对外部系统的输入/输出,外部设备的控制和数据的存取。

(2)识别操作的方法。

①实体类的操作包括与其自身信息直接相关的操作,如增加、删除、过滤、查重、修改等操作;

②从系统功能要求考虑,确定相应的类操作;

③从问题领域考虑,确定设立相应的类操作;

④分析对象的状态,确定实现对象状态转换的类操作。

(3)检查操作的正确性。

从以下方面检查操作的正确性:

①类的操作是否能直接体现系统功能要求?

②类的操作是否响应其他对象的操作请求,完成系统功能的要求?

③一个操作是否只包含一个功能?若包含多个可独立定义的功能时,则应分解为多个操作。

④多个操作是否是一个功能呢?若多个操作是一个功能,应该合并这些操作。

根据类的识别结果就可以建立初步的分析类图了。

7.4 交互过程分析及交互图的建立

7.4.1 多对象间按时间顺序交互传递消息的分析及序列图建立

一个用例有一个到多个分析类,每个分析类有多个操作。当参与者通过用户界面类的对象发送消息请求后,用户界面类根据接收到的消息向用例的其他类的对象发送消息,请求执行相关操作,多个对象相互的消息传递实现了用例的功能。为了把参与完成用例功能的对象有哪些,对象之间传递了哪些消息,消息的传递顺序是什么描述清楚,必须建立序列图。序列图描述对象在时间上是如何交互的,并且将重点放在消息的顺序上,也就是说,描述消息如何在对象间发送和接收。

序列图可以供不同种类人员使用,用户可以从序列图中看到业务过程的细节;分析人员可以从序列图中看到相关的处理流程;开发人员可以看到需要开发的对象以及对这些对象的操作。

序列图与协作图都是表示对象之间的消息传递,只是表达的侧重点不一样,序列图强调消息传递的时间顺序,协作图强调对象之间往来的消息,因此,如果已经用 Rational Rose 绘制了协作图,在 Rational Rose 中,在应用窗口打开协作图,按 F5 就可以转换成序列图。如果没有绘制协作图,按以下步骤分析绘制序列图:

(1)明确要建模的用例,根据用例规范确定建模用例的工作流程,若工作流程复杂,可以先画基本工作流程的序列图,然后再画备选过程工作流程序列图。

(2)识别参与建模用例工作流程的对象,在 Rationnal Rose 序列图绘制(参见 3.5.2 节)区域从左到右布置工作流中的所有参与者对象,重要的对象放在左边,首先发送消息的放在最左边;确定哪些对象存在于整个交互过程中,哪些对象在交互过程中被创建和撤销。

(3)从引发交互过程的初始消息开始,根据对象之间消息的交互的顺序,在生命线之间自顶向下依次画出随后的消息。

(4)如果需要表示消息的嵌套或表示时间,则采用控制焦点;需要说明时间约束,则在消息旁加上说明。

注意:由于在 Rationnal Rose 中绘制的各种图是相互联系、相互影响的,因此,在绘制序列图的对象时,直接对对象进行细化并映射到类,而消息直接映射到类的操作。若该对象属于一个新的类,则要添加新类。一般序列图的对象从左到右的顺序是:执行者—界面类—控制类—业务类—数据库层。

产品信息查询时序图如图 7-3 所示。

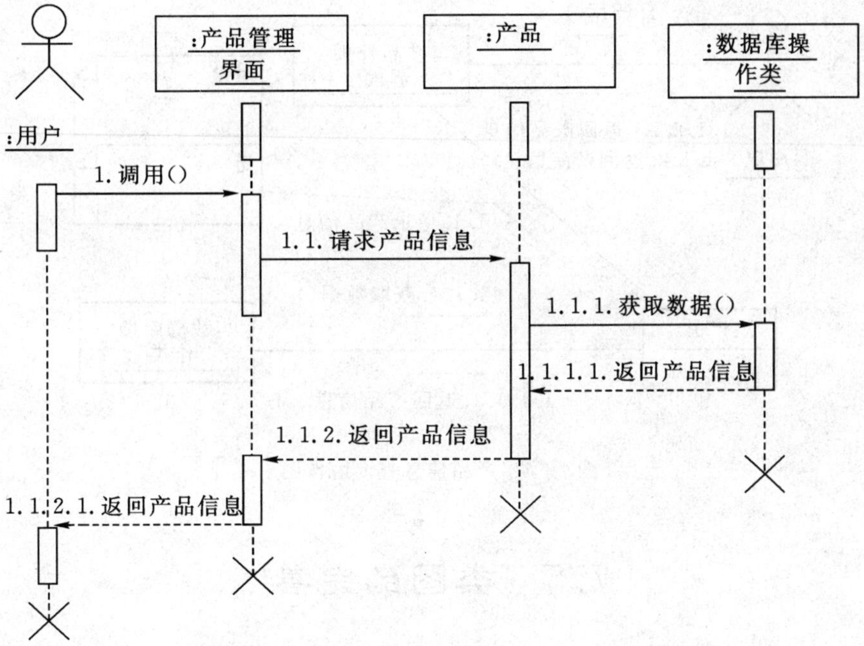

图 7-3 产品信息查询时序图

7.4.2 链接多对象间的消息交互分析及协作图建立

如果想重点表达对象、对象间的链接以及链接对象之间如何发送消息，而不是对象间消息传递的时间顺序，这时就需要建立协作图。协作图只对相互之间具有交互作用的对象和对象间的关联建模，而忽略了其他对象和关联。

由于序列图与协作图都是表示对象之间的消息传递，因此，如果已经用 Rational Rose 绘制了序列图，在 Rational Rose 中，在应用窗口打开顺序图，按 F5 就可以转换成协作图。如果换没有绘制序列图，按以下步骤分析绘制协作图：

(1)明确所要建模的用例，根据用例规范确定用例工作流程，找出参与交互过程的对象。

(2)确定对象之间的链，以及沿着链的消息。

(3)从引发交互过程的初始消息开始，将随后的每个消息附到相应的链上。

(4)根据需要表示消息的嵌套。

(5)根据需要说明消息的时间约束。

(6)根据需要为每个消息附上前置条件和后置条件。

产品信息查询协作图如图 7-4 所示。

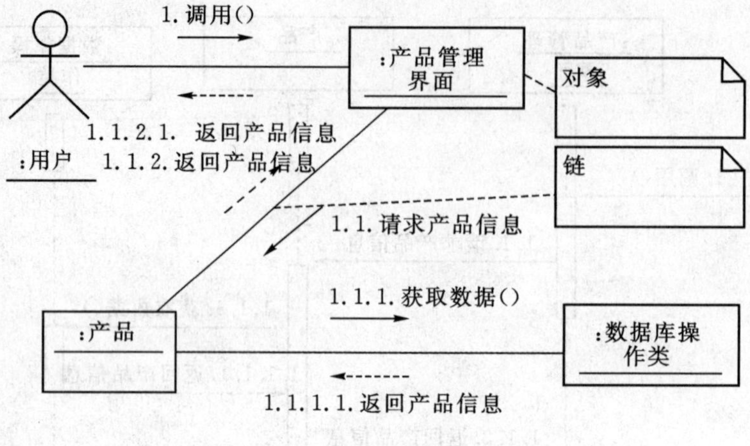

图 7－4　产品信息查询协作图

7.5　类图的完善

类图的完善包括将序列图的所有对象映射到类和将序列图的所有消息映射到类的操作。

1. 将序列图的对象映射到类

将序列图的对象映射到类的操作步骤如下：

打开序列图，选中需要映射的对象，单击鼠标右键，选“Open Specification”项，弹出如图7－5所示的窗口，在Class编辑框中选择已有的类或选择“New”新建一个类。

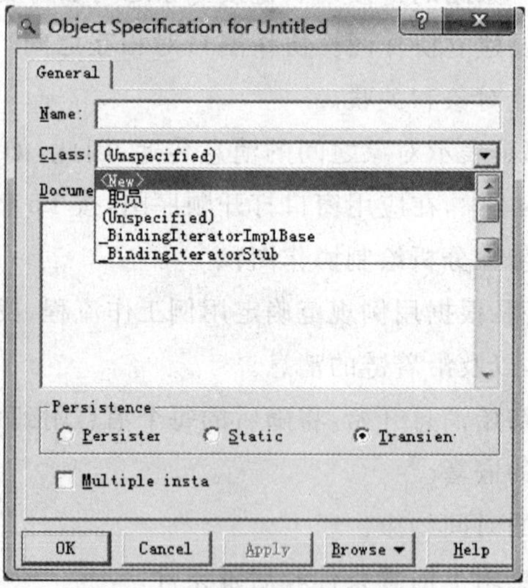

图 7－5　对象映射到类

将序列图的对象映射到类后才能将消息映射到类的操作。

2. 将序列图的消息映射到类的操作

类图完善的主要工作是将序列图中的消息映射到接受消息的类，变成接受消息类的操作，映射可以采用 Rational Rose 完成。基于 Rational Rose 的序列图到类图的映射步骤如下：

打开序列图，选中需要映射的消息，单击鼠标右键，选“〈new operation〉”项，将消息映射成类的操作，如图 7－6 所示。

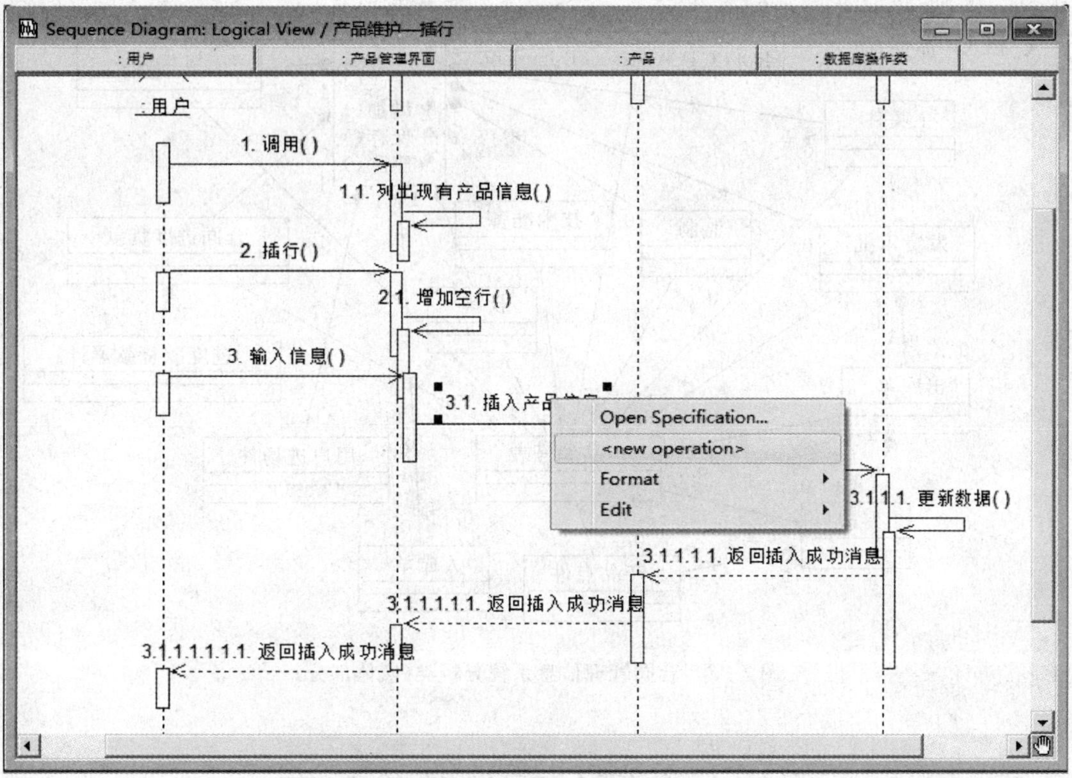

图 7－6 消息映射到类的操作

这时可以在类图中看到插入产品信息已经映射到产品类中，如图 7－7 所示。以此类推，可以将序列图中所有的操作映射到类中，这样就可以完成分析类图的绘制工作。如图 7－8 所示是合同管理信息系统分析类图（实体类部分），实体属性参见表 5－4，因篇幅关系，大部分实体操作省略。

图 7－7 消息映射到类图的结果

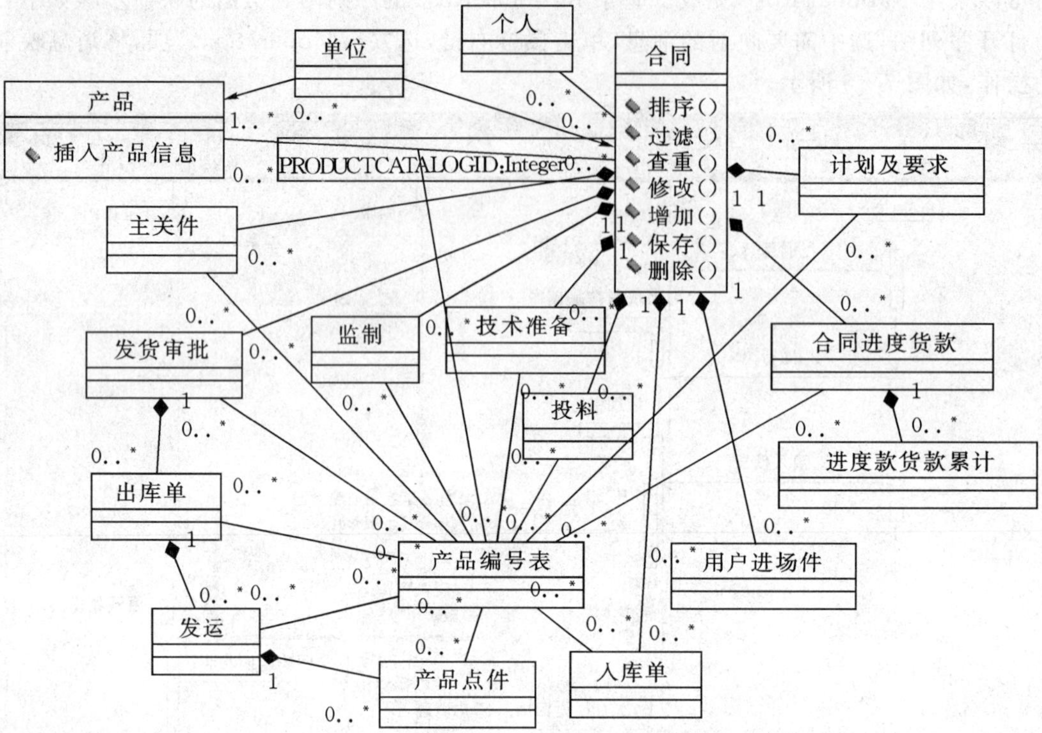

图 7-8　合同管理信息系统分析类(实体部分)

7.6　系统分析的评价标准

系统分析结果要求正确、完整、一致和可行。可以通过以下问题检查衡量系统分析成果是否符合要求：

1. 正确性方面

(1)所有实体类和边界类的名称是否都使用了具有实际意义的名词或名词短语？

(2)所有控制类的名称是否都使用了具有实际意义的动词短语？

(3)所有的描述是否与用户的需要一致？

(4)抽象类是否与用户理解的概念相对应？

2. 完整性方面

(1)每个实体类是否能够追踪到使用它的用例？在什么用例中被创建、修改和删除？

(2)每个实体类是否有边界类可以访问？

(3)每个属性在什么时候设置？属性的数据类型是什么？

(4)类的关系什么时候被遍历？指定的重数是否正确？

(5)每个控制类对象是否是访问参与用例的对象所必需的？

3. 一致性方面

(1)有无同名的类？有无同义异名的类？

(2)所用的实体是否都以同样的细节进行描述?

(3)具有相同属性和关系的类是否在同一个继承层次中?

4.可行性方面

(1)系统性能是否符合可靠性的要求?

(2)系统创新之处是否可行?

本章小结

本章介绍面向对象分析的含义及特点,面向对象分析的主要工作。

系统分析是在系统规划、业务分析和需求分析的基础上,确定新系统的逻辑模型的过程。逻辑模型包括静态模型和动态模型。分析阶段需要建立的静态模型有分析类图、对象图、包图。分析阶段需要建立的动态模型有序列图、协作图。

分析类图是描述分析阶段的类与类之间关系的模型。分析类的类包括实体类、边界类和控制类三种类型。分析类图的实体类及其属性大部分可以根据业务调查与分析中的实体关系图和实体字典得到,其余的实体类可以采用或从用例规约中名词法查找和过滤,或通过提问等方式或多种方式的综合识别。边界类的确定方法为每个参与者与用例之间有一个边界类。控制类确定方法为每个边界类与实体类之间有一个控制类。

序列图把参与完成用例功能的对象有哪些,对象之间传递了哪些消息,消息的传递顺序是什么描述清楚。协作图重点表达对象、对象间的链接以及链接对象之间如何发送消息。序列图和协作图的对象要映射到类,消息要映射到类的操作。通过序列图和协作图补充完善类图。

习题

一、简答题

1.试述动态和静态建模的作用及其建模工作步骤。

2.类是面向对象开发的核心,因此在面向对象的信息系统开发中对问题空间的类进行全面查找非常重要,请结合所学的知识和经验,简述查找类的方法。

3.找出图书馆借还书系统中的类及其属性,画出图书馆借还书系统的类图。

(1)写出类图建模的完整过程。

(2)结合所分析系统说明识别和定义类的方法。

(3)结合所分析系统说明如何定义类与类之间的关系。

4.分析类可以分为哪些类型?

5.简述面向对象系统分析主要解决的问题。

二、同步训练题

1.(1)画出ATM系统用例图。

(2)画出小张在ATM机上取100元钱的序列图。

2.画出以下问题活动图:车间填写领料单给仓库要求领料,仓库主管根据用料计划审批领料单,未批准的退回车间,已批准的领料单被送到仓库保管员处。仓库保管员查阅库存台账,若有货,则通知车间前来领料,否则将缺货通知采购人员。

3.画出物资入库活动图。

(1)货物到达后,站台值班员组织卸货,大致清点品种、件数,编写物资到站日报,送至收货组。

(2)收货组根据物资到站日报表核对验收货物，分配库位，填写码单。

(3)客户货物明细单到达后，填写入库单。核对码单、货物明细单、入库单，如出现差错，填写客户货物异常报告。

(4)总经办审核记账后，生成账卡、入库收费单，数据不再允许改动。

4. 画出物资出库活动图。出库业务流程如下：

(1)客户在入库时提供提货单，用户持提货单至发货组，要求提货。调度员核实提货单的合法性，填写出库单，显示相关业务号信息，如果有层次，则显示层次信息，并修改层次信息；如果是一个业务号的尾货则给出尾货提示。然后向用户出具出库收费单，同时生成派车单，并派保管员准备发货。

(2)保管员持派车单组织货物装运，记录实出货物信息，填写码单出库信息表。

(3)用户缴费后，保管员开具出门证给用户。

(4)总经办审核记账后，生成保管收费单。

(5)一批货物全部出库后，保管员将账卡、提货单、码单送至总经办核实平账后，存档。

5. 画出以下问题的类图：王大夫在小镇上开了一家牙科诊所。他有一个牙科助手、一个牙科保健员和一个接待员。王大夫需要一个软件系统来管理预约。当病人打电话预约时，接待员将查阅预约登记表，如果病人申请的就诊时间与已定下的预约时间冲突，则接待员建议一个就诊时间以安排病人尽早得到诊治。如果病人同意建议的就诊时间，接待员将输入约定时间和病人的名字。系统将核实病人的名字并提供记录的病人数据，数据包括病人的病历号等。在每次治疗或清洗后，助手或保健员将标记相应的预约诊治已经完成，如果必要的话会安排病人下一次再来。系统能够按病人姓名和按日期进行查询，能够显示记录的病人数据和预约信息。接待员可以取消预约，可以打印出前两天预约尚未接诊的病人清单。系统可以从病人记录中获知病人的电话号码。接待员还可以打印出医生每天和每周的工作安排。

6. 银行拟开发一个“银行计算机储蓄系统”，它是一个由中央计算机、分行计算机及柜员终端组成的网络系统。中央计算机由总行投资购买。分行负责提供分行计算机和柜员终端。柜员终端设在分行下属的储蓄系统。储户凭存折向银行柜员要求进行存款或取款，取款时还必须提供密码。柜员负责把储户提交的存款或取款信息输进柜员终端，接收储户交来的现金或支票，或付给储户现金。柜员终端与相应的分行计算机通信，分行计算机具体处理针对某个账户的事务并且维护账户。如果是初次存款，则系统开立一个新账户，并记录存款人姓名、住址、身份证号码、职业、月收入、存款日期、存款金额、密码等信息，并给用户一个存折。账户中的余额至少要留10元钱，如果全部取完，则系统撤销该账户。系统隐含事务包括：存款事务，取款事务。请找出银行计算机储蓄系统中的类及其属性，画出银行计算机储蓄系统的类图。

7. 请对“定制合同管理信息系统”进行系统分析，编写系统分析报告。

8. 请对“瑞馨小区物业管理系统”进行系统分析，编写系统分析报告。

第8章 面向对象系统设计

学习目标

通过本章学习掌握面向对象系统设计的主要工作;掌握系统体系结构设计和设计类的设计和类的优化;掌握数据库设计和界面设计。

重点难点

设计类的设计,类的优化,数据库设计。

8.1 任务导入

系统分析阶段确定系统要做什么,由哪些类完成任务以后,接下来就要根据系统分析的结果做系统的实施方案,即决定系统如何做,即类应该如何编写,这就是系统设计工作。

8.2 系统设计的工作

系统设计将分析阶段所建立的分析模型转变为一个符合具体实现条件的设计模型。系统设计为系统实现提供蓝图,要面向实现,为实现服务,因此要考虑与实现条件相关的因素:用户界面、数据库管理系统、网络、操作系统、编程语言和可复用的类库等。由于UML分析和设计模型采用一致的表示方法,从分析模型到设计模型的转换比较简单,只需要对分析模型作必要的修改、调整或细化就可以得到设计模型。系统设计工作包括以下四部分:系统体系结构设计(即画出包图)、类图设计(画出类图,对复杂对象画出状态图和描述流程化处理的活动图)、数据库设计和用户界面设计。总之,系统设计为实现信息系统需求模型所规定的功能和性能要求,考虑信息系统实现环境,通过对信息系统分析模型的综合分析和细化,确定出信息系统的设计模型。系统设计有以下特点:

(1)设计性。设计是根据需求和分析结果确定系统如何做的方案的过程。

(2)具体化。系统设计需要具体化、细致化。

(3)复杂性。涉及具体细节,工作量大、头绪繁多。

(4)往复性。一个成熟的设计方案需要经过多次的迭代反复才能够完成。

系统设计的主要工作:

1. 系统体系结构设计

系统体系结构设计也叫总体设计,它从总体上描述系统的实现框架,包括系统逻辑(软件)体系结构设计及物理(硬件)体系结构设计。逻辑(软件)体系结构描述软件的组织模式。物理

(硬件)体系结构指系统的硬件组织模式。

2. 设计类图设计

系统设计阶段要将系统分析阶段得到的分析类图中的实体类、边界类、控制类和类之间的联系按照实现环境进行详细设计,映射成设计类及其关系,形成设计类图。设计类图是可供编程语言实现的类的规格说明书。另外,为了便于实现,对类进行优化,对复杂对象绘制状态图和绘制描述流程化处理的活动图。

3. 数据库设计

数据库设计的任务是根据给定的信息系统应用需求和系统环境,设计出合理的数据库结构。数据库设计需要经过概念设计、逻辑设计和物理设计等步骤。采用 UML 建模可以直接将类图转换到数据库的表及表的联系,从而方便地设计数据库。

4. 界面设计

界面设计是对人和外部系统与信息系统之间交互界面的设计。它包括输入界面、输出界面和混合界面的设计。

8.3 基于 UML 包图的系统逻辑体系结构设计

8.3.1 按层次划分子系统

逻辑体系结构就是系统的软件结构,逻辑体系结构设计就是利用系统分层技术将整个系统进行分层,每个层完成自身的功能,最后,所有的层整合起来构成一个完整的系统逻辑体系结构。目前分层一般分为用户界面层、业务处理层、数据访问层三层体系结构。这种体系结构的每个层次有很多模型元素:类、构件、接口等,这些元素有多种关联。为了方便管理,以类、关系和行为的内聚集合包装为子系统,即每个层次划分成多个子系统,每个子系统用包来组织模型元素,即每个包就是一个子系统,一个包也可以向下划分为更小的包。定义子系统时应该遵循以下标准:子系统应该具有定义良好的接口,通过接口和系统的其余部分通信。除了少数的"通信类",在子系统中的类只和该子系统中的其他类协作。子系统的数量不应太多。子系统可以内部划分以降低复杂性。子系统划分要注意以下两点:

1. 子系统之间耦合度

耦合度描述了两个子系统之间依赖关系的程度。耦合度越低,表明两个子系统之间的依赖关系越松散,它们的独立性越强,那么当其中一个子系统发生变化时对另外一个子系统产生的影响很小。耦合度越高,表明两个子系统之间的依赖关系越紧密,那么当其中一个子系统发生变化时,可能对另外一个子系统产生很大的影响。

2. 子系统内部聚合度

聚合度描述了子系统内部的依赖程度。如果某个子系统含有多个彼此相关的对象,并且它们执行类似的任务,它们的相关性就比较高,那么子系统内部聚合度就高。聚合度越高,子系统独立性越强,反之亦然。

如图 8-1 所示是定制合同管理信息系统的逻辑(软件)体系结构。

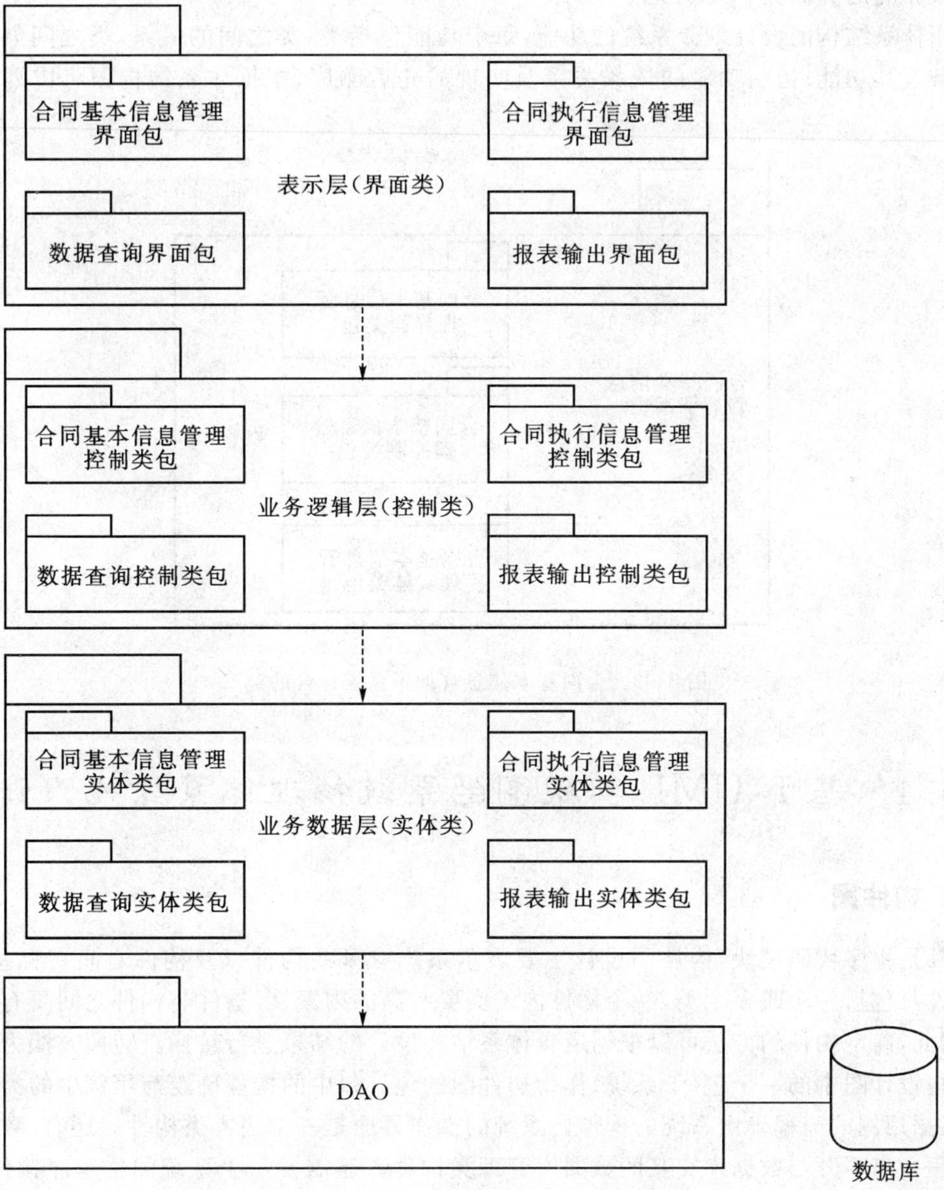

图 8-1　合同管理信息系统逻辑体系结构

8.3.2　按功能划分子系统

为了方便开发,系统又可以按照功能划分成多个小的功能子系统,每个子系统用包来表示,每个包中又包括一些与功能相关的类。例如,在合同管理系统中,系统由合同基本信息管理、合同执行信息管理、数据查询、报表输出管理和基础数据维护等功能子系统组成,如图 1-9 所示。完成子系统的功能的类放到该子系统的包中,如图 3-37 是各个包之间的关系图。在合同基本信息管理子系统中包括的包有:合同基本信息管理实体类包、合同基本信息管理界面类包、合同基本信息管理控制类包等,如图 8-2 所示。基础数据维护包中有:产品、单位、个人等实体类及相应的界面类和控制类等。

逻辑体系结构的设计划分系统的功能，每个功能包括类，类之间的关系，类之间如何相互协调以实现其功能；指明功能的依赖关系及实现的先后顺序，根据体系结构图可以划分开发进度。

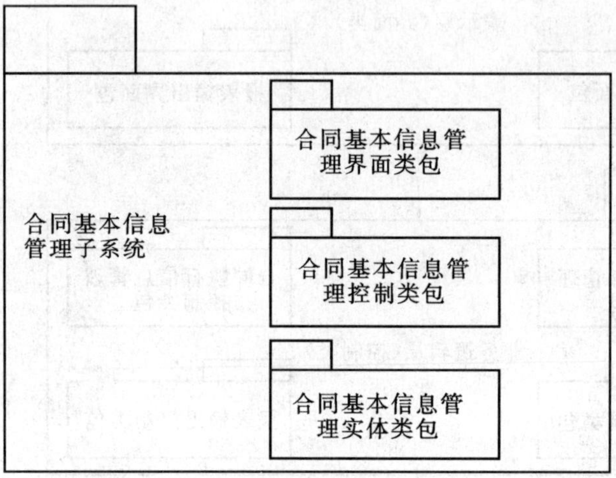

图 8-2　合同基本信息管理子系统包含的包

8.4　基于 UML 实现图的系统物理体系结构设计

8.4.1　构件图

构件是程序代码模块，构件图设计主要表示系统有哪些构件以及构件之间有哪些关系。一个构件可包括一个或多个类，一个构件内的类要有高的内聚性，构件与构件之间要有低的耦合性，因此，确定构件的方法可以根据逻辑体系结构设计的结果进行转换。转换方法为将逻辑体系结构设计图中的一个包（子系统）作为构件图的包。包中的构件确定与用例中的类和对象一样，根据用例的流程确定系统的构件。系统的操作界面是一个边界类构件。还有，数据访问操作过程中离不开与数据库交互的数据库管理类构件。还需要一个系统的主程序构件，用来表示整个系统的启动入口。

通过构件图的图形编辑工具栏添加构件的步骤如下：

（1）在构件图的图形编辑工具栏中，选择构件按钮，此时光标变为“+”号。

（2）在构件图图形编辑区内选择任意一个位置然后使用鼠标左键单击，系统在该位置创建一个新的构件。

（3）在构件的名称栏中，输入构件的名称。对于构件图中的构件，和其他 Rational Rose 2003 中的模型元素一样，可以通过构件的标准规范窗口设置增加其细节信息，包括名称、构造型、语言、文本、声明、实现类和关联文件等。

（4）类和接口映射到构件。一个类和接口只能包含在一个构件中，一个构件可以包含多个类和接口。Rational Rose 中类和接口映射到构件的映射方法可任选以下一种：

①在构件中添加类。在构件图中选中构件，打开"Open Specification"，选择"Realizes"，在类的列表中选择需要包含的类，单击鼠标右键，选"Assign"，如图 8-3 所示。

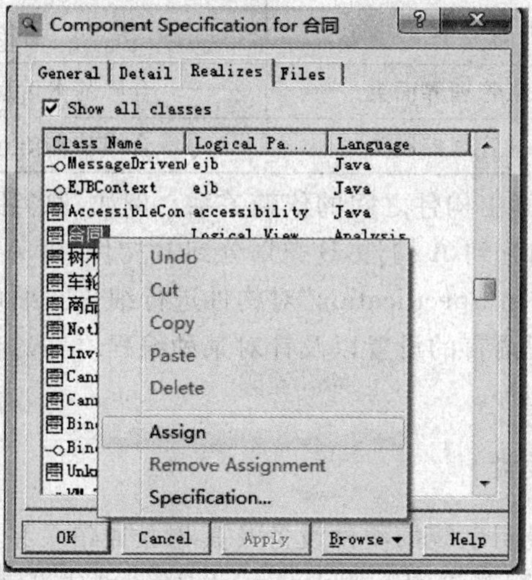

图 8-3 构件中添加类

②类图中的类映射到构件。在类图中选中类，打开"Open Specification"，选择"Components"，在构件列表中选择需要映射的构件，单击鼠标右键，选"Assign"，如图 8-4 所示。

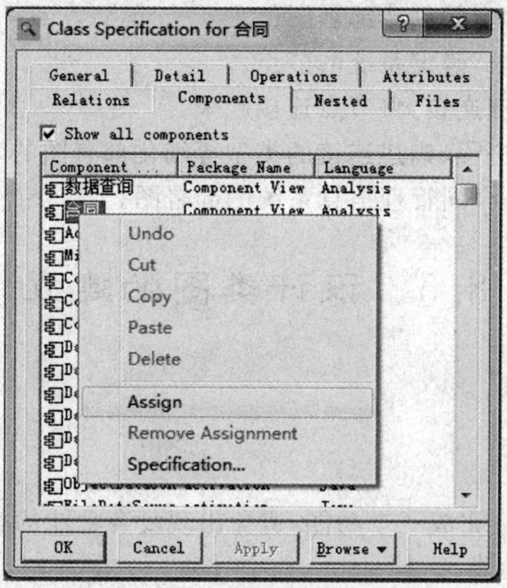

图 8-4 类图中的类映射到构件

最后，为了检查整个设计过程是否映射完所用的构件，需要列出类与构件的映射关系表，如表 8-1 所示是合同管理信息系统部分类与构件的映射关系。

表 8-1　定制合同管理信息系统部分类与构件的映射关系表

类	构件
合同	合同
合同基本信息管理界面类	合同基本信息管理界面
合同基本信息管理控制类	合同基本信息管理控制

(5)根据原类图的关系画出构件之间的依赖关系。例如，原类图中 A 类与 B 类关联，关联方向从 A 到 B，现将 A 类划分到 A 构件，B 类划分到 B 构件，则 A 构件依赖于 B 构件。

(6)选择构件，打开“Open Specification”对构件进行细化。细化的内容包括指定构件的实现语言、构件的构造型、编程语言的设置以及针对某种编程语言的特殊设置，如 Java 语言中的导入文件、标准、版权和文档等。

8.4.2 物理体系结构设计

物理(硬件)体系结构说明系统的硬件设备及其相互通信关系，指明硬件上安装的代码构件及相互关系，指明系统有哪些进程。用 Rotional Rose 创建部署图来表示物理(硬件)体系结构。

在每一个系统模型中，只存在一个部署图。在使用 Rational Rose 2003 创建系统模型时，就已经创建完毕，即为 Deployment View(部署视图)。如果要访问部署图，在浏览器中双击该部署视图即可。使用下列的步骤创建部署图：

(1)根据系统的物理需求，确定系统的节点。

(2)根据节点之间的物理连接，将节点连接起来。

(3)通过添加处理器的进程、描述连接的类型等细化部署图的表示。

如图 3-74 所示是定制合同管理信息系统的部署图。

8.5 设计类图的建立

8.5.1 类的设计原则

1. 强内聚原则

(1) 服务内聚：每个类只完成一个功能，避免出现复合功能的类。职责分离便于维护。一个服务完成且仅完成一个功能。

(2)类内聚：一个类的属性和操作全部都是完成某个任务所必需的，其中不包括无用的属性和操作。

(3)层内聚：把向用户或高层提供相关服务的功能放在一起，而将其他内容排除在外。为了保证适当的层内聚，往往有严格的层次结构，高层能够访问低层的服务，而低层却不能访问高层的服务。

2. 开放—封闭原则

软件的类、函数和模块等是可以扩展的，但是不可修改。例如，采用类的封装技术实现不可修改，采用泛化实现可扩展。

3. 里氏替换原则

子类可以替换父类并出现在父类。因为类的操作行为有多种变化，因此，尽量定义抽象类为客户端类提供服务，将操作行为的具体实现推迟到运行时刻绑定。例如，在C++中，父类的虚函数没有具体实现，其实现在子类实现，运行时根据具体情况动态绑定，这样可以实现多态性。

4. 接口隔离原则

实现接口的实例对象只呈现为单一角色，采用多个与特定客户类有关的接口比采用一个通用的涵盖多个业务方法的接口效果更好。例如，假设某个接口有三个操作，每个操作分别为不同的类使用，三个不同的类都依赖于该接口，这样当接口发生变化时就会影响到其他的类。这种情况下，应把该接口分成三个接口，每个接口各自与相关的类发生联系即可。

5. 依赖倒置原则

高层模块不应依赖于底层模块，两者都应依赖于抽象。高层模块若依赖于底层模块，高层模块的重用性就差。抽象不依赖于实现细节，实现细节应依赖于抽象，这样实现抽象的重用性才可能。

6. 可复用原则

为了提高工作效率、减少错误、降低成本，就要充分考虑软件的复用性。复用有两个方面的含义：一是尽量使用已有的类，包括开发环境提供的类库和已有的相似类。二是创建新类时考虑将来的可复用性。类有三种复用方式：

(1)实例复用。由于类的封装特性，使用者不需要了解内部的实现细节就可用适当的构造函数，创建需要的实例，然后向所创建的实例发送适当的消息，启动相应的服务，完成需要的任务。设计一个可复用性好的类是一件很困难的事情。因为，类提供的服务太多，会增加接口的复杂度，降低类的可理解性；提供的服务太少，则可能会降低复用性。在设计时，需要根据具体的应用环境和以往的经验来综合考虑，设计出合适的类构件。

(2)继承复用。当已有的类构件不能通过实例复用满足要求时，可以通过继承复用对已有的类构件进行修改，使它满足要求。在设计时，关键是要设计一个合理的、具有一定深度的类构件的继承层次结构。每个子类在继承父类的属性和服务的基础上，加入少量的新属性和新服务，这样做的好处是父子类的耦合度比较适当，接口简单，易于理解。

(3)多态复用。多态是一种特性，这种特性使得一个属性或变量在不同的时期可以表示不同的对象。利用多态性可以使对象的对外接口更加一般化。系统运行时，根据接收消息的对象类型，由多态机制启动正确的方法，响应一个一般化的消息。

8.5.2 创建设计类

1. 设计类的含义

设计类是可供编程语言实现的类的规格说明书，创建设计类是将分析类得到的实体类、边界类和控制类映射成设计类，为了便于编程，设计类的属性和操作用英文表示。设计类的职责要单一，不要封装太多内容。

实体类分为以下两种：瞬时性实体类和持久性实体类。瞬时性实体类的对象只存在于内存中，存在的周期由用户会话周期决定，用户会话结束，实体对象销毁。在 Java EE 中，这类对象被实现为状态会话 Bean。持久性实体类的对象的状态需要保存在持久化的存储介质中，它们的生命周期不受用户会话的影响。例如，合同的信息存储在数据库中，即使系统崩溃，这类实体对象可以从数据库中重建。在 Java EE 中，这类对象被实现为实体 Bean。持久类对象的存储有多种方法，在管理信息系统中通常用关系型数据库来存储。

边界类包括用户界面边界类和外部系统边界类两种。用户界面边界类和使用的编程语言与工具有关，例如，用 Java 的 AWT 或 Swing 类设计用户界面，它们的设计类就不一样。外部系统边界类和使用的通信协议有关，例如，用 Java 的 RMI 或 Web Service 来设计外部系统接口，设计类完全不一样。

控制类主要接受边界类的请求，将请求发送给实体类，实体类处理结果通过控制类发送给界面类。控制类设计要考虑系统的非业务逻辑功能要求，例如，安全控制、消息处理和事务管理等。

2. 定义属性

设计阶段要确定属性数据类型、数据结构、可见性。除了分析活动中确定的属性，还包括一些其他属性，这些属性用来表示和其他类的对象关联的对象引用(关联的实现)。调整与完善属性按照语法：[可见性] 属性名[‘:’类型][‘=’ 初始值] 对属性的定义进行完善。每一个属性或者包含单个值，或者包含作为一个整体的密切相关的一组值。一般情况下将所有的属性设为 private。通过 set 方法更新属性，通过 get 方法访问属性。

3. 定义操作

对每个操作，根据编程语言描述操作的可见性、操作返回值的数据类型、输入参数的个数和数据类型等详细信息。操作的可见性确定每个操作的访问权限，设计时在操作前加上可见性前缀，可见性参见表 3-2。

4. 定义方法

方法是根据编程语言对操作的内部实现进行描述，方法的描述包括内部使用的算法和数据结构、对类内部其他操作的调用、对其他类的操作的调用，以及对参数及返回值的处理。方法的描述是编码的蓝本。

对于类中比较复杂的操作，为了使程序设计人员掌握其流程需要用活动图来描述一个操作执行过程中所需完成的一系列动作，包括操作的活动、判定点和分支等部分，其本质上就是流程图。在 UML 动态建模过程中，活动图可以描述单个操作的工作步骤。活动图能够被附加到任何建模元素上，以描述其动作行为，这些元素包括用例、类、接口、构件、节点、合作、操作和方法。活动图建模步骤如下：

(1)识别要对其工作流进行描述的类。

(2)确定类中需要建模的操作。

(3)确定操作的动作流。

(4)分析操作的执行需要哪些对象的参与,给每个对象建立泳道。

(5)对动作流建模。

(6)对建模结果进行精化和细化。

5. 定义状态

有的类的对象属性有多个取值,对象属性的某个取值称为状态。属性的状态与操作有关,一个状态转到另一个状态是由于操作引起的。单个对象的状态变化用状态图描述。一张状态图主要描述一个对象在其生存期间的动态行为,展示一个对象所经历的状态序列、引起状态转移的事件以及因状态转移而伴随的动作。它确定了由事件序列引出的状态序列。不是任何一个类都需要用一张状态图来描绘它的行为,一般来说以下三种情况才绘制状态图:①对象中某个属性取值有多种情况,而每个取值有不同的状态;②具有明显的状态特征并且具有比较复杂的状态—事件—响应行为的类,才需要画状态图;③当某个类预期以某个固定的顺序接受消息,或者该类的行为依赖于状态,在不同的时间以不同的方式响应相同的消息的类需画状态图。

状态图的分析与建模过程如下:

(1)确定要建模的类及其对象有多种状态取值的属性;

(2)确定对对象有意义的状态;

(3)从确定初始状态开始,依次将分析出来的状态画出来,然后画出状态之间发生转变的事件,直到状态的结束。

为了检查是不是所有的分析类都已经映射到设计类了,需要填写分析类与设计类映射表。例如,合同基本信息管理的类(参见 7.3.2):①实体类:合同——用于存储合同信息;②控制类:数据连接——用于数据库操作;③边界类:表格界面类——用于构造表格界面基本框架;④主窗口类——用于构造与用户交互的主界面。定制合同基本信息管理部分分析类与设计类的映射关系如表 8-2 所示。

表 8-2　定制合同基本信息管理部分分析类与设计类映射表

类型	分析类	设计类
界面类	表格界面类	MyContractTableModel
界面类	主窗体类	MainWindow
控制类	数据库连接类	DBConnection
实体类	合同	Contract

8.5.3　类的优化

类的优化是根据将要采用的程序设计语言,以及现有类的情况为方便编程而进行的工作。

类的优化可以采用以下方法：

1. **为复用设计与编程的类而增加结构**

如果面向对象分析识别和定义的类是本次开发中新定义的，需要进行编程。如果已存在一些可复用的类，而且这些类既有分析、设计时的定义，又有源程序，那么复用这些类即可提高开发效率与质量。可复用的类可能只是与面向对象分析模型中的类相似，而不是完全相同，因此需对其进行修改。优化目标是尽可能使复用成分增多，新开发的成分减少。复用方法如表 8-3 所示。

表 8-3　复用方法表

已有的类与需要开发的类一样	直接复用
已有的类比需要开发的类属性与操作少	通过继承复用
已有的类比需要开发的类属性与操作多	删除可复用类的多余信息

2. **增加一般类以建立共同协议**

(1)增加根类：将所有的具有相似协议的类组织在一起，提供通用的协议。例如：增加提供创建、删除、复制等服务的类。

(2)增加其他一般类：提供局部通用协议的类。例如：提供永久存储及恢复功能的类。

3. **按编程语言调整继承**

由于面向对象分析强调面向问题去分析，而面向对象的设计考虑实现问题，有时候所用语言不支持多重继承，甚至不支持继承，所以必须根据将要采用的编程语言进行调整。

4. **提高性能**

采用以下方法提高系统运行性能：

(1)把需要频繁交换信息的对象，尽量地放在一台处理机上。例如，增加属性或类，以保存中间结果。

(2)提高或降低系统的并发度，可能要人为地增加或减少主动对象。

(3)合并通信频繁的类。用聚合关系描述复杂类。为编程方便增加底层成分，从而细化对象。

(4)对复杂关联的转化并决定关联的实现方式。例如：把多对多关联转化为一对多关联，把多元关联转化为二元关联。

5. **构造和优化算法**

对于需要设计的操作，要从如下几方面进行详细的定义：

(1)按照定义操作的格式：[可见性] 操作名[‘(’参数列表‘)’][‘:’返回类型]完善操作的定义。

(2)从问题域的角度，根据其责任，考虑实现操作的算法，即对象是怎样提供操作的。

(3)若操作有前后置条件，考虑编程语言是否予以支持。若不支持，在操作的方法中要予以实现。

(4)进一步地分析特定类的对象相关的所有交互图,找出其所有与之相关的消息。一个对象所要响应的每个消息都要由该对象操作处理,其中的一个操作也可能要使用其他操作。

(5)如果类拥有状态图,还可根据内部转换以及外部转换上的动作,设计算法的详细逻辑。可用自然语言或结构化的自然语言描述算法,也可以使用程序框图或活动图描述算法。

(6)在算法中还要考虑对例外和特殊情况的处理。如考虑对输入错误、来自中间件或其他软硬件的错误的消息以及其他例外情况的处理。

(7)在系统较为复杂或需要处理大批量的数据的情况下,若系统在性能上有要求,就要对系统的体系结构和算法进行优化。

6.完善继承层次

完善继承层次可以复用更多的代码,产生较少的冗余。父类代码是可扩展的,可用来创建更特别的类。但是通过继承复用是有代价的,需要正确地预见所创建的类的哪些行为需要共享、哪些行为需要由以后的新类细化,设计时有时还不知道以后所有可能的新类。另外,一旦为共享代码定义了继承层次,许多子类和客户类都依赖它们,抽象类的接口难以改变。设计通过继承层次复用的方法是:

①检查大量相似的类,抽取出它们的共同行为。

②给出一层抽象概念,并从预期的变化中抽取出一个具体类。

7.优化访问路径

效率低的系统性能的常见原因是访问必需的信息时对多个关系的重复遍历。为了识别较低的访问路径,James Rumbaugh 建议对象设计者应该考虑下列问题:

(1)对于每个操作,需要多少次遍历?遍历哪些关系?常用的操作不应该有许多遍历,应该直接通信。如果缺少直接通信,应该在两个对象间增加另外的关系。有一个 Demeter 法则,称“只同你的直接朋友对话”,指在软件设计中,一个方法只与由关联连接的相邻对象通信。这样做的好处是:易理解、易修改、效率高。

(2)对于每个关系,有“多重”关系?重数是必需的吗?检索过程中,关系中的“多”端是否经常出现?如果有,应该试着将“多”减少为“1”。否则,应为“多”端排序或建立索引以改进访问时间。

(3)效率低的另一个原因是过多的建模。分析时确定了许多类结构,但设计时发现没有任何意义。因此对象设计者应该问:对于每个属性,哪些操作用到了这个属性?只有 set()、get()操作吗?如果是,能否移到调用它的对象中去?如果某些类有很少的属性和行为,并且与其他类相关,可将这些类退化成属性(减少了类的数目)。这样做的目的是使模型变得简单、直接。如图 8-5 所示是定制合同管理信息系统的设计类图(部分)。

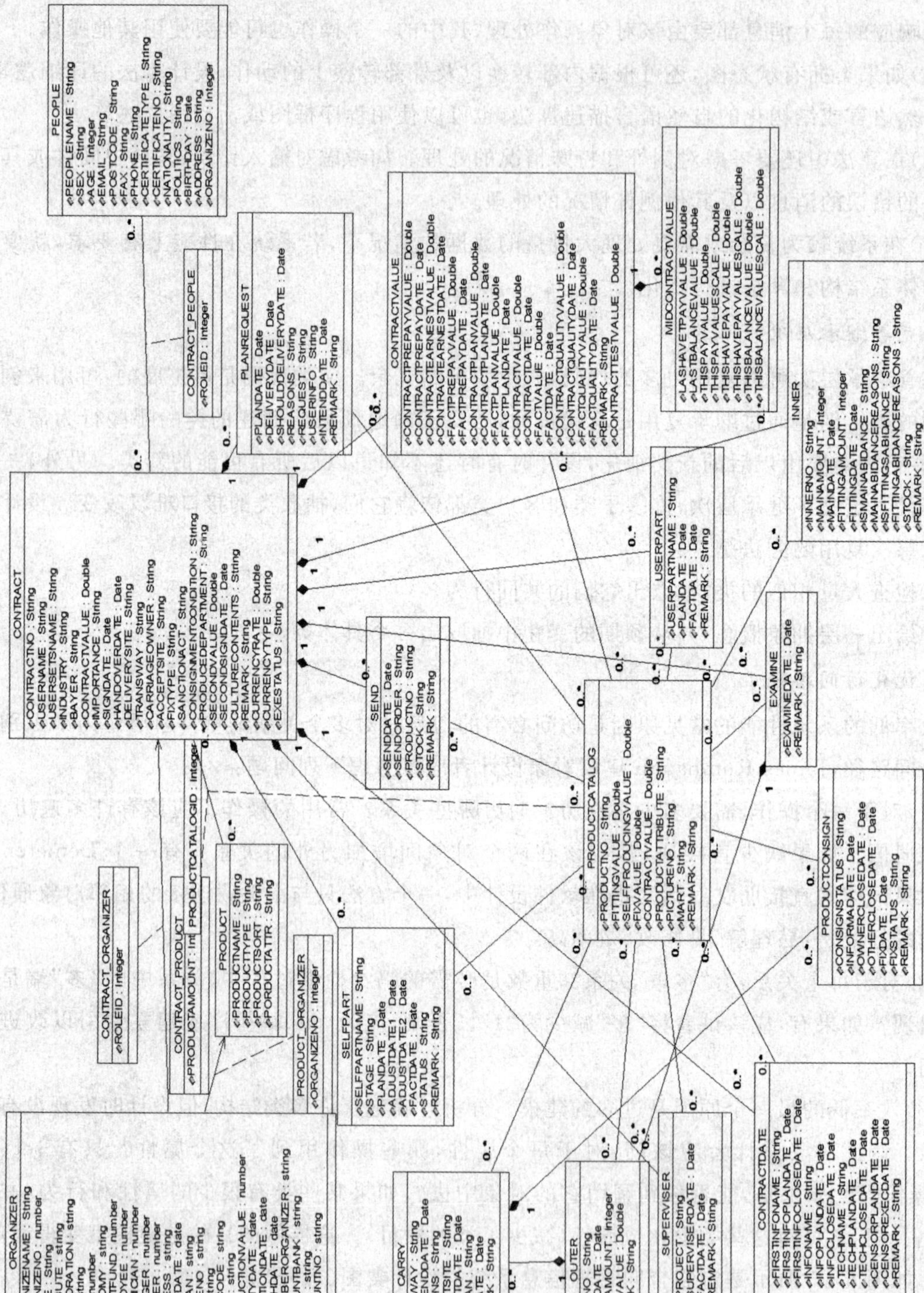

图 8-5 定制合同管理信息系统设计类图(因篇幅关系,没有显示类的操作)

8.6　数据库设计及实现

8.6.1　从类图到关系数据模型的映射

持久性实体类的对象信息需要用数据库来保存，因此，要设计数据库的结构，将持久化数据高效并准确地存储到数据库中。将持久性实体类到关系型数据库的映射就是数据库设计工作，包括持久化类到表的映射、关联的映射、继承的映射等。

1. 持久性实体类标识的设定

设定标识就是设定类的主键（主关键字），在实体类转换成表之前，要为每个实体类添加对象标识符属性，并将它设为主键。每个关联表的主键包括一个或更多地相关类的标识符。

2. 持久性实体类的映射

每个持久性实体类映射成一张表，实体的属性映射成表的字段，实体的对象映射成表的记录。如图 8 - 6 所示是实体类映射成表。

产品（产品序号（PK），产品型号，产品分类，产品属性，产品名称）

图 8 - 6　实体类映射成表

3. 关联的映射

（1）一对一关联。把“1”端的主键添加到“0 或 1”表。其他一对一关联，可以把一个对象的主键添加到另一个对象中。

（2）一对多关联。在一对多关联中，一个对象可以与多个对象相链接。一种方法是将关系的“1”端对象的关键字附加到“多”端的一个列（或多列）。如图 8 - 7 所示是一对多关联映射。

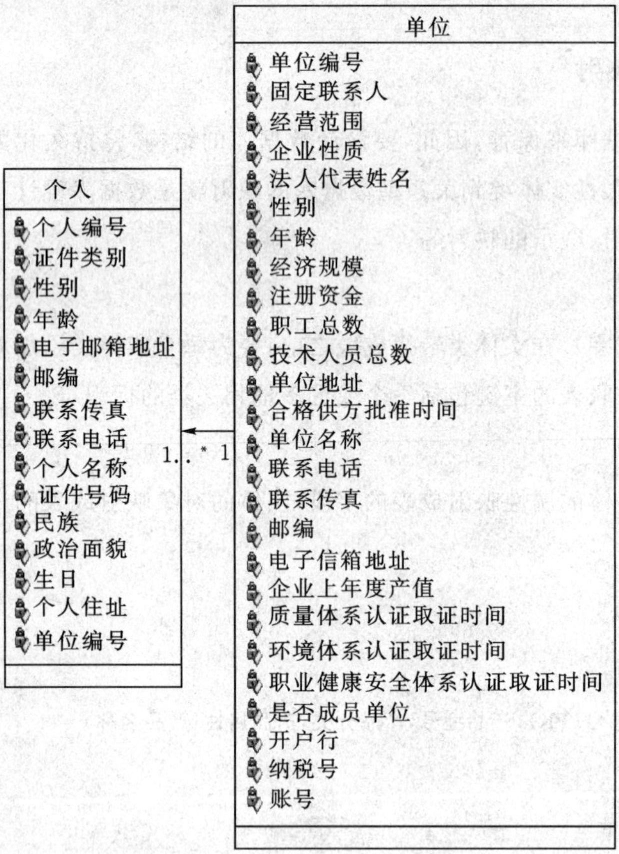

个人(个人编号(PK),证件类别,性别,年龄,电子邮箱地址,邮编,联系传真,联系电话,个人名称,证件号码,民族,政治面貌,生日,个人住址,单位编号(FK))

单位(单位编号(PK),固定联系人,经营范围,企业性质,法人代表姓名,性别,年龄,经济规模,注册资金,职工总数,技术人员总数,单位地址,合格供方批准时间,单位名称,联系电话,联系传真,邮编,电子信箱地址,企业上年度产值,质量体系认证取证时间,环境体系认证取证时间,职业健康安全体系认证取证时间,是否成员单位,开户行,纳税号,账号)

图 8-7　一对多关联映射

(3)多对多关联。对于多对多关系,需要增加一个表,这个表由具有链接关系的表的关键字组成。如图 8-8 所示。

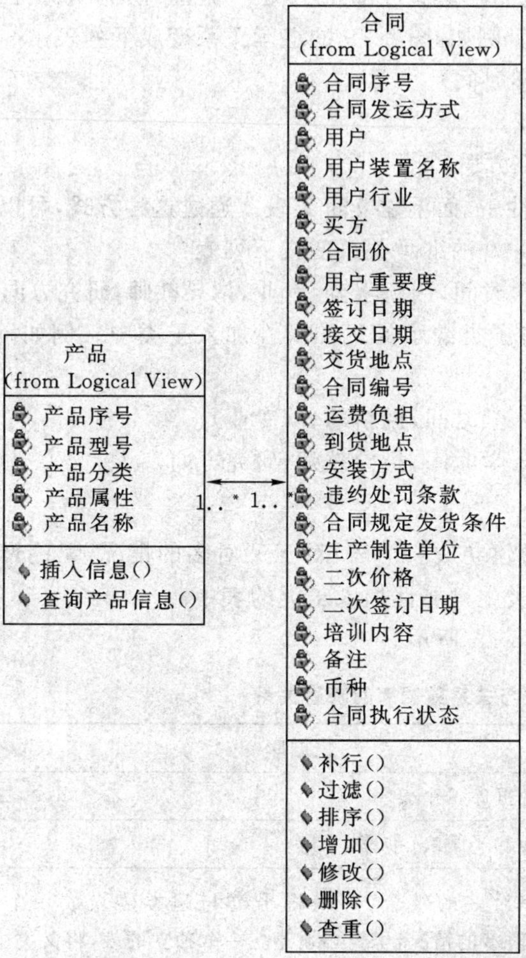

产品(产品序号(PK),产品型号,产品分类,产品属性,产品名称)

合同_产品表(产品序号(FK),合同序号(FK),数量)

合同(合同序号(PK),合同发运方式,用户,用户装置名称,用户行业,买方,合同价,用户重要度,签订日期,接交日期,交货地点,合同编号,运费负担,到货地点,安装方式,违约处罚条款,合同规定发货条件,生产制造单位,二次价格,二次签订日期,培训内容,备注,币种,合同执行状态)

图 8-8　多对多关联映射

4. 继承关系的映射

继承关系有三种映射方法,下面以图 8-9 的继承关系为例。

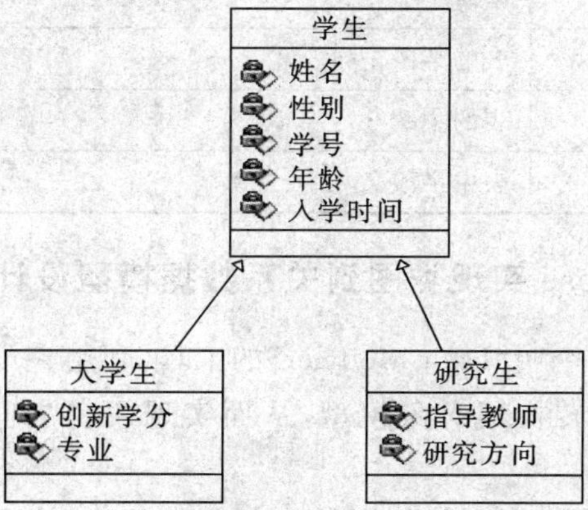

图 8-9　继承关系映射的例子

①父类与子类可各自映射成表，将父类的主键属性加入子类中，建立外键关联。在关系数据模型中用外键参照关系来表示继承关系。例如，图 8-9 的继承关系变成下列表：

学生（学号（PK），姓名，性别，年龄，入学时间）

大学生（学号（PK，FK），创新学分，专业）

研究生（学号（PK，FK），指导教师，研究方向）

②将子类表的属性添加到父类表的属性中，而不建立子类表。通过这种方式，可以使关系数据模型支持继承关系和多态。例如，图 8-9 的继承关系变成下列表：

学生（学号（PK），姓名，性别，年龄，入学时间，创新学分，专业，指导教师，研究方向）

③不建立父类表，而只建立子类表。将子类继承的父类属性加入子类中。例如，图 8-9 的继承关系变成下列表：

大学生（学号（PK），姓名，性别，年龄，入学时间，创新学分，专业）

研究生（学号（PK），姓名，性别，年龄，入学时间，指导教师，研究方向）

5. 映射聚集和组合

对于一对一的组合，可以将子类与超类建立成一个表；对于一对多的情况，无论聚集还是组合，对子类必须建立一个独立的表，将父类主键属性加入子类的表中。

持久类与关系数据库的映射关系如表 8-4 所示。

表 8-4　持久类与关系数据库的映射关系

持久类	数据库
类	每个类为数据库一个表
泛化	分成超类表和子类表（推荐）
聚集和组合	（1）对于一对一的组合，可以将子类与超类建立成一个表；（2）对于一对多的情况，子类必须建立一个独立的表，将父类主键属性加入子类的表中
关联	（1）多对多关联，关联本身为单独的表；（2）一对多关联，将一方关键字放入多方，以外键形式实现关联；（3）一对一关联，将某一方关键字放入另一方，以外键形式实现关联
类的某个对象	表的某条记录
对象中的标识属性	表的主键
类的属性名	表中字段名

8.6.2　使用 Rational Rose 实现类图到关系数据模型设计

Rational Rose 提供了一个叫“Data Modeler”的工具，利用它可将对象模型转换成数据模型，也可将现有的数据模型转换成对象模型，从而实现两者之间的同步。具体来说，Data Modeler 可以完成以下工作：

（1）将对象模型转换成数据模型，即将类映射到数据库的表，构成传统的 ER 图（选择“Data Modeler”/“Transform to Data Model”功能）。

(2)将数据模型转换成对象模型(选择“Data Modeler”/“Transform to Object Model”功能)。

(3)利用数据模型生成数据库 DDL,也可以直接连接到数据库里,对数据库产生结果(选择“Data Modeler”/“Forward Engineer”功能)。

(4)从现有数据库或 DDL 文件里生成数据模型(选择“Data Modeler”/“Reverse Engineer”功能)。

(5)将数据模型同 DDL 文件或现有数据库进行比较(选择“Data Modeler”/“Compare to...”功能)。

注意:一个类能被转化为一个数据库表,它的 persistence 属性必须是 persistence。

由类图转换成数据模型的过程是:

(1)必须将类组织在包中,不在包中的类不能自动生成数据库表。例如,要把类图“定制合同管理信息系统”建立一个数据库,首先将该类图放到一个包中。

(2)在 Component View 中建立数据库。如图 8-10 所示。

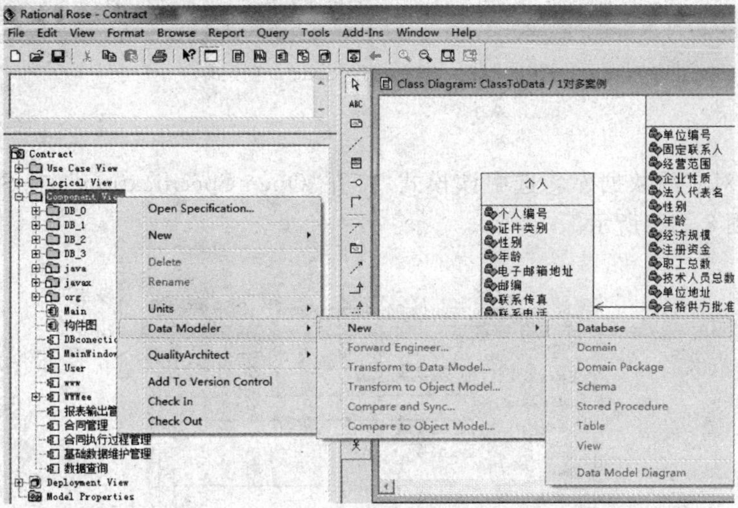

图 8-10　在“Component View”中建立数据库

例如,建立 DB_contract 数据库,选中该数据库,选中“Open Specification”,进行如图 8-11 设置。

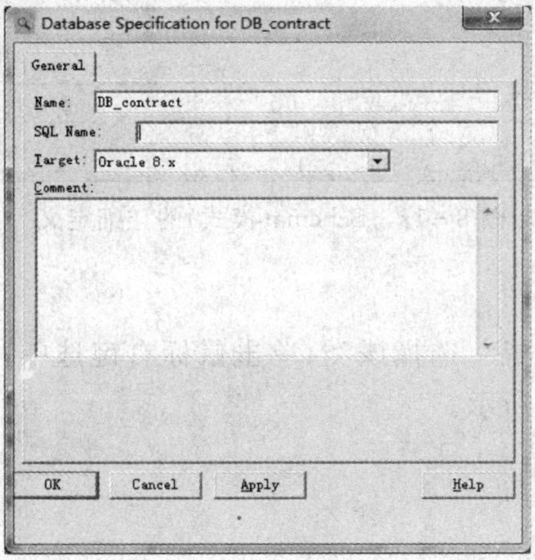

图 8-11　数据库设置

(3)在 Logical View 中的类包建立一个 Schema(模式)。如图 8-12 所示。

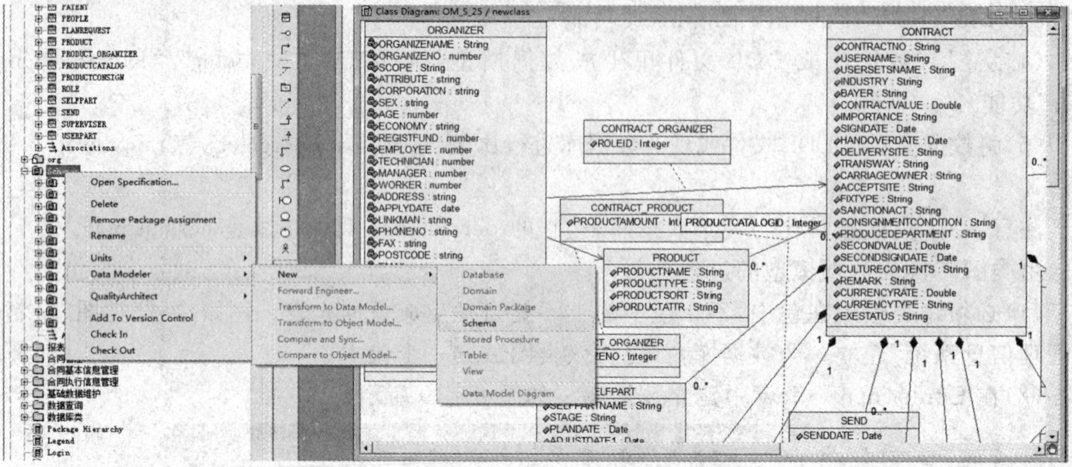

图 8-12　建立一个 Schema(模式)

设置该模式对应的数据库。选中该模式,打开"Open Specification",对 Schema(模式)进行详细定义,如图 8-13 所示。

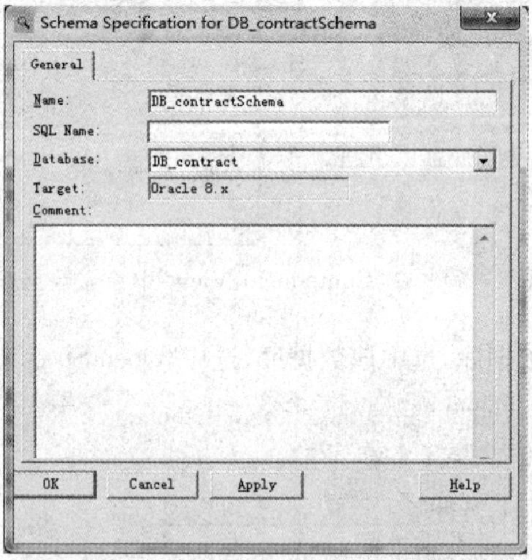

图 8-13　Schema(模式)的详细定义

(4)检查每一个类及其设置。选择该类,单击鼠标右键选中"Open Specification",设置持久性和类的标识,如图 8-14 所示。

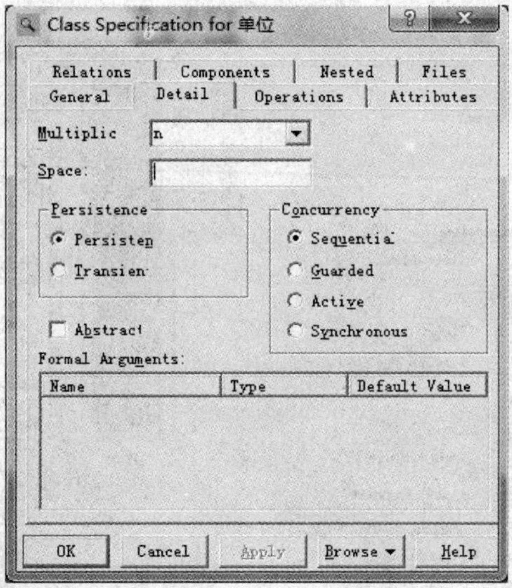

图 8－14　持久性设置

对每个类设置类的标识，即设计数据库表的主键。选中该类的属性，单击鼠标右键，选"Data Modeler"/"Part of Object Identity"，如图 8－15 所示。

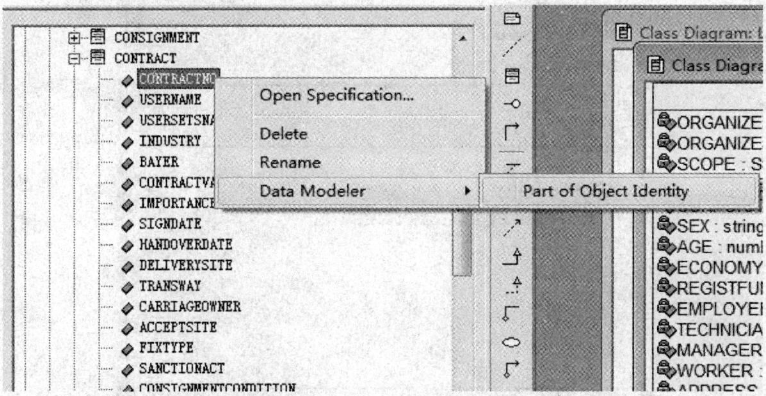

图 8－15　设置类的标识

(5)将类包转换成 Scheme 中的表，选中类包，选"Data Modeler"/"Transform to Data Model"，如图 8－16 和图 8－17 所示。

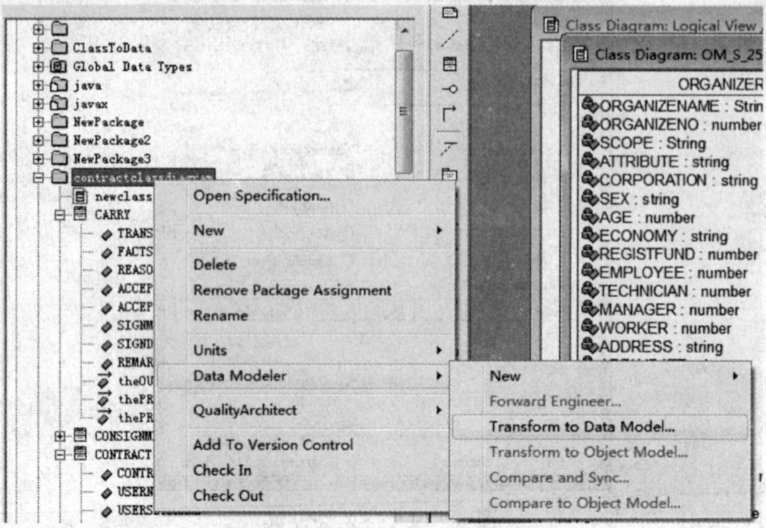

图 8-16　类转换成数据模型

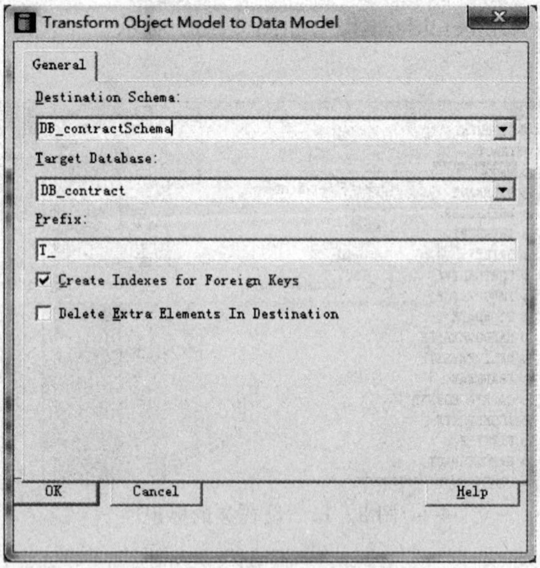

图 8-17　类转换成数据模型定义

在这时可以看在 DB_contractSchma 中看到转换的结果，选中表，单击鼠标右键，选“Open Specification”，定义各列的数据类型等信息，如图 8-18 和图 8-19 所示。

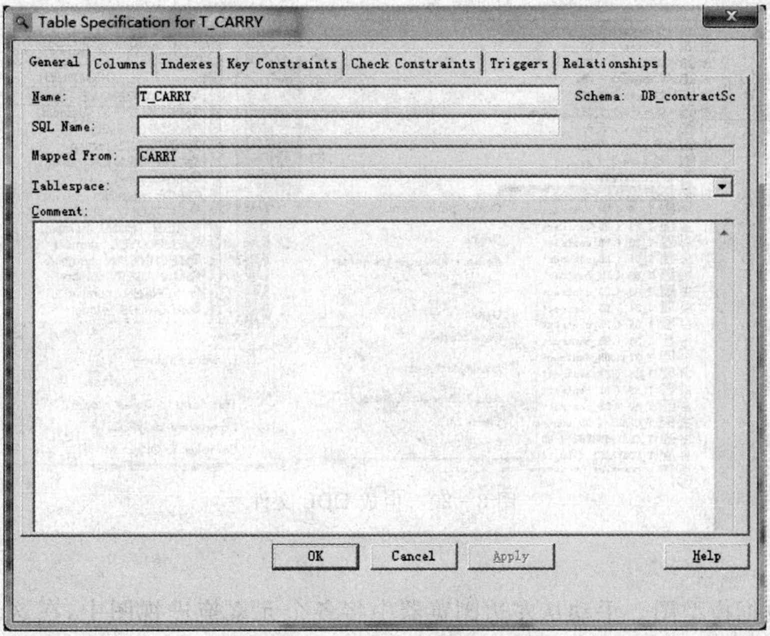

图 8－18　表的规范定义

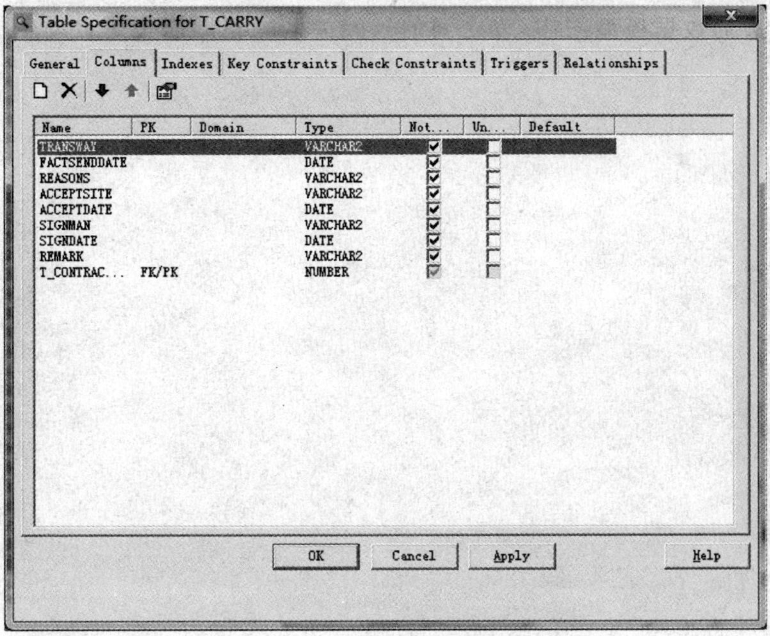

图 8－19　表的字段数据定义

(6)执行正向工程生成 DDL 文件或直接生成数据库中的表。如图 8－20 所示,在弹出菜单中选“Data Modeler”/“Forward Engineer...”,按向导生成 DDL 文件。

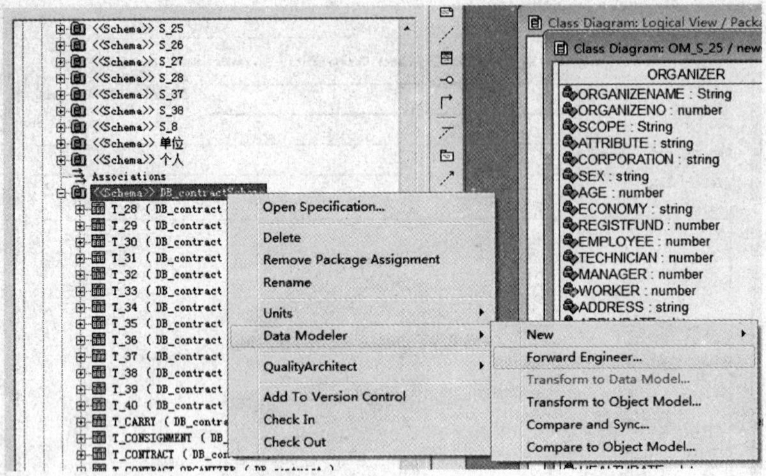

图 8-20　生成 DDL 文件

(7)生成数据模型图。手动从左边浏览器中将各个元素拖进视图中,在这个过程中,各个元素之间的关联关系会自动在图中表示出来,而不需要用户再做其他工作。如图 8-21 所示是定制合同管理信息系统局部的数据模型图。该图创建时,从左边浏览器将数据模型中的数据元素拖到右边的数据模型图中,表之间的依赖关系的菱形箭头是自动生成的,无需手工操作。

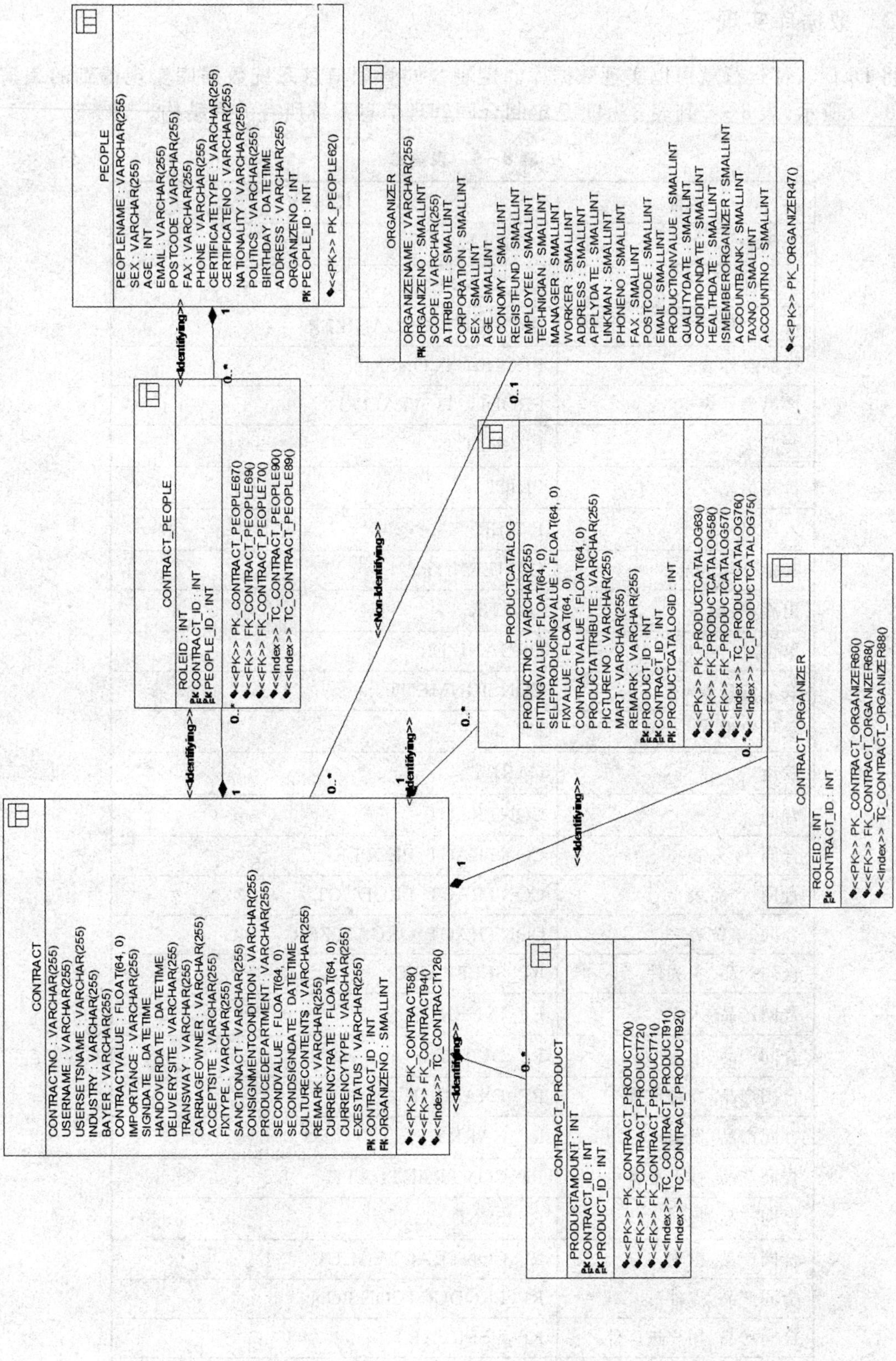

图 8-21　合同管理信息系统局部数据库模型

8.6.3 数据库实现

将 DLL 文件运行就可以实现数据库。定制合同管理信息系统数据库实现得到的表清单如表 8-5 所示，表 8-5 到表 8-41 是定制合同管理信息系统所有的表结构。

表 8-5 表清单

名称	代码
个人	PEOPLE
主关件	SELFPART
产品_单位表	PRODUCT_ORGANIZER
产品点件表	PRODUCTCONSIGN
产品编号表	PRODUCTCATALOG
产品表	PRODUCT
价格信息	PRICE
入库单	INNER
其他合作记录	OTHERNOTE
出库单	OUTER
单位	ORGANIZER
发货信息表	CONSIGNMENT
发货审批	EXAMINE
发运	CARRY
合同	CONTRACT
合同_个人表	CONTRACT_PEOPLE
合同_产品表	CONTRACT_PRODUCT
合同_单位表	CONTRACT_ORGANIZER
合同产品_主关件	RP_SELFPART
合同产品_入库	RP_INNER
合同产品_出库单	RP_OUTER
合同产品_发货审批	RP_EXAMINE
合同产品_发运	RP_CARRY
合同产品_技术准备	RP_CONTRACTDATE
合同产品_投料	RP_SEND
合同产品_款项	RP_CONTRACTVALUE
合同产品_点件	RP_PRODUCTCONSIGN
合同产品_用户进厂件	RP_USERPART
合同产品_监制	RP_SUPERVISER

续表 8-5

名称	代码
合同产品_计划及要求	RP_PLANREQUEST
合同进度款货款	CONTRACTVALUE
基础代码表	DATACODELIST
安装调试及服务表	FIX
技术准备	CONTRACTDATE
投料	SEND
点件记录表	ASSIGN
用户进厂件	USERPART
监制	SUPERVISER
角色表	ROLE
计划及要求	PLANREQUEST

表 8-6 发货信息表

名称	代码	数据类型
产品序号	PRODUCTID	Variable characters (20)
发货序号	CONSIGNMENTID	Integer
配套合同序号	FITTINGSCONTRACTID	Variable characters (20)
配套产品序号	FITSPRODUCTID	Variable characters (20)
合同序号	CONTRACTID	Variable characters (20)
实报日期	FACTDATE	Date
存在的问题	PROBLEMS	Variable characters (20)
备注	REMARK	Variable characters (20)
应报日期	SHOULDDATE	Date

表 8-7 价格信息

名称	代码	数据类型
产品序号	PRODUCTID	Variable characters (20)
价格序号	PRICEID	Integer
配套合同序号	FITTINGSCONTRACTID	Variable characters (20)
配套产品序号	FITSPRODUCTID	Variable characters (20)
合同序号	CONTRACTID	Variable characters (20)
问题描述	PROBLEMS	Variable characters (20)
协调结果	RESULTS	Variable characters (20)
备注	REMARK	Variable characters (20)
日期	WORKDATE	Date

表 8-8　技术准备

名称	代码	数据类型
时间序号	CONTRACTDATEID	Integer
合同序号	CONTRACTID	Integer
技术准备名称	TECHNAME	Variable characters (20)
初步资料总体计划时间	FIRSTINFOPLANDATE	Date
初步资料总体完成时间	FIRSTINFOCLOSEDATE	Date
最终资料名称	INFONAME	Variable characters (20)
最终资料主机计划时间	INFOPLANDATE	Date
最终资料主机完成时间	INFOCLOSEDATE	Date
初步资料名称	FIRSTINFONAME	Variable characters (20)
技术准备主机计划时间	TECHPLANDATE	Date
技术准备主机完成时间	TECHCLOSEDATE	Date
审查会召开计划时间	CENSORPLANDATE	Date
审查会召开实际时间	CENSOREXECDATE	Date
备注		

表 8-9　投料

名称	代码	数据类型
执行序号	SENDID	Integer
合同序号	CONTRACTID	Integer
投料批次	SENDORDER	Variable characters (20)
产品编号	PRODUCTNO	Variable characters (20)
库存情况	STOCK	Variable characters (20)
备注	REMARK	Variable characters (20)
投料日期	SENDDATE	Date

表 8-10　主关件

名称	代码	数据类型
主关件序号	SELFPARTID	Integer
合同序号	CONTRACTID	Integer
生产阶段	STAGE	Variable characters (20)
计划时间	PLANDATE	Date
调整时间 1	ADJUSTDATE1	Date
调整时间 2	ADJUSTDATE2	Date

续表 8-10

名称	代码	数据类型
实际时间	FACTDATE	Date
生产实施状态	STATUS	Variable characters (20)
备注	REMARK	Variable characters (20)
主关件名称	SELFPARTNAME	Variable characters(20)

表 8-11 监制

名称	代码	数据类型
监制序号	SUPERVISERID	Integer
合同序号	CONTRACTID	Integer
要求时间	SUPERVISERDATE	Date
实际进行时间	FACTDATE	Date
备注	REMARK	Variable characters (20)
监制项目	PROJECT	Variable characters (20)

表 8-12 用户进场件

名称	代码	数据类型
进厂件序号	USERPARTID	Integer
合同序号	CONTRACTID	Integer
计划进厂时间	PLANDATE	Date
实际进厂时间	FACTDATE	Date
备注	REMARK	Variable characters (20)
进厂件名称	USERPARTNAME	Variable characters (20)

表 8-13 监制

名称	代码	数据类型
入库单序号	INNERID	Integer
合同序号	CONTRACTID	Integer
主机是否履约	ISMAINABIDANCE	Variable characters (20)
主机完成数量	MAINAMOUNT	Integer
主机完成日期	MAINDATE	Date
配套完成数量	FITTINGAMOUNT	Integer
配套完成日期	FITTINGDATE	Date
入库单编号	INNERNO	Variable characters (20)

续表 8－13

名称	代码	数据类型
主机未履约原因	MAINABIDANCEREASONS	Variable characters (20)
配套是否履约	ISFITTINGSABIDANCE	Variable characters (20)
配套未履约原因	FITTINGABIDANCEREASONS	Variable characters (20)
库存情况	STOCK	Variable characters (20)
备注	REMARK	Variable characters (20)

表 8－14　发货审批

名称	代码	数据类型
合同序号	CONTRACTID	Integer
发货审批序号	EXAMINEID	Integer
备注	REMARK	Variable characters (20)
发货审批日期	EXAMINEDATE	Date

表 8－15　出库单

名称	代码	数据类型
合同序号	CONTRACTID	Integer
出库单序号	OUTERID	Integer
发货审批序号	EXAMINEID	Integer
出库日期	OUTERDATE	Date
出库数量	OUTERAMOUNT	Integer
实现销售金额	OUTERVALUE	Integer
备注	REMARK	Variable characters (20)
出库单编号	OUTERNO	Variable characters (20)

表 8－16　发运

名称	代码	数据类型
发运序号	CARRYID	Integer
发货审批序号	EXAMINEID	Integer
合同序号	CONTRACTID	Integer
出库单序号	OUTERID	Integer
发货日期	FACTSENDDATE	Date
发货延期原因	REASONS	Variable characters (20)
到站地点	ACCEPTSITE	Variable characters (20)

续表 8－16

名称	代码	数据类型
到站时间	ACCEPTDATE	Date
签收人	SIGNMAN	Variable characters (20)
签收时间	SIGNDATE	Date
备注	REMARK	Variable characters (20)
实际发运方式	TRANSWAY	Variable characters (20)

表 8－17 点件记录表

名称	代码	数据类型
产品序号	PRODUCTID	Variable characters (20)
点件记录序号	ASSIGNID	Integer
配套合同序号	FITTINGSCONTRACTID	Variable characters (20)
配套产品序号	FITSPRODUCTID	Variable characters (20)
合同序号	CONTRACTID	Variable characters (20)
实际到达时间	RECEIVEDATE	Date
实际到达数量	RECEIVEAMOUNT	Integer
备注	REMARK	Variable characters (20)
要求时间	REQUESTDATE	Date

表 8－18 安装调试及服务表

名称	代码	数据类型
产品序号	PRODUCTID	Variable characters (20)
合同序号	CONTRACTID	Variable characters (20)
安装调试序号	FIXID	Integer
配套合同序号	FITTINGSCONTRACTID	Variable characters (20)
配套产品序号	FITSPRODUCTID	Variable characters (20)
实际到达时间	RECEIVEDATE	Date
实际到达数量	RECEIVEAMOUNT	Integer
累计服务日	SERVICEDATEAMOUNT	Integer
备注	REMARK	Variable characters (20)
要求时间	REQUESTDATE	Date

表 8-19 单位

名称	代码	数据类型
单位编号	ORGANIZENO	Integer
固定联系人	LINKMAN	Variable characters (20)
经营范围	SCOPE	Variable characters (20)
企业性质	ATTRIBUTE	Variable characters (20)
法人代表姓名	CORPORATION	Variable characters (20)
性别	SEX	Variable characters (20)
年龄	AGE	Integer
经济规模	ECONOMY	Variable characters (20)
注册资金	REGISTFUND	Integer
职工总数	EMPLOYEE	Integer
技术人员总数	TECHNICIAN	Integer
管理人员总数	MANAGER	Integer
生产工人总数	WORKER	Integer
单位地址	ADDRESS	Variable characters (20)
合格供方批准时间	APPLYDATE	Date
单位名称	ORGANIZENAME	Variable characters (20)
联系电话	PHONENO	Variable characters (20)
联系传真	FAX	Variable characters (20)
邮编	POSTCODE	Variable characters (20)
电子信箱地址	EMAIL	Variable characters (20)
企业上年度产值	PRODUCTIONVALUE	Integer
质量体系认证取证时间	QUALITYDATE	Date
环境体系认证取证时间	CONDITIONDATE	Date
职业健康安全体系认证取证时间	HEALTHDATE	Date
是否成员单位	ISMEMBERORGANIZER	Variable characters (20)
开户行	ACCOUNTBANK	Variable characters (20)
纳税号	TAXNO	Variable characters (20)
账号	ACCOUNTNO	Variable characters (20)

表 8-20 个人

名称	代码	数据类型
个人编号	PEOPLENO	Integer
证件类别	CERTIFICATETYPE	Variable characters (20)

续表 8-20

名称	代码	数据类型
个人编号	PEOPLENO	Integer
性别	SEX	Variable characters (20)
年龄	AGE	Integer
电子信箱地址	EMAIL	Variable characters (20)
邮编	POSTCODE	Variable characters (20)
联系传真	FAX	Variable characters (20)
联系电话	PHONE	Variable characters (20)
个人名称	PEOPLENAME	Variable characters (20)
证件号码	CERTIFICATENO	Variable characters (20)
民族	NATIONALITY	Variable characters (20)
政治面貌	POLITICS	Variable characters (20)
生日	BIRTHDAY	Date
个人住址	ADDRESS	Variable characters (20)
单位编号	ORGANIZENO	Integer

表 8-21 产品表

名称	代码	数据类型
产品序号	PRODUCTID	Variable characters (26)
产品型号	PRODUCTTYPE	Variable characters (20)
产品分类	PRODUCTSORT	Variable characters (20)

表 8-22 产品编号表

名称	代码	数据类型
产品编号序号	PRODUCTCATALOGID	Number (8)
产品序号	PRODUCTID	Variable characters (26)
合同序号	CONTRACTID	Integer
合同价	CONTRACTVALUE	Integer
配套价	FITTINGVALUE	Integer
自制价	SELFPRODUCINGVALUE	Integer
安装价	FIXVALUE	Integer
产品编号	PRODUCTNO	Variable characters (20)
新老产品	PRODUCTATTRIBUTE	Variable characters (20)
图号	PICTURENO	Variable characters (20)
细分市场	MART	Variable characters (20)
备注	REMARK	Variable characters (20)

表 8-23 合同

名称	代码	数据类型
合同序号	CONTRACTID	Integer
合同发运方式	TRANSWAY	Variable characters (20)
用户	USERNAME	Variable characters (20)
用户装置名称	USERSETSNAME	Variable characters (20)
用户行业	INDUSTRY	Variable characters (20)
买方	BAYER	Variable characters (20)
合同价	CONTRACTVALUE	Integer
用户重要度	IMPORTANCE	Variable characters (20)
签订日期	SIGNDATE	Date
接交日期	HANDOVERDATE	Date
交货地点	DELIVERYSITE	Variable characters (20)
合同编号	CONTRACTNO	Variable characters (20)
运费负担	CARRIAGEOWNER	Variable characters (20)
到货地点	ACCEPTSITE	Variable characters (20)
安装方式	FIXTYPE	Variable characters (20)
违约处罚条款	SANCTIONACT	Variable characters (20)
合同规定发货条件	CONSIGNMENTCONDITION	Variable characters (20)
生产制造单位	PRODUCEDEPARTMENT	Variable characters (20)
二次价格	SECONDVALUE	Integer
二次签订日期	SECONDSIGNDATE	Date
培训内容	CULTURECONTENTS	Variable characters (20)
备注	REMARK	Variable characters (20)
币种	CURRENCYTYPE	Variable characters (20)
汇率	CURRENCYRATE	Integer
合同执行状态	EXESTATUS	Variable characters (20)

表 8-24 基础代码表

名称	代码	数据类型
分类序号	CODEID	Integer
分类名称	CODENAME	Variable characters (20)
父级分类序号	PARENTCODEID	Integer
结点类型	NODETYPE	Variable characters (20)

续表 8-24

名称	代码	数据类型
结点序号	NODEORDER	Integer
代码类别	CODETYPE	Variable characters (20

表 8-25　角色表

名称	代码	数据类型
角色序号	ROLEID	Integer
角色类别	ROLETYPE	Variable characters (20)
角色名称	ROLENAME	Variable characters (20)

表 8-26　合同进度货款

名称	代码	数据类型
进度款货款序号	CONTRACTVALUEID	Integer
合同序号	CONTRACTID	Integer
合同规定预付款时间	CONTRACTPREPAYDATE	Date
合同规定预付款金额	CONTRACTPREPAYVALUE	Integer
实际到预付款时间	FACTPREPAYDATE	Date
实际到预付款金额	FACTPREPAYVALUE	Integer
合同规定定金时间	CONTRACTEARNESTDATE	Date
合同规定定金金额	CONTRACTEARNESTVALUE	Integer
合同规定进度款时间	CONTRACTPLANDATE	Date
合同规定进度款金额	CONTRACTPLANVALUE	Integer
实际到进度款时间	FACTPLANDATE	Date
实际到进度款金额	FACTPLANVALUE	Integer
合同规定货款时间	CONTRACTDATE	Date
合同规定货款金额	CONTRACTVALUE	Integer
实际货款金额	FACTVALUE	Integer
实际货款时间	FACTDATE	Date
合同规定质保金时间	CONTRACTQUALITYDATE	Date
合同规定质保金金额	CONTRACTQUALITYVALUE	Integer
实际质保金时间	FACTQUALITYDATE	Date
实际质保金金额	FACTQUALITYVALUE	Integer
合同规定试车费用	CONTRACTTESTVALUE	Integer
备注	REMARK	Variable characters (20)

表 8-27 产品_单位表

名称	代码	数据类型
产品序号	PRODUCTID	Variable characters (20)
配套合同序号	FITTINGSCONTRACTID	Variable characters (20)
配套产品序号	FITSPRODUCTID	Variable characters (20)
合同序号	CONTRACTID	Variable characters (20)
单位编号	ORGANIZENO	Variable characters (20)

表 8-28 合同_个人表

合同序号	CONTRACTID	Variable characters (20)
个人编号	PEOPLENO	Variable characters (20)
参与者角色	ROLEID	Integer

表 8-29 合同_单位表

名称	代码	数据类型
合同序号	CONTRACTID	Variable characters (20)
单位编号	ORGANIZENO	Variable characters (20)
角色编号	ROLEID	Integer

表 8-30 合同产品_主关件

名称	代码	数据类型
主关件序号	SELFPARTID	Integer
产品编号序号	PRODUCTCATALOGID	Number (8)
产品序号	PRODUCTID	Variable characters (26)
合同序号	CONTRACTID	Integer

表 8-31 合同产品_入库

入库单序号	INNERID	Integer
产品编号序号	PRODUCTCATALOGID	Number (8)
产品序号	PRODUCTID	Variable characters (26)
合同序号	CONTRACTID	Integer

表 8-32 合同产品_出库单

名称	代码	数据类型
合同序号	CONTRACTID	Integer
发货审批序号	EXAMINEID	Integer
出库单序号	OUTERID	Integer
产品编号序号	PRODUCTCATALOGID	Number (8)
产品序号	PRODUCTID	Variable characters (26)

表 8-33 合同产品_发货审批

名称	代码	数据类型
合同序号	CONTRACTID	Integer
发货审批序号	EXAMINEID	Integer
产品编号序号	PRODUCTCATALOGID	Number (8)
产品序号	PRODUCTID	Variable characters (26)

表 8-34 同产品_发运

名称	代码	数据类型
出库单序号	OUTERID	Integer
发货审批序号	EXAMINEID	Integer
合同序号	CONTRACTID	Integer
产品编号序号	PRODUCTCATALOGID	Number (8)
产品序号	PRODUCTID	Variable characters (26)
发运序号	CARRYID	Integer

表 8-35 合同产品_技术准备

名称	代码	数据类型
时间序号	CONTRACTDATEID	Integer
产品编号序号	PRODUCTCATALOGID	Number (8)
产品序号	PRODUCTID	Variable characters (26)
合同序号	CONTRACTID	Integer

表 8-36 同产品_投料

名称	代码	数据类型
执行序号	SENDID	Integer

续表 8-36

名称	代码	数据类型
产品编号序号	PRODUCTCATALOGID	Number (8)
产品序号	PRODUCTID	Variable characters (26)
合同序号	CONTRACTID	Integer

表 8-37　合同产品_款项

名称	代码	数据类型
进度款货款序号	CONTRACTVALUEID	Integer
产品编号序号	PRODUCTCATALOGID	Number (8)
产品序号	PRODUCTID	Variable characters (26)
合同序号	CONTRACTID	Integer

表 8-38　合同产品_点件

名称	代码	数据类型
发运序号	CARRYID	Integer
点件序号	CONSIGNID	Integer
发货审批序号	EXAMINEID	Integer
合同序号	CONTRACTID	Integer
产品编号序号	PRODUCTCATALOGID	Number (8)
产品序号	PRODUCTID	Variable characters (26)
出库单序号	OUTERID	Integer

表 8-39　合同产品_用户进厂件

名称	代码	数据类型
进厂件序号	USERPARTID	Integer
产品编号序号	PRODUCTCATALOGID	Number (8)
产品序号	PRODUCTID	Variable characters (26)
合同序号	CONTRACTID	Integer

表 8-40　合同产品_监制

名称	代码	数据类型
监制序号	SUPERVISERID	Integer
产品编号序号	PRODUCTCATALOGID	Number (8)
产品序号	PRODUCTID	Variable characters (26)
合同序号	CONTRACTID	Integer

表 8-41 合同产品_计划及要求

名称	代码	数据类型
计划序号	PLANID	Integer
产品编号序号	PRODUCTCATALOGID	Number (8)
产品序号	PRODUCTID	Variable characters (26)
合同序号	CONTRACTID	Integer

8.7 系统界面设计

8.7.1 界面设计的重要性

界面对用户来非常重要,具体体现如下:

(1)它是一个组织系统形象的具体体现,展示的是企业信息的门户;

(2)它能够为用户建立良好的工作环境,激发用户努力学习、主动工作的热情;

(3)符合用户习惯,方便用户操作,使目标系统易于为用户所接受。

(4)为用户提供易读易懂的信息形态。

管理信息系统采用的用户界面有图形用户界面和多媒体用户界面。

图形用户界面采用窗口、菜单、图形符号、鼠标与屏幕等方式与用户交互。有的采用桌面形式,形象直观地用图形在桌面上展示系统的功能,用户操作非常方便。

多媒体用户界面结合图形、窗口、图表、声音和文字展示系统功能,有的界面支持网上浏览,有的运用三维和多媒体技术,采用声音和动画形式非常生动。

8.7.2 界面设计的原则

(1)以使用户满意为基本原则。在开发过程中可以用面向对象的语言设计用户界面原型,将界面原型交给用户使用和评价,根据用户的意见不断修改原型,直到用户满意。如图 8-22 所示是基于原型的用户界面设计流程。

(2)一套系统的界面整体风格要一致。系统整体的颜色、按钮大小、文字要有一致的风格。

(3)在输入界面要减轻用户记忆负担。可以通过设置下拉列表、单选按钮等方式达到减轻记忆负担效果。

(4)系统菜单、输入和输出界面要遵循顺序性、重要性和频率性原则。按照执行的顺序、重要性程度和使用的频率设计菜单和对话窗口的位置。

(5)友好性和易操作性原则。根据不同操作人员的特点和权限设计各具特色的操作界面,经常弹出提示窗口,弹出引导或帮助信息,这样可以提高界面的友好性和易操作性。

(6)及时提供反馈信息。用户输入信息后,若输入有错,应及时提示。运行过程的一些中间结果也要根据情况适当输出。

(7)有撤销或退出命令。用户任何时候的操作都可以撤销,运行过程可以方便地退出。

8.7.3 输入设计

输入界面是管理信息系统与用户之间交互的纽带,设计的任务是根据具体业务要求,确定

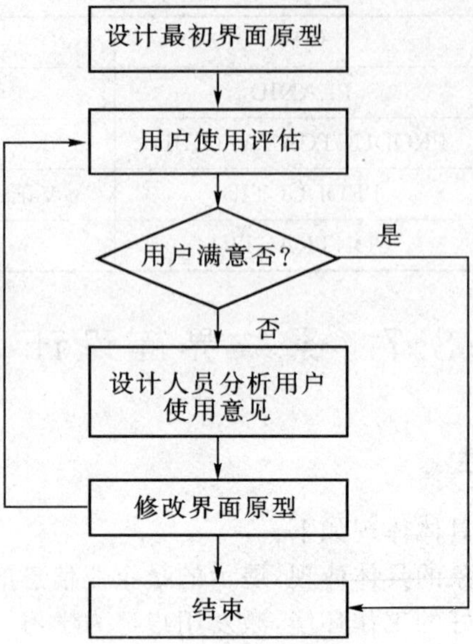

图 8-22 基于原型的用户界面设计流程

适当的输入形式,使管理信息系统获取管理工作中产生的正确信息。输入设计的目标是提高输入效率,减少输入错误。

1.输入设计的设计原则

(1)控制输入量。能够根据已有数据计算出来的数据不能再让用户输入,例如:让用户输入出生日期后不能再让其输入年龄。

(2)减少输入延迟。采用批量输入、周转文件输入以减少输入延迟。

(3)减少输入错误。在输入过程中要采用多种校验方法和验证技术。例如,输入身份证号码时要根据身份证的编码规则校验其正确性。

(4)避免额外步骤。每个步骤都要认真考虑好是否是必需的,不是必需的就要删除。

(5)简化输入过程。输入过程越简单用户操作越容易。

2.输入设计的内容

(1)输入界面设计。根据具体业务要求确定。

(2)输入设备选择。输入设计首先要确定输入设备的类型和输入介质,输入设备有以下几种:

①键盘或触摸屏输入。键盘是常用的输入方式,触摸屏输入现在也日渐流行。

②磁盘输入装置。由数据录入员通过工作站录入,经拼写检查和可靠性验证后存入磁记录介质(如磁带、磁盘等)。这种方法成本低、速度快,易于携带,适用于大量数据输入。

③光电阅读器。采用光笔读入光学标记条形码或用扫描仪录入纸上文字。光符号读入器适用于自选商场、借书等少量数据录入的场合。而纸上文字的扫描录入读错率较高。另外,收、发料单,记账凭证若通过扫描之后难于存入对应的表。

④终端输入。终端一般是一台联网微机,操作人员直接通过键盘键入数据,终端可以在线方式与主机联系,并及时返回处理结果。

⑤智能手机 APP 输入。目前智能手机功能强大,用户多,移动互联网络覆盖面广,因此,

通过安装在智能手机上的APP进行输入成为新潮。

3. **输入数据正确性校验**

输入的是错误，输出也是错误，即输入的是垃圾，输出也是垃圾，因此，在输入时校对方式的设计非常重要。特别是针对数字、金额数等字段，没有适当的校对措施作保证是很危险的。所以，输入设计一定要考虑适当的校对措施，以减少出错的可能性。但应指出的是，绝对保证不出错的校对方式是没有的。常用的校验方式有：

(1)人工校对。即录入数据后再显示或打印出来，由人来进行校对。这种方法对于少量的数据或控制字符输入还可以，但对于大批量的数据输入就显得太麻烦，效率太低。这种方式在实际系统中很少有人使用。

(2)二次键入校验：二次键入是指同一批数据两次键入系统的方法。输入后系统内部再比较这两批数据，如果完全一致则可认为输入正确；反之，则将不同部分显示出来有针对性地由人来进行校对。它是目前数据录入中心、信息中心录入数据时常用的方法。该方法最大的好处是方便、快捷，而且可以用于任何类型的数据符号。尽管该方法中二次键入在同一个地方出错，并且错误一致的可能性是存在的，但是这种可能性出现的概率极小。

(3)根据输入数据之间的逻辑关系校验。即根据输入数据必须满足的逻辑关系进行校验。例如，利用会计恒等式，对输入的记账凭证进行借贷平衡的检验。输入物资的收、发料单，产品的入、出库单，均可采用先输入单子上的总计，然后逐项输入，计算机将逐项输入累计，用累计值与合计值比较，达到校对目的。

(4)用程序设计实现校验。对接受数据字段，若在数据库设计时已知取值区间(可允许取值的上、下限)或取值集(例如性别的取值集为男或女，产品的取值集为该单位所有产品集合……)，可通过设置取值区间检验，或利用输入数据表的外键(取值集所在表的主键)进行一致性检验。对输入日期型数据，一定要进行合法性和时效性检验。

(5)利用校验码进行校验。为了保证正确输入，有意识地在编码设计结构中原有代码的基础上，另外加上一个校验位，使它事实上变成代码的一个组成部分。校验位通过事先规定的数学方法计算出来。代码一旦输入，计算机会用同样的数学运算方法按输入的代码数字计算出校验位，并将它与输入的校验位进行比较，以证实输入是否有错。校验位计算过程如下：

①对代码的本体的每一位加权求和，权可以是自然数、质数或几何级数等。

②以模除以和得到余数，将余数作为检验位，模可以选10或11等。

例如，代码为：8324456

权选自然数：7654321

代码加权求和为：$S=8\times7+3\times6+2\times5+4\times4+4\times3+5\times2+6\times1=128$

选模为11，和除以模的余数为：7

因此校验位为7，输入时按83244567输入。输入后计算机按校验位计算方法计算输入代码的校验位是否等于输入的校验位，若不等则说明输错。

4. **输入设计的评价标准**

(1)输入界面是否明晰、美观、大方；

(2)是否便于填写，符合工作习惯；

(3)是否便于操作；

(4)是否有保证输入数据正确性的校验措施。

8.7.4 输出设计

输出设计的任务是使管理信息系统输出满足用户需求的信息，正确及时地反映和组成用于管理各部门需要的信息。输出信息能否满足用户需要，直接关系到系统的使用效果和系统的成功与否，因此输出设计非常重要。

1. 输出设计的过程

(1)掌握输出信息使用情况，包括信息的使用者、使用目的、信息量、输出周期、有效期、保管方法和输出份数。

(2)确定输出信息内容，包括输出项目、精度、信息形式(文字、数字)。

(3)确定输出格式，即采用表格、报告、图形还是图标输出。格式有以下几种：

①表格信息。一般而言，表格信息是系统对各管理层的输出，以表格的形式提供给信息使用者，一般用来表示详细的信息。

②图形信息。管理信息系统输出的图形信息主要有直方图、圆饼图、曲线图、地图等。图形信息在表示事物的趋势、多方面的比较等方面有较大的优势，在进行各种类比分析中，起着数据报表所起不到的显著作用。图形信息表示方式直观，常为决策用户所喜爱。

③图标。图标也用来表示数据间的比例关系和比较情况。由于图标易于辨认，无需过多解释，在信息系统中的应用也日益广泛。

(4)选择输出设备和介质，即采用打印机、显示器等设备以及磁盘、磁带、纸张(普通、专用)等介质输出。

2. 输出设计评价标准

(1)能否为用户提供及时、准确、全面的信息服务；

(2)是否便于阅读和理解，符合用户的习惯；

(3)是否充分考虑和利用了输出设备的功能；

(4)是否为今后的发展预留一定的余地。

定制合同管理信息系统的界面设计如图 8-23 至图 8-40 所示。

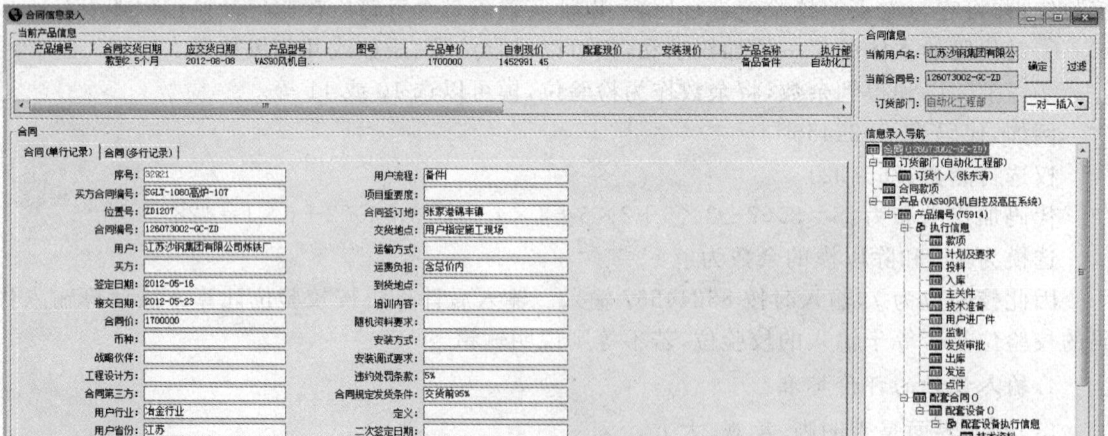

图 8-23 合同基本信息管理界面

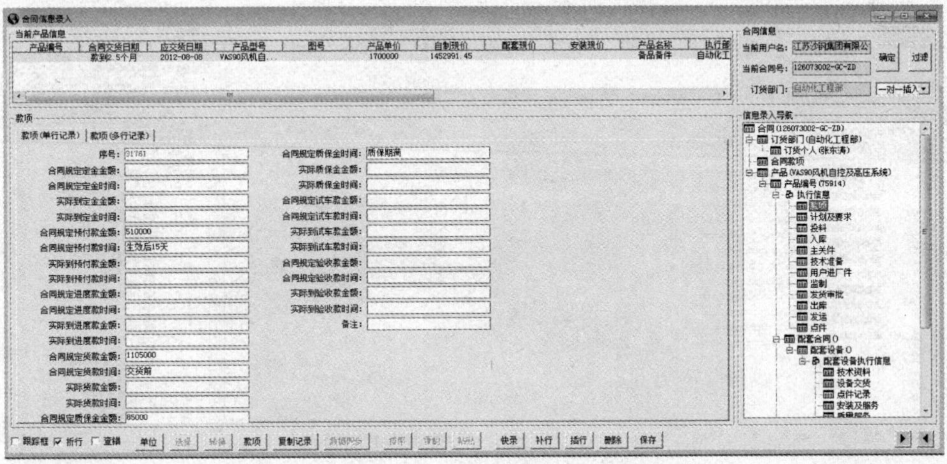

图 8-24 款项管理界面

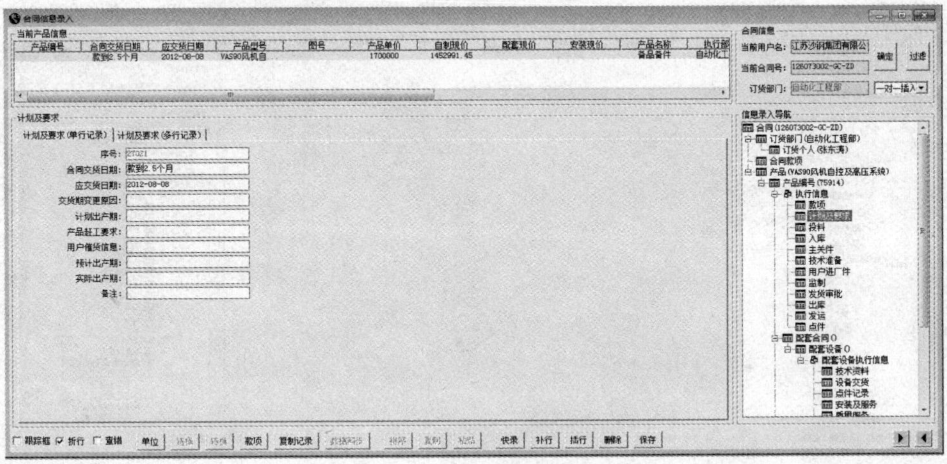

图 8-25 计划及要求管理

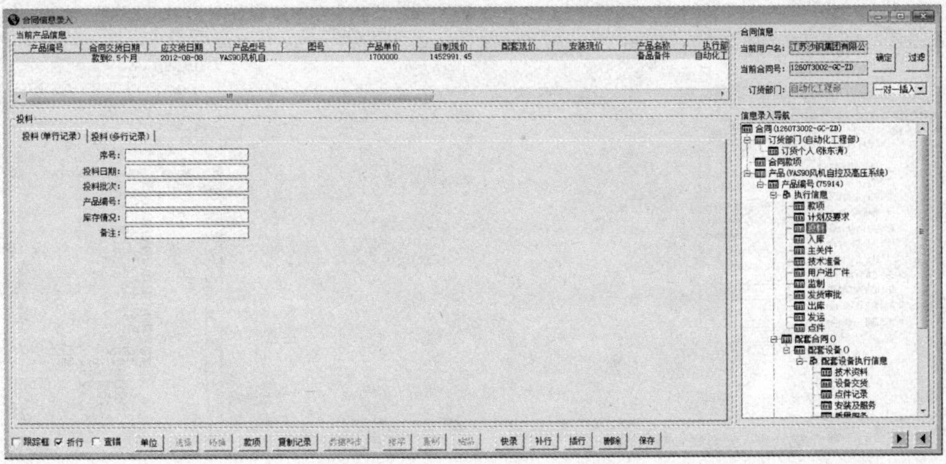

图 8-26 投料管理界面

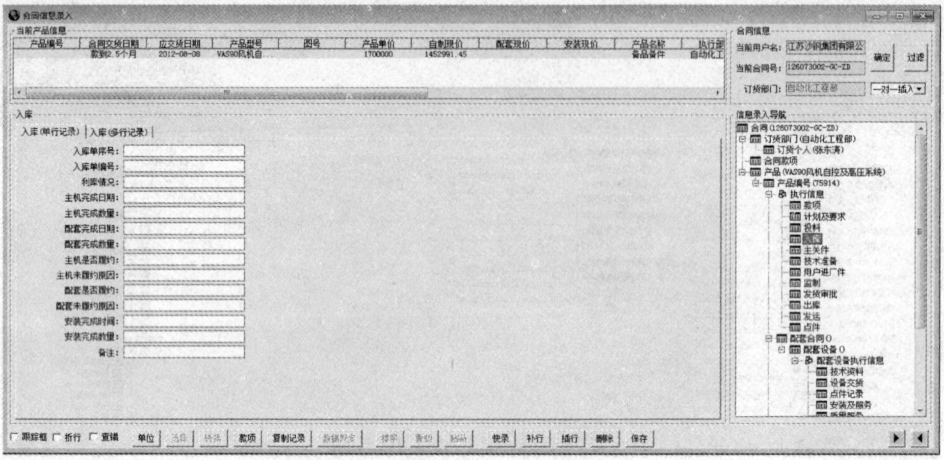

图 8-27　入库管理界面

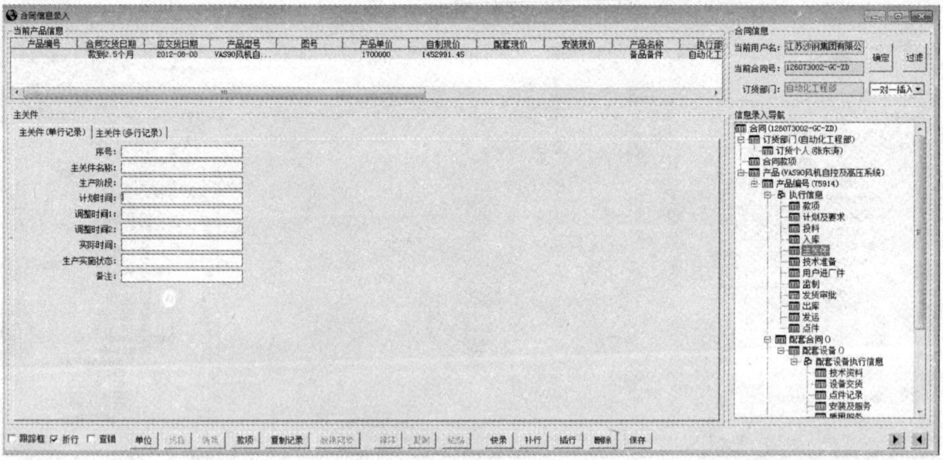

图 8-28　主关件管理界面

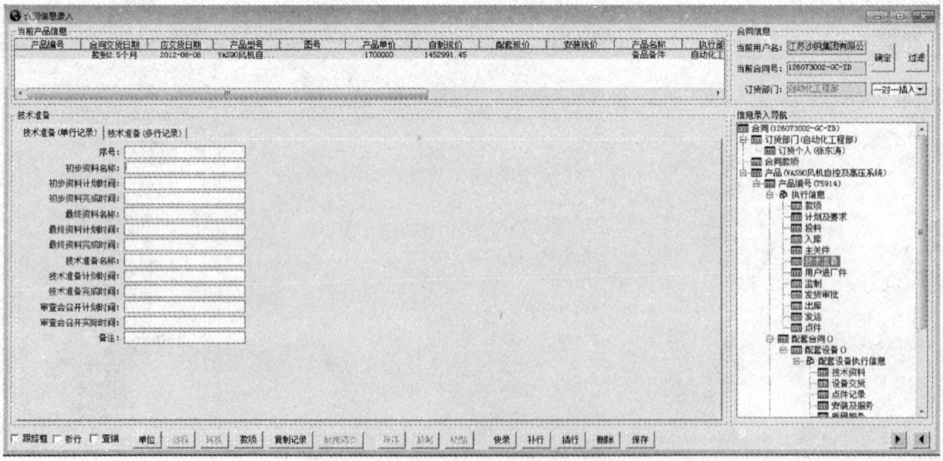

图 8-29　技术准备管理界面

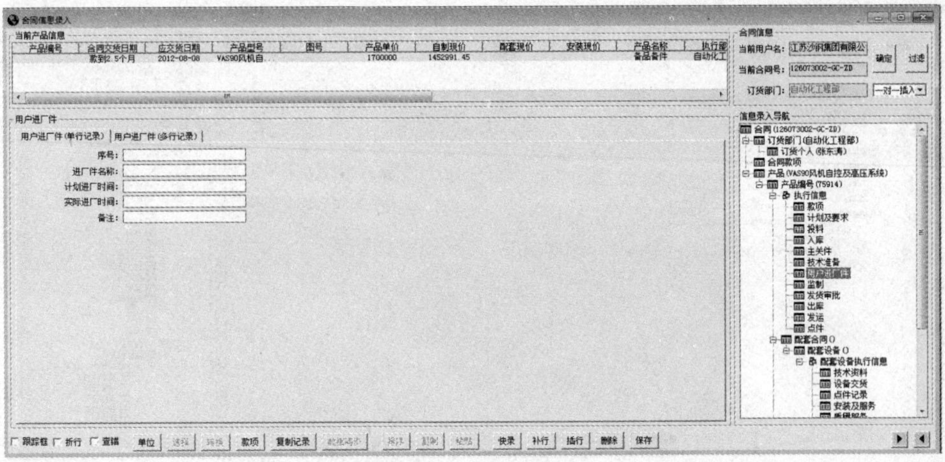

图 8－30 用户进场件管理界面

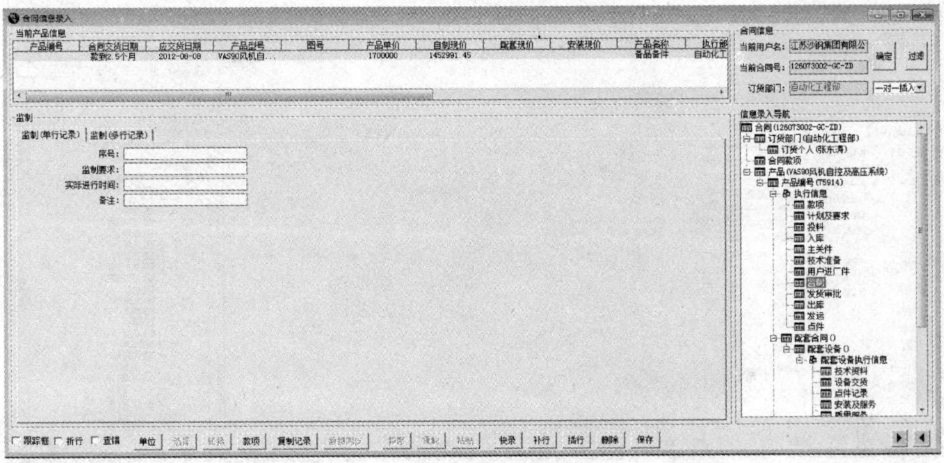

图 8－31 监制管理界面

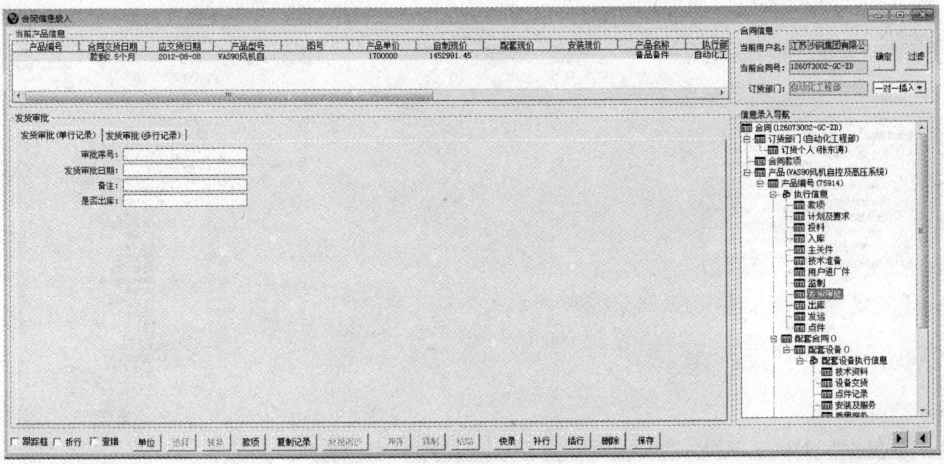

图 8－32 发货审批管理界面

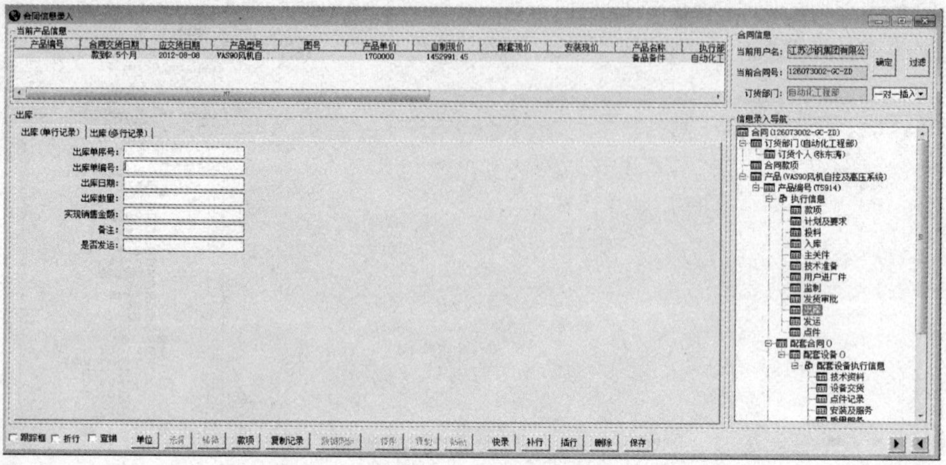

图 8 - 33　出库管理界面

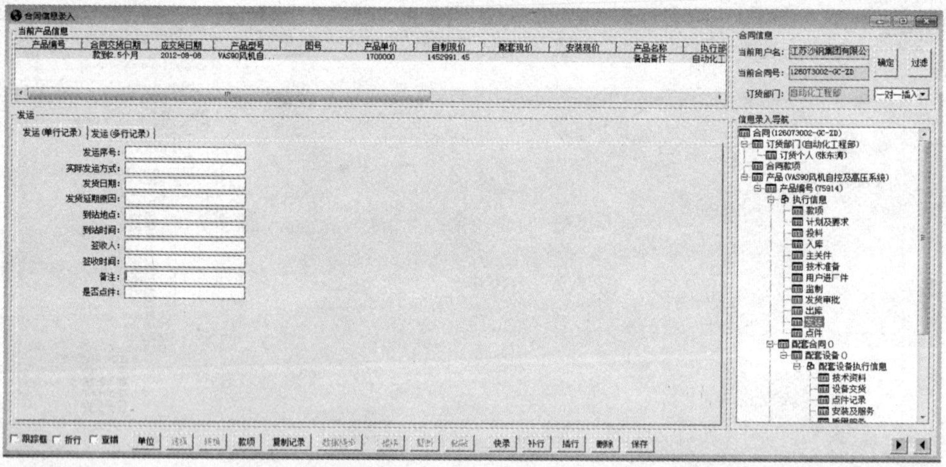

图 8 - 34　发运管理界面

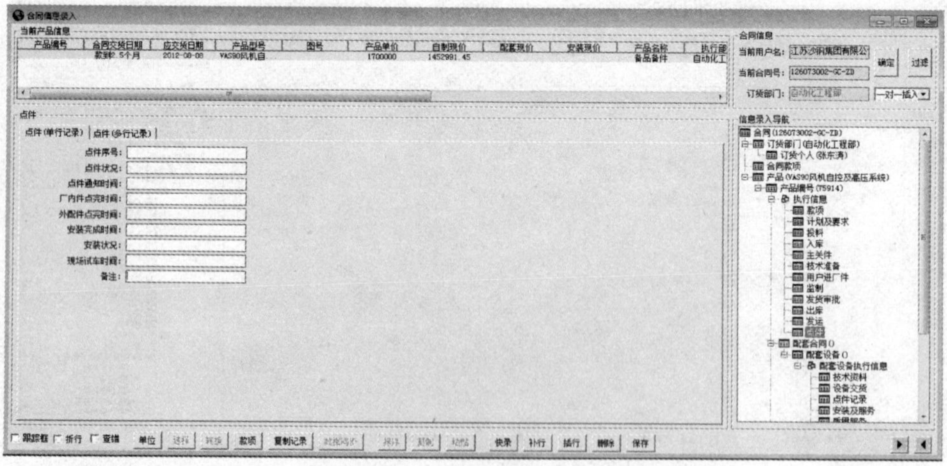

图 8 - 35　点件管理界面

图 8-36　产品信息管理界面

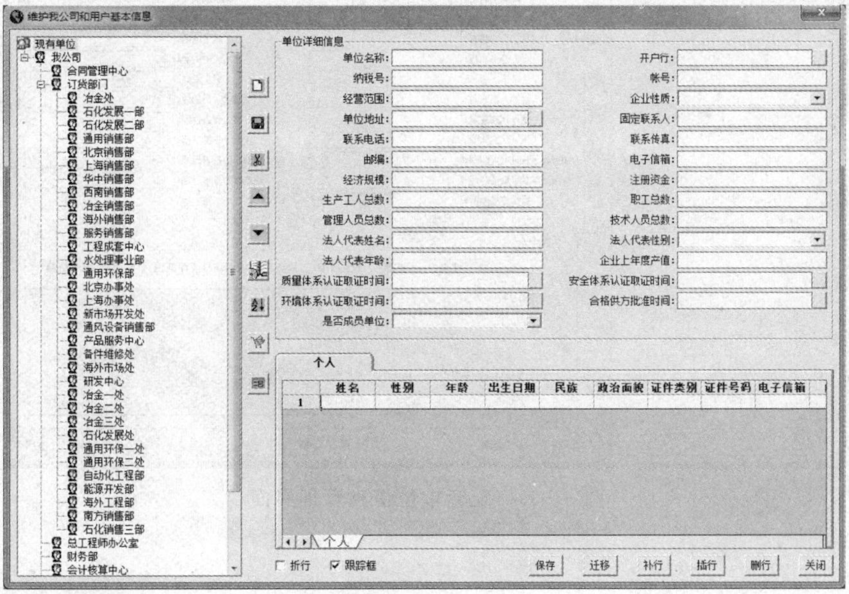

图 8-37　本公司信息管理界面

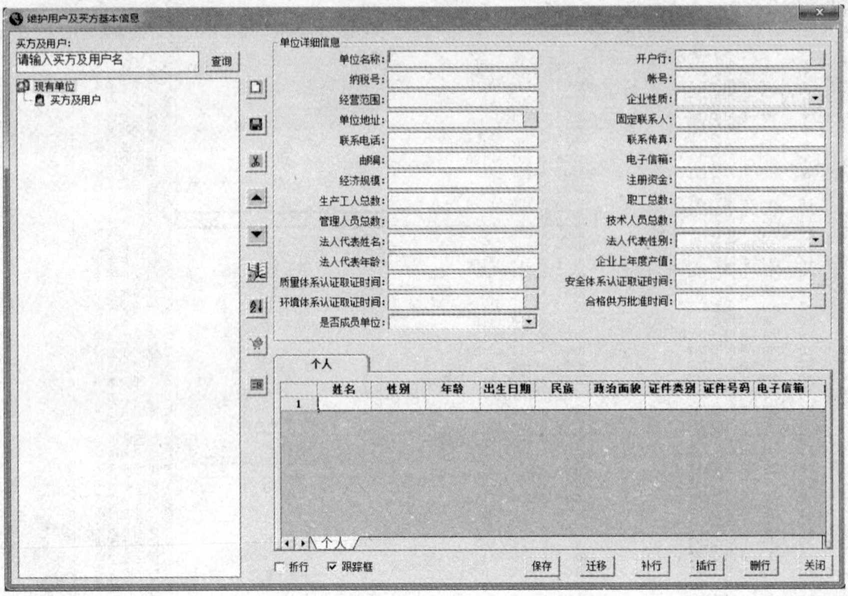

图 8-38　买方及用户信息管理界面

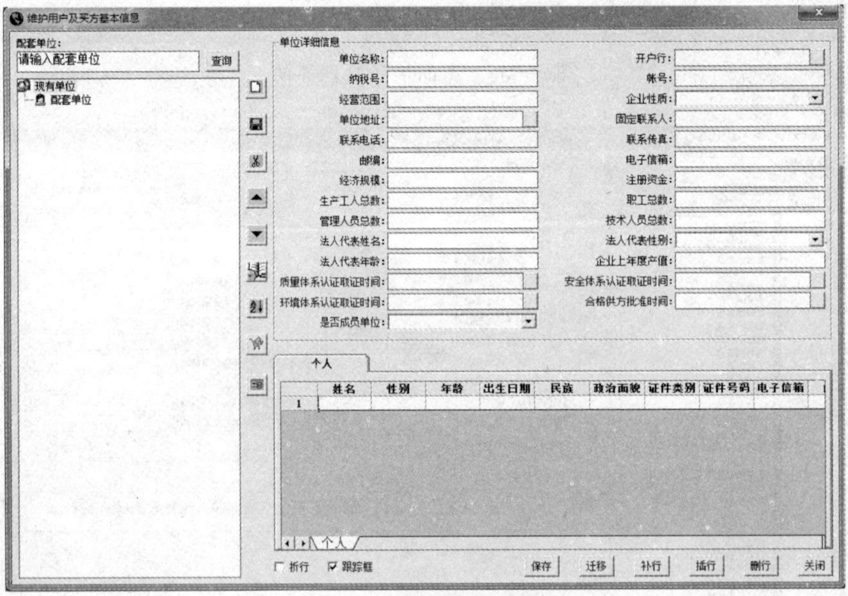

图 8-39　配套单位信息管理界面

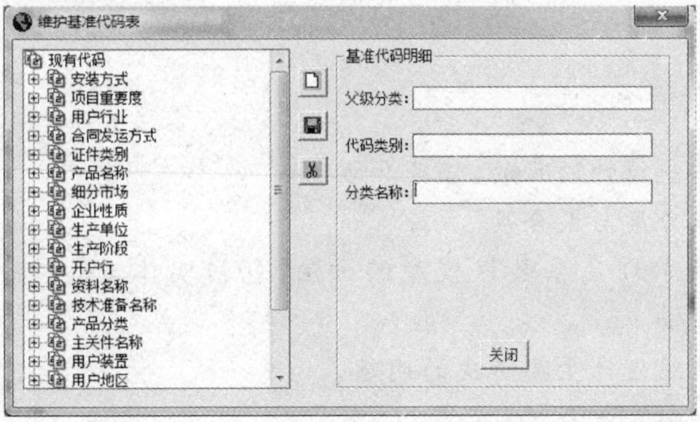

图 8-40　代码信息管理界面

8.8　系统设计评价标准

(1)系统设计要清晰。要求尽量使用一致的词汇表,要遵守已有的协议,消息和消息参数要尽量减少,类的职责由类名表达。

(2)对象和类要尽量简单。为此要做到,属性尽量不要太多,对象之间的协作尽量少,操作要相对简单。一个类中可见性为公共的操作最好不要超过 5～9 个。

(3)若系统采用新技术或新构件,必须论证他们的可行性。

(4)做到高内聚、低耦合,尽可能提高软件的复用性。

本章小结

系统设计工作包括四部分:系统体系结构设计(即包图)、类图设计(画出类图,对复杂对象画状态图和描述流程化处理的活动图)、数据库设计和用户界面设计。

系统体系结构设计包括系统逻辑(软件)体系结构设计及物理(硬件)体系结构设计。逻辑(软件)体系结构设计主要表达系统的组成,可以用包图描述。物理(硬件)体系结构设计采用构件图和部署图描述。

系统设计阶段要将系统分析阶段得到的分析类图中的实体类、边界类、控制类和类之间的联系按照实现环境进行详细设计,映射成设计类及其关系,形成设计类图。设计类图是可供编程语言实现的类的规格说明书。另外,为了便于实现,对类进行优化,对复杂对象绘制状态图和绘制描述流程化处理的活动图。

类设计要将顺序图中所有类中的对象发送的消息映射为类的操作,并明确操作的可见性、返回值类型、参数等信息。如果要将持久类及类的关系转换成关系数据库的表,那么每个持久类都必须增加对象标识(即关键字)。对于有依赖状态行为的类,可以用状态图指定其行为。状态图表示发送给一个对象的消息序列及对象在不同的时间可能对消息作出的响应。

数据库设计的任务是根据给定的信息系统应用需求和系统环境,设计出合理的数据库结构。基于 UML 的数据库设计可以将类图的实体类及其关系直接映射到数据库的表和表的关系。

界面设计是对人和外部系统与信息系统之间交互界面的设计。它包括输入界面、输出界面和混合界面的设计。

习题

一、简答题

1. 简述面向对象系统设计的目的、任务和方法。

2. 简述子系统的耦合度与聚合度。

3. 简述从 UML 映射到关系数据模型的方法，包括实体类、关联、聚集和组合、泛化的映射。

4. 简述面向对象系统设计主要解决的问题。

二、应用题

1. 用图书、作者两个实体及其属性和联系构建类图，并将其转化为关系数据模型。

2. 某书店欲采用面向对象方法建立一个书店管理信息系统，实现书店中的人、财、物管理。

(1)请找出书店管理信息系统中的类及其属性，画出书店管理信息系统的类图。

(2)将类图转换成为关系模式。

三、同步训练题

1. 请对“定制合同管理信息系统”进行系统设计，编写系统设计说明书。

2. 请对“瑞馨小区物业管理系统”进行系统设计，编写系统设计说明书。

第9章 系统实施

学习目标

通过本章学习掌握购置计算机系统的基本原则；网络系统的选择、网络系统实施的主要工作；程序设计的任务、程序测试、程序调试；系统转换的内涵和方法。

重点难点

程序测试。

9.1 任务导入

系统设计已经把方案做出来了，接下来就要根据方案去实现系统，这就是系统实施。

9.2 系统实施概述

系统实施将设计阶段的物理模型转换成可执行的人机系统，交付用户使用。系统实施的流程如图9-1所示，其主要的工作如下：

(1)硬件准备。主要是购置、安装和调试系统运行需要的硬件设备，如计算机主机、输入输出设备、通信设备等。

(2)软件准备。软件准备主要包括系统软件、数据库管理系统和一些应用程序。这些软件一般通过购买得到。

(3)数据准备。采用计算机处理之后，企业的基础数据预先存储到计算机，这样可以方便调用，因此，要按系统要求的格式收集、整理并输入系统所需要的基础数据。数据准备工作量比较大。

(4)程序编写。程序编写是这阶段主要的工作，也是前面系统规划、领域调查与分析、需求工程、面向对象分析和面向对象设计的最终体现。

(5)测试与调试。程序编写完以后要对程序进行测试，以检查程序的正确性。若测试发现错误，需要对程序进行调试，通过调试改正错误。

(6)人员培训。主要对将要使用系统的主管人员和业务人员进行培训，以便系统转换以后用户就可以使用系统完成相应的业务工作。

(7)系统转换。当硬件和软件准备好了，程序编写并通过了测试后，人员培训好以后就可以将新的管理信息系统代替旧的系统了。

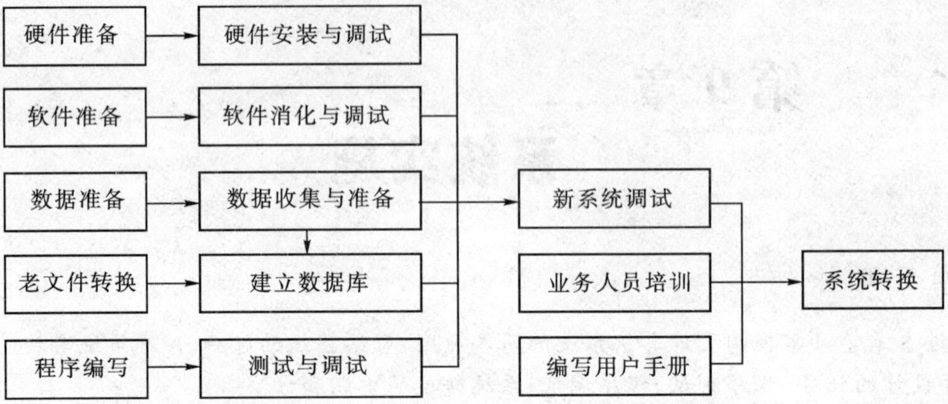

图 9-1　系统实施流程

9.3　硬件和软件准备、数据准备和人员培训

9.3.1　硬件准备

选择购置该系统所必需的硬件设备(计算机系统),主要硬件设备包括主机、外围设备、稳压电源、空调装置、机房的配套设施以及通信设备等。

计算机硬件设备选择的基本原则是:在功能、容量和性能等方面能够满足所开发的管理信息系统的设计要求。选择计算机系统时要充分进行市场调查,了解设备运行情况及厂商所能提供的服务等。

在系统分析阶段,已经创建了网络需求,并且选择了网络操作系统和网络协议的方案,在很多情况下,这一方案对所开发的信息系统是基于已有的网络构架的。这样就可以跳过网络实施工作。但是,如果新开发的信息系统要求创建网络或修改已有的旧网络,则必须构建新的网络。计算机网络是创建和测试数据库、编写和测试程序的基础。网络系统的实施主要包括通信设备的安装、网线的铺设、网络性能的调试等工作。网络管理员是这项任务的主要负责人,他们具有建造和测试网络的专业技术知识,并且熟悉各种网络协议,他们还可以负责网络安全。

9.3.2　软件准备

信息系统中的软件包括系统软件和应用软件,这些软件的实现可通过购买或自行开发两种不同的方式进行。外购软件的安装和测试将涉及系统分析员、系统设计员、系统实施人员以及供应商。应用软件如果需要自行开发,那么也要根据系统分析阶段确定的开发软件进行选取,并且安装。

比较流行的工具有:一般编程语言工具、数据库系统工具、程序生成工具、专用系统生成工具、客户/服务器型工具及面向对象编程工具等。

(1)一般编程语言工具主要指各种常用的程序设计语言，如 C、C＋＋、COBOL、LISP、PROLOG 等，利用这类工具进行程序设计的基本形式是手工编程。

(2)数据库系统工具指流行的数据库软件产品，可分为微机上的小型 DBMS(如 XBASE 系列、VFP、Access 等)和大型数据库系统工具(如 ORACLE 系统、SYBASE 系统、IMFORMIX 系统、DBZ 系统、SQL Server 系统等)。前者适用于小型系统(EDP/TPS)的开发，后者则可以支持基于局域网、Intranet 和 Internet 的大型管理信息系统的开发。

(3)程序生成工具主要指基于常用数据处理功能与程序相对应的自动编程工具，一般称为第四代程序生成语言(4GL)工具，大多结合在流行软件产品中，构成其中的一部分，它能实现系统中的某些模块程序代码的自动生成。

(4)专用系统生成工具指在程序生成工具基础上发展的，除了具有 4GL 的各种功能外、更大、综合化程度更高的、具有图形化及其他功能的集成工具。一般可归为两类：专用功能开发工具、各类套装软件、专用图表生成工具等和综合系统开发工具(如 CASE、Jasmine、Team Enterprise Developer 等)。

(5)客户/服务器型工具是指可进行基于网络环境的系统开发工具，它是完全符合管理信息系统发展趋势和要求的新型系统开发工具。如：Delphi、PowerBuilder、Java、Visual C＋＋等。

(6)面向对象编程工具是指与面向对象开发方法相对应的各类 OOP 工具，主要代表性产品如：Java、Visual C＋＋、PowerBuilder、Delphi、Smalltalk 等。这类工具针对性强，必须与面向对象开发方法相结合，很可能成为今后的主流系统开发工具。

9.3.3 数据准备

数据准备主要是准备输入的数据，准备时要注意：基础数据要严格科学化，采用的具体方法要程序化、规范化，采用的计量工具、计量方法、数据采集渠道要固定，这样才能保证目标系统有稳定的数据来源；所有统计和数据采集的报表要求做到标准化、规范化。要按照数据库(文件)结构要求对现存数据进行相应转换。

9.3.4 人员培训

对操作员、用户各个层次管理人员进行以下方面的培训：系统整体功能和各功能之间关系；计算机系统的操作与应用；系统操作方式和输入方式；可能出现的故障及故障排除；文档资料的分类及检索方式；数据收集、数据规范、统计渠道、统计口径及运行注意事项等。

9.4 程序设计

9.4.1 程序设计的原则和设计语言的选择

系统实现阶段最主要的工作是程序设计。程序设计是根据系统设计说明书中有关模块的处理过程描述、数据库设计、输入设计、输出设计，选择合适的计算机语言，编制出正确、清晰、强健性好、易维护、易理解、工作效率高的程序。程序设计要做到可维护性好、可靠性高、可理解性好和效率高。

(1)可维护性:指当系统需求变化时,容易对程序进行补充或修改。

(2)可靠性:不仅正常情况下能正确工作,而且在意外情况下应便于处理。

(3)可理解性:要求层次清楚,便于阅读,便于维护。

(4)效率:程序的效率指程序能否有效地利用计算机资源,如节省存储空间、提高运行效率等。但如果片面地追求程序的运行效率反而不利于程序设计质量的全面提高,因为效率与可维护性、可理解性通常是矛盾的,要协调三者之间的关系。

程序设计语言的选择要考虑以下因素:

(1)应用领域。这是选择语言的关键因素,一般管理信息系统开发采用可视化面向对象程序设计语言比较多。面向过程的语言在用户界面设计上不方便用户操作。

(2)算法和计算的复杂性。对算法和计算复杂的系统,采用面向过程的结构化程序设计语言编写更容易一些。

(3)软件的运行环境。有的管理信息系统需要与企业目前的软件环境和硬件环境相适应,而只有某些语言适应这种环境,这时就必须根据环境选择语言了。

(4)各种性能的考虑。每个系统要求的性能有所不同,比如,有的系统要求有友好的人机交互界面,而有的系统要求输出数据精度高,因此,在选择语言时要根据语言的特性,所选的语言要能实现这些性能要求。

(5)数据结构的复杂性。若系统的数据结构复杂,选择在复杂数据结构的处理上比较有优势的语言,这样编程才容易。

(6)程序设计人员的知识水平。采用的语言应该是同一个开发小组的成员大都掌握的语言,这样程序设计人员的开发效率才能提高,程序不容易出错。

9.4.2 程序编写规范

1. 头文件规范

头文件主要是为多个源文件提供信息,因此对头文件要从文件头注释、预处理块、头文件的引用规范进行说明。

2. 注释规范

在程序内部要适当添加注释,通过注释可以增进程序的可读性,帮助阅读程序。注释可以采用块注释、单行注释和行尾注释。块注释放在文件开始之处或某个方法之前。行注释一般用在代码复杂或语句容易出错之处。行尾注释是在代码行尾出现的注释。头文件、源文件的头部应进行注释。函数头部要进行块注释,说明函数的功能、输入、输出参数,返回值类型。注释的缩进要与相应的代码一致。每行注释需要一个空行分开。所用的常量、变量、数据结构在声明时要加注释或常量、变量和数据结构的名字采用英文全名。

3. 命名规范

命名要让读者见名思义,这样才方便软件的复用与维护。表 9-1 是命名规范示例。

表9-1 命名规范示例

类别	命名规范	举例
类名	首字母大写	Recordset
类的属性	首字母大写	SelLength
局部变量、对象名	混合使用小写和大写，以小写开头，后面的名称代表该事物，名词	nTimes，txtPassword，currentOr-ganizationName
方法名	首字母大写，动词	Open

4.排版规范

排版要能够表达代码的逻辑结构，改善程序的可读性，方便程序修改。在排版中适当使用空格、制表符、换行、空行等来展示程序的结构。编码规范如下：

(1)一行代码只写一条语句，不要为了节省空间而把多个语句写在同一行上。

(2)采用缩进格式书写，缩进2个空格符。

(3)每个类声明结束，函数声明结束后加空行；类内部，函数内部逻辑相关的语句之间不能加空行。

(4)关键词如 if，for，while 等独占一行。

5.目录结构规范。

一个软件包或一个逻辑构件包含的头文件和源文件要放在同一目录下。

6.程序设计语句构造规范

(1)尽量避免复杂的条件判断测试。

(2)尽量减少对“非”条件的测试。

(3)尽量少使用循环嵌套和条件嵌套。

(4)尽量利用括号，可使逻辑表达式或算术表达式的运算次序清晰直观。

(5)编程前要优化算法。

(6)仔细研究循环条件及嵌套循环，检查是否语句从内向外移。

(7)尽量避免使用多维数组。

(8)尽量避免使用指针和复杂的数据结构。

(9)不要混合使用不同的数据类型。

(10)对 I/O 效率、存储器运行效率等应考虑。

7.输入输出规范

(1)输入数据要有完善的检验措施。

(2)输入格式设计简单、直观、布局合理。

(3)明确提示交互输入请求，详细说明可用的选择及边界数据。

(4)输出报表要易读、易懂，符合使用者的要求的习惯。

9.5 由 UML 模型到面向对象代码的映射

9.5.1 Rational Rose 双向工程

Rational Rose 具有正向工程和逆向工程的功能。正向工程可以将 Rational Rose 建立的模型转换成代码框架。逆向工程可以将代码转换成 Rational Rose 表示的 UML 模型。

(1)用 Rational Rose 生成代码。Rational Rose Enterprise 版本对 UML 提供了很高的支持,可以使用多种语言进行代码生成,这些语言包括 Ada83、Ada95、ANSI C++、CORBA、Java、COM、Visual Basic、Visual C++、Oracle8 和 XML_DTD 等。可以通过选择选择"Tools"(工具)下的"Options"(选项)来查看所支持的语言信息。

(2)逆向工程。在 Rational Rose 中,可以通过收集有关类(classes)、类的属性(attributes)、类的操作(operations)、类与类之间的关系(relationships)以及包(packages)和构件(Components)等静态信息,将这些信息转化成为对应的模型,在相应的图中显示出来。可以在工具栏中通过选择"Tools"(工具)中"Java"菜单下的"Reverse Engineer..."(逆向工程)选项来进行逆向工程。

9.5.2 Rational Rose 生成代码

1. 检查模型

主要检查模型的一致性。菜单中选择"Tools"/"Check Model"。检查出来的错误写入日志窗口。常见的错误有:时序图或协作图中的消息不映射到类的操作,或时序图或协作图的对象不映射类。

2. 生成构件

生成构件即生成保存类的构件。生成代码之前将类映射源代码构件。生成构件之后,在构件框图中增加构件的依赖性,在此,构件之间的依赖性指的是系统的编译依赖性。若要生成 C++、Java 或 Visual Basical 代码不需要生成构件,则不需要建立依赖性,因为这些语言中,Rose 自动生成每个类的相应构件,但不生成构件之间的依赖性。

3. 将类映射构件

每个源代码构件表示一个或几个类的源代码文件。在 C++中,每个类映射两个源代码构件,一个表示头文件,一个表示体文件。Java 中每个源代码构件表示一个 Java 文件。生成 Java 或 Visual Basic 代码,Rose 自动生成相应组件并将类映射构件,因此可以省略此步骤。但 C++中则不自动生成构件,因此这个步骤不能省略。映射方法参见 8.4 节。

4. 设置代码生成属性

类、属性、构件和其他模型元素可以设置多个代码生成属性。设置方法选择"Tools"/"Options"进行设置。

5. 选择生成代码的类、构件和包

可以从 Logical 视图的 Class 包或 Compnents 视图的包生成代码,若选择包生成代码,则生成这个包所有的类的代码。

6. **生成代码**

选择"Tools"菜单,选择要生成的语言,选"Code Generation"。例如,生成 C++代码,选择"Tools"/"C++"/"Code Generation"。

Rose 只生成代码框架。代码框架中有:模型中所有的类;每个类的属性、操作;类之间的关系和构件。生成代码框架后,开发人员需要利用这个文件编写类的每个操作的代码,另外,还要设计图形用户界面。

9.5.3 Rose 的逆向工程生成 UML 模型

Rational Rose 可以支持标准 C++和 Visual C++的模型到代码的转换以及逆向工程。下面将详细地说明 C++的逆向工程的步骤。使用标准 C++逆向工程,需要在构件图(Component View)中创建一个构件(Component),设置好需要进行转换的构件的信息,也就是该构件的语言、所包含的文件、文件所在的路径、文件后缀等信息,然后 Reverse Engineer 就可以根据给定的信息将代码转换成类图了。

(1)用鼠标右键点击构件视图(Component View),选择 New→Component,创建一个新的构件。

(2)将 Component 的 Language 属性设定为 ANSI C++。

①选中创建的 Component,点击鼠标右键,选中"Open Specification"。

②在这个对话框中将该 Component 的 Language 设定为 ANSI C++。

(3)配置该 ANSI C++ Component,设置好该 Component 中包含的 C++代码文件,并进行 C++语言的详细设置。

①选中该 Component,点击鼠标右键,选择 ANSI C++→Open ANSI C++ Specification。

②把 Source file root directory 设定为 C++源码文件所在的路径,并且将需要转换的文件添加到 Project Files 中,视需要来做其他的设定,比如:头文件扩展名等。

(4)将设置好的 Component 转换成模型图。

①选中设置好的 Component,点击鼠标右键,选中 ANSI C++→Reverse Engineer。

②选中需要转换的 Class,点击 ok,一个 Component 的逆向转换就完成了。

9.6 面向对象的测试

9.6.1 面向对象的测试策略

面向对象的测试顺序是单元测试、集成测试和系统测试,测试过程如图 9-2 所示。图中,单元测试主要用类图和类的规格说明对软件中最小的独立单元进行测试。集成测试使用构件图和协作图进行测试,是对多个单元集成后的测试,系统测试用用例图来确认系统是否符合用户要求。

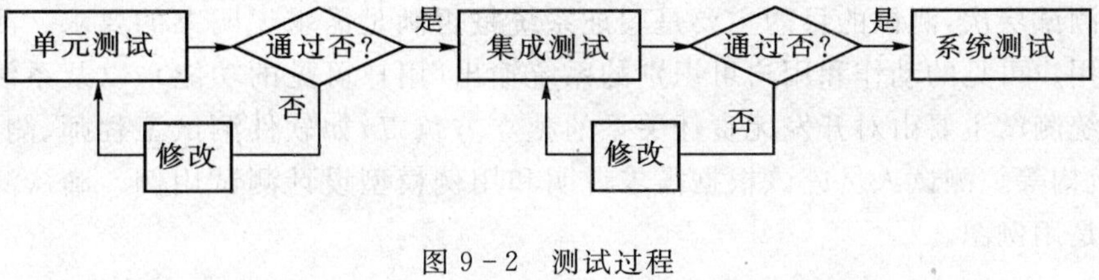

图 9-2 测试过程

1. 单元测试

单元测试是对软件中最小的独立的基本单元(类或对象或组成的小功能块)进行测试，重点测试基本单元的接口、局部数据结构、边界条件、独立的路径和错误处理路径。面向对象的软件开发中，每个类或对象封装了属性和操作这些属性的服务，因此，最小的可测试单位是封装的类或对象。类包含一组不同的操作，并且某个特殊操作可能作为类的一部分存在(如子类中继承的操作)，因此，单元实际上是类或若干相关的类组成的小簇。

单元测试将操作作为类的一部分，不再是孤立地测试单个操作。例如，操作A()由父类定义并被一组子类继承，每个子类的A()操作被应用于每个子类定义的私有属性和操作的语境内，因此，仅在父类内测试A()操作是无效的，应该在每个子类的语境内测试A()操作。

单元测试的环境涉及驱动模块和桩模块。驱动模块相当于被测模块的主程序。桩模块用来代替被测试模块调用的子模块。图9-3是驱动模块与桩模块图。单元测试工作由程序员完成。

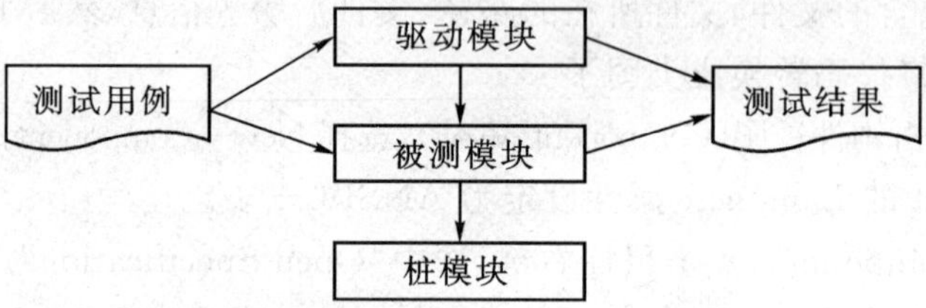

图9-3 驱动模块与桩模块

单元测试主要使用的图是类图、类的状态图、活动图。

2. 集成测试

集成测试是将多个单元集成成子系统或大的功能块后所进行的测试。集成测试主要是为了检查系统体系结构中构件、子系统的接口。具体检查以下几个方面：各单元连接后，数据的传递是否出错；某单元功能是否对另一个单元有影响；单元的组合能否达到预期的总体功能要求；全局数据结构是否正确；单元集成后误差是不是越来越大。集成有类之间的集成和子系统的集成。对于类之间的集成，集成测试策略有两种：

(1)按线程集成的测试。集成一组相互协作的对某个输入或事件作出响应的类，每个线程被分别测试，并使用回归测试以保证没有副作用产生。

(2)按层次的测试。按层次测试系统先测试不依赖服务器的独立类，如管理和显示数据的类，然后测试依赖独立类的其他类。逐步增加依赖类，直到测试完整个系统。对于子系统之间的集成，如果系统划分为层次结构，则可以按自顶向下或自底向上集成，同时也需设计驱动类和桩类。集成测试由测试部门或由软件测试工程师完成。一个面向对象系统的结构中集成测试使用的图模型是序列图、协作图、活动图(概念层)。

3. 系统测试

在系统测试层次，测试的目的主要是验证系统是否满足需求说明书的要求。测试的内容主要集中于用户可见的动作和用户可识别的系统输出(用户可见的功能)，以及系统性能等其他需求。系统测试主要由对开发无责任关系的独立方负责，如软件测试工程师、测试部门、用户、第三方机构等。测试人员应该根据需求说明和用例模型设计测试用例。确认测试使用的图模型主要是用例图。

9.6.2 面向对象软件的测试用例设计

面向对象测试重点关注设计合适的操作序列以测试类的状态和用例的实现。

1. 白盒技术的测试用例设计

白盒技术的测试被测对象基本上是源程序，必须对程序内部的逻辑结构非常清楚，才能以程序的内部逻辑结构为基础设计测试用例。白盒技术的测试要求做到：

①被测程序中每一条独立的路径至少执行一次。

②所有判断的每一分支至少执行一次。

③每一循环都在边界条件和一般条件下至少各执行一次。

④验证所有各内部数据结构的有效性。

为此，可以采用条件组合覆盖和路径覆盖相结合的方法进行测试用例设计。

①条件组合覆盖：每个判定表达式中条件的各种可能组合都至少出现一次。

②路径覆盖：每条可能的路径都至少执行一次。

以图 9－4 的程序流程图为例，说明采用白盒测试技术进行测试时测试用例的设计方法。

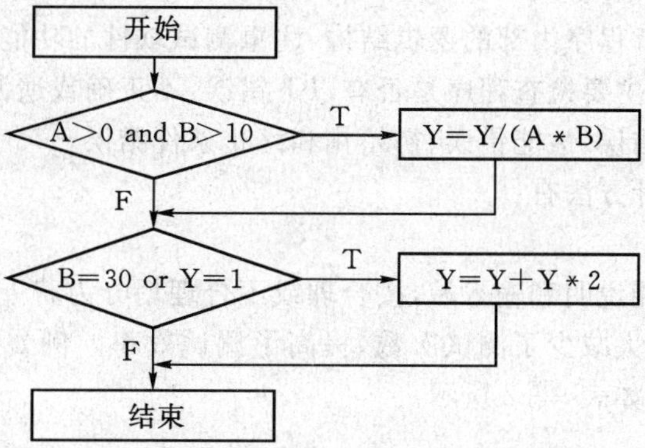

图 9－4 白盒测试例子

(1)采用条件组合覆盖的设计测试用例。

本例的条件有：A＞0，A＜＝0，B＞10，B＜＝10，B＝30，B≠30，Y＝1，Y≠1，各种条件的组合为：

①A＞0，B＞10；

②A＞0，B＜＝10；

③A＜＝0，B＞10；

④A＜＝0，B＜＝10；

⑤B＝30，Y＝1；

⑥B＝30，Y≠1；

⑦B≠30，Y＝1；

⑧B≠30，Y≠1。

测试数据为：

A＝1，B＝30，Y＝1，满足①、⑤；

A＝1，B＝30，Y＝0，满足①、⑥；

A=0,B=11,Y=1,满足③、⑦;

A=0,B=10,Y=2,满足④、⑧;

A=1,B=10,Y=3,满足②。

(2)采用路径覆盖的测试用例。

A=1,B=30,Y=1,满足判断(1)T,判断(2)T;

A=1,B=30,Y=0,满足判断(1)T,判断(2)T;

A=0,B=11,Y=1,满足判断(1)F,判断(2)T;

A=0,B=10,Y=2,满足判断(1)F,判断(2)F;

A=1,B=10,Y=3,满足判断(1)T,判断(2)F。

上述例子中满足条件组合覆盖的测试数据也满足了路径覆盖,但有的情况下满足条件组合覆盖的测试数据不一定满足了路径覆盖,因此必须采用条件组合覆盖的测试数据与路径覆盖测试数据相结合。

白盒测试技术的用例设计方法用于类级别的测试。测试类中封装的操作,检查类的状态以确定是否存在错误。

2. 黑盒技术设计测试用例

黑盒技术不需要了解程序内部的逻辑结构,注重测试软件的功能需求,被测对象是功能独立的模块或构件,该测试主要检查程序是否有以下错误:不正确或遗漏的功能、接口错误、数据结构或外部数据库访问错误、性能错误、初始化和终止条件错误。

黑盒测试用例的设计方法有:

(1)等价类划分。

根据被测对象的功能说明和输入域,按合理或不合理划分为若干等价类,为每个等价类设计一个测试用例,这样大大减少了测试次数,提高了测试效率。例如,对图 3-56 登录界面进行测试,其等价类的划分如表 9-2 所示。

表 9-2 等价类划分

有效等价类			无效等价类及测试用例		
等价类	测试用例	预期结果	等价类	测试用例	预期结果
数据库中有该用户名,用户密码正确,登录系统人数不超限	用户名:Administrator,密码:123456,系统人数小于 20000	登录成功,弹出主界面	数据库中有该用户名,用户密码不正确	用户名:Administrator,密码:123452	提示,密码不正确,等待重新输入
			数据库中无用户名	用户名:12345,密码:123452	提示,无此用户,等待重新输入
			数据库中有该用户名,用户密码正确,登录系统人数超限	用户名:Administrator,密码:123456,系统人数大于 20000	提示系统当前登录人数超限,不能登录

(2)边界值分析。

输入域的边界比中间更容易发现错误,是一种补充等价类划分的设计测试用例技术。例如,在登录界面限定的登陆人数为 10000 人,可以测试人数在 9999 人、10000 人和 10001 人时的登录情况。

黑盒测试用于集成测试、确认测试。构件、子系统是黑盒。其可测试序列跟踪跨越类协作的操作流。

3. 类级别测试用例设计(单元测试)

其着重于单个类及封装的操作,可按照以下方法设计用例:

(1)随机测试。

例如一个网上书店系统,其中,购物车类有下列操作:创建购物车(create),选货物放入购物车(deposit),修改购物车货物(modify),从购物车删除选的货物(delete),购物车货物分项金额(subtotal)计算和总金额计算(total),带购物车前去结算(pay),关闭购物车退出购物(close)。但问题的性质隐含了一些限制(例如,购物车必须在其他操作可应用前被打开,只要有 deposit、modify 或 delete 操作就要 subtotal 和 total,在所有操作完成后被关闭)。一个购物车类的对象的最小行为生命历史包括下面操作:create,close,即创建购物车后,什么货物都没选就退出。这表示了购物车类的最小测试序列。然而大量的其他行为可能在下面序列中发生:create,[deposit |modify| delete |subtotal | total]^n,pay,close。

一系列操作序列可以随机产生,例如:

测试用例 1:create,deposit,subtotal,total,pay,close

测试用例 2:create,deposit,subtotal,total,delete,subtotal,total,deposit,subtotal,total,modify,subtotal,total,pay,close

(2)划分测试。

与黑盒测试等价类划分相同的方式,即输入、输出被分类,为处理每个类别设计测试用例,可以减少测试类所需的测试用例的数量。划分类别的具体方法是:

①按类操作是否改变类的状态来划分。

这是基于类操作改变类状态的能力来对类操作分类。类中有的操作改变类的状态(如某些实体类中的修改、删除、给实体类属性赋值操作),有的操作不改变类的状态(如读取实体类属性的操作,查询实体类信息的操作)。因此分别独立测试改变状态的操作和不改变状态的操作。

②按操作使用的属性来划分。

根据操作使用的属性来划分类操作,即使用相同属性的操作划分在一个等价类中。如购物车类中,以属性商品数量来定义划分,操作被定义成三个类别:使用商品数量的操作;修改商品数量的操作;不使用或不修改商品数量的操作。然后对每个划分设计测试序列。

③根据操作类别的划分。

如在购物车类中的操作可被分类为:初始化操作(create)、计算操作(deposit,modify,delete,suntotal,total)和终止操作(close)。

4. 类协作测试用例的设计(集成测试)

其测试类或构件被组装后相互之间能否正常交互完成指定的功能。使用用例作为测试的主要驱动,序列图、协作图为测试提供帮助。和单个类一样,可通过应用随机和划分方法以及基于用例场景和行为模型导出测试用例。

(1)随机测试。

基拉尼(Kirani)等人建议用下面的步骤生成多个随机测试序列:

①对每个客户类,用类操作列表生成随机测试序列,这些操作将发送消息给其他服务器。

②对生成的每个消息,确定在服务器对象中的协作者类及对应的操作。

③对服务器对象中的已经被来自客户对象的消息调用的每个操作,确定该操作向协作者发送的消息。

④对每个消息,确定下一层被调用的操作并结合这些操作到测试序列中。

例如,某一个应用问题的类协作如下:设 A 必须与 B 协作(需执行 a3)以执行 a1,A 与 C 协作(需执行 a4)以执行 a2。对 A 的随机测试序列是 a1,a2,…考虑涉及该测试的协作者,要考虑上述序列中每个操作相关联的消息。因此,对 A 的测试序列应该是:a1,[a3],a2,[a4],…测试序列跟踪跨越类协作的操作流。基于用例的实现是产生随机测试序列的基础。

(2)划分测试。

类似于单个类划分测试方法,但需扩展测试序列以包括那些通过发送给协作类的消息而激活的操作。另一种方法是基于特殊类的接口来划分测试。例如,B 接收来自类 A 和类 E 的消息,可以通过将 B 中的方法划分为服务于 A 和服务于 E 的操作来测试。

(3)从行为模型导出的测试。

类的状态图可用于帮助导出测试类(和那些与其协作的类)的动态行为的测试序列。根据类图的状态图,设计以下两方面的测试:

①测试用例让操作序列穿越该类的转换所有允许的状态。

②对其中的每个方法至少发送一个消息,使对象从某状态到另一个状态,表明经过的所有方法均是可操作的。

可以使用“宽度优先的方式”遍历状态图:一个测试用例测试单个状态转换,当测试新的转换时,仅使用以前被测试过的转换。以上测试用例的设计主要考虑选取合适的操作序列,还要考虑操作的参数,在选择参数时可对参数划分等价类,每个输入参数属于一个等价类,同时还需考虑参数的边界情况。

9.6.3 测试过程

测试过程包括测试计划、测试设计、测试开发、测试执行、测试评估等五个步骤。

1. 测试计划

在计划安排下对系统进行全面系统的测试,要排除毫无计划无目的的测试。测试计划要包括测试目的、测试对象、文档检验、测试策略与技术、测试过程、进度安排、所需资源、测试开始和结束准则、测试文档和测试记录等内容。

2. 测试设计

根据测试要求和待测试软件的特点,采用相应的技术进行测试用例设计。测试设计包括测试操作、输入和期望的输出。注意测试用例需要保存。

3. 测试开发

根据测试用例和待测试软件的特性进行测试代码的开发、测试数据准备和测试脚本的编制。

4. 测试执行

搭建测试环境，安装被测试的软件，按照测试用例和测试脚本进行测试。执行过程要记录执行的测试用例、发生的事件和测试结果。执行结束后要编写测试报告。

5. 测试评估

主要评估三方面：测试计划完成情况、测试有效性和软件的缺陷情况。测试计划完成情况主要检查测试是否按计划完成。测试有效性主要检查测试的覆盖率和通过率，测试结果与目标的差距，说明是否需要补充和复试。软件的缺陷情况主要说明软件的缺陷严重性、密度和分布。

9.7 系统调试

9.7.1 系统调试概述

系统调试是对测试过程中软件的错误进一步地诊断，查找错误原因，修改软件的缺陷，以保证新系统运行的正确性和有效性。通过调试，将一切可能发生的问题和错误尽量消灭在正式运行之前。系统调试是集经验和技术于一体的工作过程，因为在测试时出现的错误是内在缺陷的表象，这种表象与错误原因之间没有直接对应关系，因此，若软件开发人员有经验的话可以快速、准确找到错误原因。在系统调试前事先应拟订一份方案，确定调试步骤，可提高效率，缩短周期，降低费用。调试主要步骤如下：

(1)错误的诊断。从测试程序中存在错误的某些迹象出发，确定错误的准确位置，也就是找出是哪个模块或哪些接口引起的错误。错误诊断是非常难的，它是调试过程的关键。

(2)改正错误。诊断出错误的准确位置以后，仔细研究这段代码以确定出现问题的真正原因，并设法改正错误。

9.7.2 系统调试中错误定位的技术

在调试工作中，最难的是错误的定位，目前以下一些方法可以指导错误定位：

1. 运行程序

查找错误的传统方法是运行程序，观察其中数据信息的变化来查找错误原因。为此，可以采用以下三种方法输出系统中的数据信息：

(1)输出存储器内容。输出存储器和寄存器的全部内容，在输出的数据中查找错误原因。这种方法查找错误的效率比较低。

(2)增加打印语句。在程序特定部位设置打印语句，将程序运行过程中变量的中间结果输出，跟踪程序运行过程中一些变量的变化情况，由此判断错误的位置。这种方法对小型的程序或程序的局部调试比较有效，但大型的程序效果一般。这种方法需要修改源程序，有时这种修改可能会带来新的错误。

(3)自动工具。利用程序设计语言的调试功能或交互式调试工具，分析程序的动态执行过程。可以采用设置断点和单步执行两种方法实现。

设置断点方法首先根据错误的现象猜测错误可能位置,在该位置设置断点,通过观察窗口获取出错信息,从而确定错误之处。

单步执行方法在终端单步执行程序,通过观察窗口观察指定变量值的变化情况、程序执行路径和子程序调用情况,从而获得错误位置的线索。

2. 试探法

猜测程序可能出错的位置,采用针对性的测试数据对可能出错的位置进行测试。例如,如果怀疑某些判断可能出错,采用不同输入数据,观察不同的输入会不会有的正确,有的错误。如果有错是不是某些分支判断出错。

3. 回溯法

从出现错误的表象开始,人工沿源程序的控制流程往回追踪,直至发现错误的位置或范围。

4. 折半查找法

首先以程序的开头到程序出错的位置的中间将程序折半为两段,每段分别检查运行结果,若某段出现错误,将该段进行折半,继续查找,依次类推,直到找出错误原因。

5. 归纳法

这是一种由特殊到一般的错误推断方法。从错误的现象入手,分析可能出现错误的线索,研究错误线索的规律及关系,查找错误的位置。

6. 演绎法

这是一种由一般原理到推导结论的方法。开发人员列出所有可能出错的原因,设计测试用例,通过测试,排除不可能的错误。再使用测试数据验证其余可能出错之处,从而确定错误位置。

以上几种方法在程序调试过程中可以同时使用。在错误定位时注意采用分析与试探相结合的方法和使用调试工具的方法来提高调试的效率。

修改错误时要注意修改的副作用,不能修改一个错误又引入新的错误。另外,要注意错误的聚集现象,经验表明程序中残存的错误与该程序检出的错误成正比,出现错误的地方往往还会有其他错误。

9.8 系统转换

新系统代替旧系统称为系统转换,系统开发出来经过测试、试运行以后,就可以着手进行系统的转换工作,让系统进入实际运行。系统转换不可能一天完成,需要一个转换过程,并建立与之相适应的一整套健全的管理制度。

系统转换的工作包括:新系统和旧系统的切换,把旧系统的文件转换成新系统的文件,数据的整理和录入,人员、设备、组织结构的改造和调整,有关资料档案的建立和移交。系统转换方法包括直接转换法、并行切换法、分段切换法。

(1)直接转换法。新系统启动后,停止原系统的使用。这种方法的特点是转换简单,费用最省,风险较大。

(2)并行切换法。新系统启用后,老系统与新系统同时运行一段时间,两个系统输出结果进行对比，假设原系统的输出是正确的，利用老系统对新系统进行检验。并行切换法的特点是风险小、安全系数大，但需要同时运行两套系统，需要人力、物力和财力，开销大，用户随着并行期的延长而失去使用新系统的热情，甚至拒绝使用新系统。

(3)分段切换法(逐步转换法)。新系统一部分一部分地替换老系统，直到全部替代老系统。这种切换避免了直接转换法的危险性，费用也比并行转换法省，但这种转换方式接口复杂，当新老系统差别太大时不宜采取该方法。采用分段切换法时，通常可采用如下策略：

①按功能分阶段逐步切换。首先启用该系统中首先要投入使用的功能，在该功能运行正常后再逐步增加其他功能。

②按部门分阶段逐步切换。先选择系统中的一个合适的部门，在该部门设置终端，获得成功后再逐步扩大到其他部门。这个首先设置终端的部门可以是业务量较少的，这样比较安全可靠，也可以是业务最繁忙的，这样见效大，但风险也大。

③按机器设备分阶段逐步切换。先从简单的设备开始切换，再推广到整个系统。例如对于联机系统，可先用单机进行批处理，然后用终端实现联机系统。对于分布式系统，可以先用两台微机联网，以后再逐步扩大范围，最终实现分布式系统。

总之，系统切换的工作量较大，情况十分复杂。根据国外统计资料表明，软件系统的故障大部分发生在系统切换阶段，因此，这就要求开发人员要切实做好准备工作，拟订周密的计划，使系统切换不至于影响正常的工作。在拟订系统切换计划时，应着重考虑以下问题：

(1)系统说明文件必须完整；

(2)要防止系统切换时数据的丢失；

(3)要充分估计输入初始数据所需的时间，对管理信息系统而言，首次运行前需花费大量人力和时间输入初始数据，对此应有充分准备，以免措手不及。

本章小结

本章介绍购置计算机系统的基本原则、注意的问题；网络系统的选择、网络系统实施的主要工作；程序设计的任务、程序测试、程序调试；系统转换的内涵和方法。

系统实施将设计阶段的物理模型转换成可执行的人机系统。系统实施的工作包括硬件准备、数据准备、软件准备、程序编写、测试与调试、人员培训和系统转换。

程序设计之前要选好设计语言、规定好程序编写规范。将由UML模型映射面向对象代码。映射之后在代码框架中编写相应操作。

面向对象的测试顺序是单元测试、集成测试和系统测试。面向对象软件的测试用例设计可以采用白盒技术的测试用例设计、黑盒技术设计测试用例设计、类级别测试用例设计(单元测试)和类协作测试用例的设计(集成测试)。

系统调试是对测试过程中软件的错误进一步地诊断，查找错误原因，修改软件的缺陷，以保证新系统运行的正确性和有效性。调试主要步骤有错误的诊断和改正错误。系统调试中错误定位的技术有：运行程序输出中间结果、试探法、回溯法、折半查找法、归纳法和演绎法。

新系统代替旧系统称为系统转换。系统转换方法包括直接转换法、并行切换法、分段切换法。

习题

一、填空题

1. 面向对象的测试策略有______、______和______。

2. 测试过程包括______、______、______、______和______等五个步骤。

二、简答题

1. 简述白盒测试和黑盒测试方法。

2. 简述系统转换方法及优缺点。

3. 简述面向对象软件测试方法。

三、应用题

1. 某校教务系统登录界面如图9-5所示。只有在校学生和教工(部门工作人员、教师统称教工)才能登录系统。学生学习时间为四年制。学生登录以学号登录,学号格式为“xxyyzz-krr”格式,xx代表入学年份,yy代表学生所在的学院,zz代表学生所在学院的专业,k代表学生的班号,rr代表学生在所在班级的序号。例如:学号120302123,表示该生2012年入学,在管理学院(学院编号:03)信息管理专业(专业编号:02)1班的23号。该校教师登录以工资号登录,工资号格式为“000yymmm”格式,yy代表教师所在的学院,mmm代表在所在学院的序号,例如,00003004,表示该教师在管理学院,其在管理学院的序号为004。教工以部门登录时以部门编号登录。所有人的登录密码为6位,由字母加数字组成。请写出用黑盒法对该界面进行测试的测试用例。

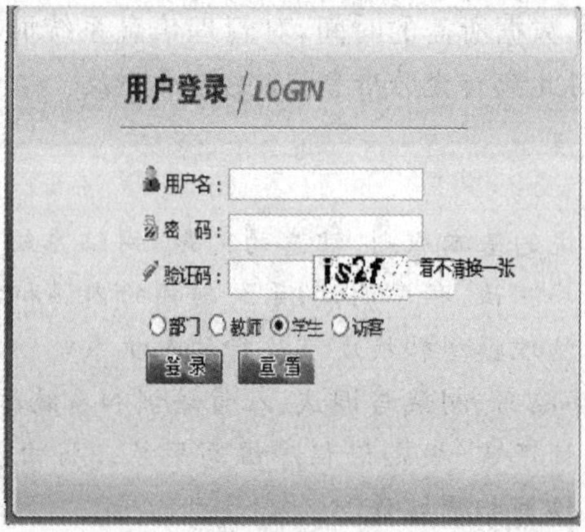

图9-5 某校教务系统登录界面

2. 购买手机时采用的测试方法是什么方法?请写出用手机发短信和打电话的测试。

3. 某程序的功能是输入代表三角形三条边长的三个整数a,b,c,判断它们能否组成三角形,若能则输出等边、等腰或任意三角形的类型标记。请用等价类划分法设计测试用例。

四、同步训练题

1. 请对“定制合同管理信息系统”进行编程、测试和调试。

2. 请对“瑞馨小区物业管理系统”进行编程、测试和调试。

第10章 系统运行管理与评价

学习目标

通过本章学习掌握系统维护及系统的安全保密工作；掌握系统评价方法。

重点难点

系统维护及系统的安全保密。

10.1 任务导入

系统实施后，系统开始投入运行，系统成功与否取决于系统是否能够正常运行，为了保证系统正常运行，需要进行运行的管理，运行管理主要的工作是进行系统维护及系统的安全保密工作。系统运行后要对系统进行评价，这样才能认识系统的优点和不足，为下一步的开发提供依据。

10.2 系统运行管理

10.2.1 信息管理机构

为保证系统正常运转必须设置信息管理的组织机构。目前我国组织的信息管理部门主要有两大类：按项目划分的矩形结构（自主开发为主时），该结构有一个信息主管，下设各个项目管理部；按专业划分的层次结构，如图 10－1 所示。

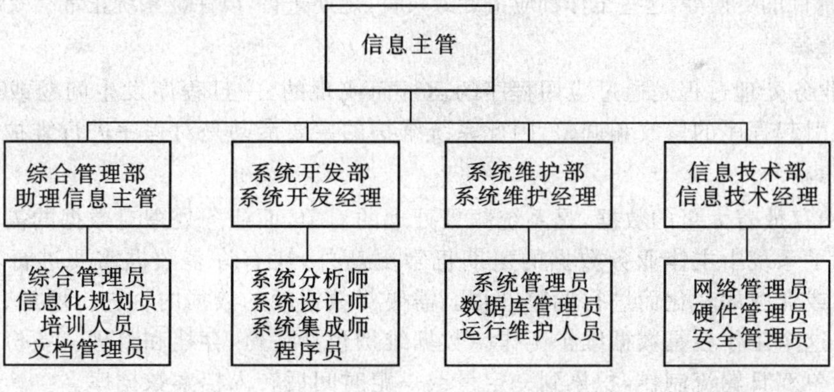

图 10－1 信息管理部门的层次结构

10.2.2 信息部门人员构成

管理信息系统的运行管理是一项需要多方协调的系统性工作，需要多方面人员的密切配合，并牢固树立为用户服务的观点。信息部门的人员根据不同情况分工，规模大者分工较细，规模小者身兼数职，人员组成广泛，大都是计算机专业人才，信息管理部门人员数约是组织总人数的1%～3%。信息部门人员主要包括系统运行管理负责人、软件维护人员、硬件维护人员、操作人员、行政管理人员。

10.2.3 系统运行管理制度

为规范信息系统的运行维护管理工作，确保信息系统的安全可靠运行，切实提高生产效率和服务质量，使信息系统更好地服务于生产运营和管理，必须制定以下制度：

(1)信息系统的组织管理制度。

(2)信息系统管理制度。主要有机房管理制度、系统安全保密制度、档案管理制度。

(3)系统操作管理制度。

(4)运行管理规章制度。

(5)软件方面规章制度。这些规章制度包括：系统安全制度、系统定期维护制度、系统运行操作规程、用户使用规程、系统信息的安全保密制度、系统修改规程、系统运行日志及填写规定。

10.2.4 系统维护

管理信息系统在完成系统实施、投入正常运行之后，使用时间很长。在系统使用期间，系统环境及其他因素可能会变化，另外，系统自身运行也会暴露一些问题，因此，需要经常进行系统维护工作，以使系统正常而可靠地运行，并能使系统不断得到改善和提高，以充分发挥作用。也就是说，系统维护就是为了保证系统中的各个要素随着环境的变化始终处于最新的、正确的工作状态。

系统维护包括系统性能的改进、系统错误的改正和系统功能的扩充等。据统计，世界上90%的软件人员是在维护现存的系统。因此，信息系统是在不断的维护活动中得以生存的。系统维护包括硬件设备维护、软件维护和数据维护。

1.硬件设备维护

硬件设备维护主要是指对主机及外设的日常维护和管理，如机器部件的清洗、润滑，设备故障的检修，易损部件的更换等，这些工作都应由专人负责，定期进行，以保证系统正常有效地运行。

2.软件维护

系统的业务处理过程是通过应用程序的运行而实现的，一旦程序发生问题或业务发生变化，就必然地引起程序的修改和调整，因此系统维护的主要活动是对程序进行维护。

3.数据维护

数据库中存放着大量的数据，是系统频繁处理的对象，而业务处理对数据的需求是不断发生变化的，除了系统中主体业务数据的定期正常更新外，还有许多数据需要进行不定期的更新，或随环境或业务的变化而进行调整，因此，需要对数据库的数据内容进行增加、数据结构的调整等工作，这个工作就是数据维护工作。数据维护包括备份、存档和整理。备份采用专门软件自动备份，单双日轮流制作，积累到一定量或一定时间后转入档案数据库。

10.3 信息系统的安全与保密

信息系统的安全是为防止破坏行为和灾害，避免损失所采取的措施。例如：防止病毒侵害、软硬件和数据丢失的措施。安全性问题轻则使系统局部功能失效，重则使整个系统瘫痪。导致破坏问题的主要原因有：

(1)人为的恶意破坏，如病毒、黑客攻击等。

(2)客观的灾害事件，如火灾、地震、设施老化等。

信息系统的保密是为防止窃取信息，免受损失而采取的措施。例如：防止黑客窃取、信息滥用的措施。保密性问题轻则蒙受经济损失，严重时甚至会陷入倒闭的境地。导致失密问题的主要原因有黑客入侵和非法下载、内部人员窃取等。

信息系统安全与保密工作主要包括：

(1)制定严密的安全与保密制度，深入宣传与教育，提高安全与保密意识。

(2)制定损害恢复规程。

(3)配备齐全的安全设备。

(4)设置切实可靠的系统访问控制机制。

(5)权限、用户身份确认、防火墙设置等。

(6)完整地制作系统软件和应用软件的备份。

(7)敏感数据尽可能隔离存放，由专人保管。

信息系统安全策略是为提供一定级别的安全保护所必须遵守的规则，安全策略从法律、技术和管理三个角度去实现。

(1)法律。建立安全管理与方法。

(2)技术。选择相应的安全机制，集成先进的技术。

(3)管理。建立相应的信息安全管理办法，加强内部管理，建立审计与跟踪机制。

10.4 系统评价

新系统建立以后，在系统鉴定中和系统每运行一个周期(通常是年度)后，要对系统进行全面考核评价，这样才能了解系统性能究竟怎样，是否满足需求，还有哪些方面需要修改、改进和扩充等。对新系统进行评价的主要目的是：检查管理信息系统的目标、功能及各项指标是否达到设计要求，满足用户要求的程度如何。检查管理信息系统中各种资源的利用程度，包括人、财、物以及硬、软件资源等的作用情况。根据评审和分析结果，找出系统的薄弱环节并提出改进意见。

系统评价包括系统建设、系统性能、系统效益等三方面。

1. 系统建设方面评价

系统建设方面的评价包括以下方面：

(1)系统规划目标的科学性；

(2)规划目标的实现程度；

(3)先进性；

(4)经济性；

(5)资源利用率；

(6)规范性。

2. 系统性能方面评价

系统性能评价包括以下四个方面:

①目标:是否达到目标。

②功能:功能完成情况,用户满意度。

③性能:稳定性,安全性,容错能力。

④运行方式:软、硬件,人与信息利用率。

性能评价的指标主要有:

①系统完整性:设计的合理性、功能及特点是否达到设计要求。

②可靠性:无故障工作,有故障时采取哪些防止破坏方法与措施。

③效率:减轻多少工作量,效率提高多少。

④工作质量:输出数据的精度,结果易读性,使用方便性,响应时间是否满足要求。

⑤灵活性:与环境变化的适应性。

⑥通用性:方便移植到其他场合。

⑦实用性:操作的难易程度。

⑧文档完整性:资料完整性、规范性与有效性。

3. 系统效益方面评价

系统效益评价包括经济效益和社会效益评价。经济效益指的是系统运行带来的可以用货币来度量的效益,可以用投资额、运行费用、运行所带来的经济效益和投资回收期等指标来度量。社会效益指的是系统运行带来的不能用货币来度量的效益。例如:①对企业形象的改观、员工素质的提高所起的作用。②对企业的体制与组织机构的改革、管理流程的优化所起的作用。③对企业各部门间、人员间协作精神的加强所起的作用。

本章小结

本章介绍系统维护及系统的安全保密,介绍了系统评价方法。

系统维护就是为了保证系统中的各个要素随着环境的变化始终处于最新的、正确的工作状态。系统维护包括硬件设备维护、软件维护和数据维护。

信息系统的安全是为防止破坏行为和灾害,避免损失所采取的措施。信息系统的保密是为防止窃取信息,免受损失而采取的措施。

系统评价是检查管理信息系统的目标、功能及各项指标是否达到设计要求,满足用户要求的程度如何。检查管理信息系统中各种资源的利用程度,包括人、财、物以及硬、软件资源等的作用情况。根据评审和分析结果,找出系统的薄弱环节并提出改进意见。评价内容包括系统建设方面评价、系统性能方面评价和系统效益方面评价。

习题

简答题

1. 系统评价主要进行哪些方面的评价?

2. 系统维护包括哪些方面?

3. 系统安全与保密工作有哪些?

4. 系统运行需要建立哪些制度?

参考文献

[1]卫红春,等.信息系统系统分析与设计[M].北京:清华大学出版社,2008.

[2]黄梯云,李一军.管理信息系统[M].5版.北京:高等教育出版社,2014.

[3]陈晓红.管理信息系统[M].北京:高等教育出版社,2006.

[4]慕静.信息系统开发方法、工具与应用[M].北京:清华大学出版社,2010.

[5]董安邦.管理信息系统[M].西安:陕西人民教育出版社,2001.

[6]谢星星. UML基础与Rose建模实用教程[M].北京:清华大学出版社,2011.

[7]沈备军,陈昊鹏,陈雨亭.软件工程原理[M].北京:高等教育出版社,2013.

[8]郑逢斌.软件工程[M].北京:科学出版社,2012.

[9]邓良松,刘海岩,陆丽娜.软件工程[M].2版.西安:西安电子科技大学出版社,2004.

图书在版编目(CIP)数据

管理信息系统实用教程/陆秋琴,黄光球编著.
—西安:西安交通大学出版社,2016.7
ISBN 978-7-5605-8662-5

Ⅰ.①管… Ⅱ.①陆…②黄… Ⅲ.①管理信息系统
-高等学校-教材 Ⅳ.①C931.6

中国版本图书馆CIP数据核字(2016)第147710号

书　　名　管理信息系统实用教程
编　　著　陆秋琴　黄光球
责任编辑　史菲菲

出版发行　西安交通大学出版社
(西安市兴庆南路10号　邮政编码710049)
网　　址　http://www.xjtupress.com
电　　话　(029)82668357　82667874(发行中心)
(029)82668315(总编办)
传　　真　(029)82668280
印　　刷　陕西丰源印务有限公司

开　　本　787mm×1092mm　1/16　**印张**　15.375　**字数**　367千字
版次印次　2016年8月第1版　2016年8月第1次印刷
书　　号　ISBN 978-7-5605-8662-5/C·135
定　　价　34.80元

读者购书、书店添货,如发现印装质量问题,请与本社发行中心联系、调换。
订购热线:(029)82665248　(029)82665249
投稿热线:(029)82668133
读者信箱:xj_rwjg@126.com